公共服务视角下的人力资源管理

王学鹏 许嘉平 钟茜新 主编

重庆出版集团 重庆出版社

图书在版编目（CIP）数据

公共服务视角下的人力资源管理 / 王学鹏，许嘉平，钟茜新主编. -- 重庆 ： 重庆出版社，2024. 9. -- ISBN 978-7-229-15578-0

Ⅰ．F243

中国国家版本馆CIP数据核字第2024WW4381号

公共服务视角下的人力资源管理

GONGGONG FUWU SHIJIAOXIA DE RENLI ZIYUAN GUANLI

王学鹏 许嘉平 钟茜新 主编

责任编辑：燕智玲

责任校对：李春燕

装帧设计：斯盛文化

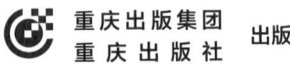

重庆出版集团
重庆出版社 出版

重庆市南岸区南滨路 162 号 1 幢 邮政编码：400061 http://www.cqph.com

廊坊市新景彩印制版有限公司印刷

廊坊市新景彩印制版有限公司制版

重庆出版集团图书发行有限公司发行

全国新华书店经销

开本：710mm×1000mm 1/16 印张：16.25 字数：280 千

2024 年 9 月第 1 版 2024 年 9 月第 1 次印刷

ISBN 978-7-229-15578-0

定价：78.00 元

如有印装质量问题，请向本集团图书发行有限公司调换：023-61520678

主 编

王学鹏　山东省海阳市公共就业和人才服务中心
许嘉平　山东省食品药品检验研究院
钟茜新　山东省莱州市社会保险服务中心

副主编

刘珍莲　北京市东城区公园管理中心
韦连峰　山东省曲阜军队干休所
隋晓斐　山东省烟台市龙口荣军医院
王　蕾　北京劳动保障职业学院
于　娜　山东省立医院

前 言

  经济的高速增长推动了我国各行业的快速发展，因此各行业对人才的需求不断增加，人才的缺口也在不断增大。而从公共服务这一视角观察，人力资源管理中存在很多问题，如果不尽快解决这些问题，将会严重影响我国各行业对人才的利用与培养，进而影响到各行业的盈利状况等。因而应准确找出公共服务视角下人力资源存在的问题，对症下药，找出解决对策，从而推动社会整体蓬勃发展。

  在公共就业和人才服务方面，人力资源发挥着不可替代的作用。要想使人力资源在实践中体现出它的社会价值和经济价值，应不断完善人力资源管理制度，使其不断适应社会发展特点，这才能最大化地实现人力资源的价值。要想实现这一目标，就要不断完善人力资源管理制度，增加激励制度，增添制度活力，激发员工的工作热情，根据制度有序开展各方面工作，不断优化人力资源管理模式，为社会提供更多有针对性的专业人才，掌控好社会的人才流动情况，协调各个部门，将人力资源管理制度中存在的问题逐个解决，不断优化人力资源管理在公共就业和人才服务方面的作用。在公共服务日益重要的现代社会，将其与人力资源管理结合起来能够发挥双重作用，既能发挥人力资源管理的人才整合作用，又能发挥公共服务为社会发展奠定基础的作用。人才是社会发展的根本，公司需要在公共服务视角的引导下以人力资源管理方式将人才的优势发挥出来。

  人力资源管理越来越向服务社会、服务大众的方向发展，因而应打破传统的人力资源管理思想，逐步突出以人为本的管理思想，扩大对人才的重视度，改革培训模式，对员工给予足够的重视，激励员工积极向上，并制订相应的物质奖励或者其他奖励方案，用肉眼可见的方式影响员工的情绪，对员工给予应有的关怀，不约束员工的创造性，不否定员工的工作能力，给予其更多的机会参与高层次人才的培训学习，拓宽发展机会。人力资源管理部门应做好绩效考核工作以及在公共服务视角下的宣传工作，加大相关方面的宣传力度，以最大化、最有效率的方式使人力资源管理思想从根本改变，逐步将旧思想变为新思想。互联网时代到来，公司发展与公共服务都对人力资源管理提出了更高要求，人力资源在公共服务中占据着重要的地位，要提高社会发展水平、提高公共服务水准，就要求人力资源管理思想必须得到改善，适应社会发展需求。

本书共分为九章，第一章为人力资源管理发展，首先对人力资源进行了概述，并介绍了人力资源管理的理论、工作内容，以及人力资源管理的信息化发展；第二章为公共服务视角下人力资源建设，介绍了人力资源管理与公共服务的联系，国内外人力资源公共服务模式的基本内容，人力资源管理在公共服务中特点、存在的不足及完善措施，以及事业单位的人力资源公共服务标准化建设；第三章为公共就业与人才服务体系建设，介绍了公共就业服务体系的现状及优化、公共就业与人才服务信息化建设，以及城市人才服务的优化；第四章为人力资源战略优化，首先对人力资源战略进行了概述，并介绍了人力资源战略的制订与实施以及战略优化的保障；第五章为公共服务视角下人力资源规划的优化，首先对人力资源规划进行了概述，并介绍了公共服务视角下事业单位的人力资源规划管理；第六章为公共服务视角下人力资源的薪酬激励管理，首先对人力资源薪酬管理进行了概述，并介绍了薪酬激励模式的发展、公共服务视角下人力资源激励机制的完善、公共服务视角下的员工福利管理；第七章为公共服务视角下人力资源管理中的劳动关系管理，首先对劳动关系管理进行了概述，并介绍了人力资源管理中劳动关系管理现状、人力资源管理中劳动关系管理的对策与保障；第八章为公共服务视角下人力资源管理绩效考核，首先对绩效考核进行了概述，并对公共服务视角下事业单位人力资源绩效考核进行了研究；第九章为公共服务视角下新经济环境中人力资源的开发管理，介绍了数字经济时代的人力资源管理、人力资源开发与其在社会经济发展中的作用，以及公共服务视角下人力资源的开发管理。

本书由王学鹏、许嘉平、钟茜新担任主编，刘珍莲、韦连峰、隋晓斐、王蕾、于娜担任副主编，其中，王学鹏负责第一章至第三章内容的编写，共计 10 万字；许嘉平负责第四、五章内容的编写，共计 5 万字；钟茜新负责第六章内容的编写，共计 4 万字；刘珍莲负责第七章内容的编写，共计 2 万字；韦连峰负责第八章内容的编写，共计 2 万字；隋晓斐负责第九章内容的编写，共计 1 万字；王蕾、于娜参与编写。

限于作者水平，书中难免出现不妥及疏漏之处，敬请读者指正批评。

编者

2024 年 3 月

目 录

第一章 人力资源管理发展

第一节 人力资源概述

一、人力资源的概念

人力资源（Human Resources，简称 HR）指在一个国家或地区中，处于劳动年龄、未到劳动年龄和超过劳动年龄但具有劳动能力的人口之和；或者表述为一个国家或地区的总人口中减去丧失劳动能力的人口之后的人口。人力资源也指一定时期内组织中的人所拥有的能够被企业所用，且对价值创造起贡献作用的教育、能力、技能、经验、体力等的总称。狭义讲，就是企事业单位独立的经营团体所需人员具备的能力（资源）。

"人力资源"这一概念先后于1919年和1921年在约翰·R.康芒斯的两本著作《产业信誉》《产业政府》中使用过，他也被认为是第一个使用"人力资源"一词的人，但他所指的人力资源与我们所理解的人力资源相差甚远，只不过使用了同一个词而已。

"人力资源"这一概念早在1954年就由现代管理学之父彼得·德鲁克在其著作《管理实践》中提出并加以明确界定。20世纪80年代以来，人力资源管理理论不断成熟，并在实践中得到进一步发展，为企业所广泛接受，并逐渐取代人事管理。进入20世纪90年代，人力资源管理理论不断发展，也不断成熟。人们更多探讨人力资源管理如何为企业的战略服务，人力资源部门的角色如何向企业管理的战略合作伙伴关系转变。战略人力资源管理理论的提出和发展，标志着现代人力资源管理的新阶段。

人力资源管理存在多个版本，影响着不同版本学习者的学科理解和思想进取。作为一个实践者理论的产物，人力资源管理的普及或许会激起学术界去追求更多更广的研究兴趣。

二、人力资源的本质

所谓人力资源的本质，可以说是一个企业职工所包含的知识、技术、潜能等多方面的内容，在整个人力团队中充分发挥自身的作用，体现更多的价值，能够确保企事业单位的健康、持续经营。事业单位中的人力资源管理工作有别于一般的企业单位的人力资源管理工作，尤其是在公职情况下，主要以人民、社会为中心，构建一个合理完善的管理体系。可以说，事业单位的人力资源管理面向多个领域，其中包括文化、卫生、教育等，而一般的企业单位的人力资源管理只需要面对自身企业中所涉及的领域。因为事业单位所面对的是一个比较多元化的人力资源体系，关系着一个较大的人力资源目标，所以在进行人力资源管理工作时，具有一定的复杂性。人力资源管理工作主要管理的是人，每个人都是独立的个体，因此一定要从个人的方向出发，采用科学、合理、有效的方法对人进行合理分配、严格管理，使每个人能够各司其职，在岗位上充分发挥自己所长和自身价值，施展出自己最大的能力，这样才能有助于事业单位管理水平的提升，实现高效的人力资源管理工作，保证人力资源管理工作的质量。

三、人力资源的特征

（一）生物性

众所周知，人力资源管理工作主要针对个人，在管理中以人为属性，根据每个人的性格、工作能力、专业技能等多方面来拟定相关的管理方案，能够感受到鲜活的情感和生命力。人也是生物，在人力资源属于人本身时，具有一定的生物性和不可剥夺性。

（二）时限性

无论是人还是事，都需要时限性来控制。人力资源管理中的时限性，通常可以理解为人力资源的形成、作用效率也是有一定的生命周期的，即具备一定的时限性。作为一个独立自主的人，都要经历不同的时期，在不同的时期设置不同的时限，如婴儿期、幼年期、少年期、青年期、中年期、老年期，每个时期发挥出的作用截然不同，体现的价值也有所不同。这就如同人力资源管理，要让这一工作在不同的时期发挥出不同的作用，要充分去挖掘、去开发、去应用，如果没有在最佳时期去利用，等同于在浪费生命周期、浪费人力资源。因此，只有将人力资源及时地开发和运用，才有极大可能获得人力资源的最高价值。

（三）增值性

人力资源管理工作主要通过人来维持，而每个人的工作能力、思想认知、专业技能等决定着管理工作的质量和效率，所以需要通过提高自身的知识技能、不断学习和反思、通过积极参加培训等方式来提高工作能力。人力资源管理的增值性除了需要遵守一般生物学规律，还会受到个人思想认知、行为意识的支配和人类活动的影响，需要实现自我调节、自我提升、自我更新、自我反思、自我补偿，要求人力资源管理者接受终身教育，加强管理工作的培训及开发。在人力资源管理的开发、使用期间，人力资源管理者不仅能够带来更多的价值，创造更多的财富，还可以通过知识的积累，不断提升自身的能力和认知，从而实现人力资源管理工作的增值性。

（四）磨损性

一个人会随着年龄的增长而产生身体上的疾病，影响到个人的健康，而且记忆力衰退等使人的各项专业技能逐渐变弱，工作效率也会大幅度下降，这些都是属于无形磨损。当然，对于人力资源这项管理工作来说，也存在这样的磨损性。社会在发展，时代在变化，知识、技能都在推陈出新，一波一波地将原有的内容进行覆盖，使人力资源的磨损度日益加快。因此，事业单位人力资源管理更应该加快步伐，不断创新和开发，减少人力资源的磨损度，为今后的管理工作奠定基础。

（五）能动性

人力资源的能动性与其他资源有本质上的区别。人力资源具备创造性思维的潜在能力，在人类的活动群体之中能够充分发挥积极性、创造性、能动性。不仅要不断更新老旧观念，以全新的工作思路去不断摸索和创新，还要在生产工具、专业技术上有所革新，不能只停留于老旧模式，应充分发挥工作人员的主观能动性，确保今后人力资源管理工作的有序发展。

（六）社会性

人力资源管理工作的社会性，事实上主要体现人与人之间的相处之道和在工作中产生千丝万缕的联系性方面。在工作中，要注重人与人之间沟通交流的方式方法，注意人与团体、社会的关系协调性和组织能力等，还有就是不可忽视团队建设的重要性，要明确总体目标和方向。

（七）特殊性

事业单位的人力资源与企业单位的人力资源有一定的互通性，但是考虑到事业单位的职能特点存在一定的特殊性，因此事业单位在人力资源管理工作上也有一定的特殊性。主要包含以下几个方面。

1. 服务性

事业单位中人力资源管理工作包含的范围比较广泛，即对社会中的教育、卫生、文化、科研等各方面的社会资源进行支配、调整，为社会的发展提供公益性服务，其最终的发展目标是实现社会经济效益最大化，这也是事业单位的基本职能。为了提高事业单位人力资源工作的质量和效率，需要全面提高事业单位工作人员的自身水平、专业技能、文化素养、职业素质等方面，全面地提升为社会、为人民更好地服务的能力，从而带来更好的经济效益和社会效益。

2. 复杂性

事业单位人力资源管理工作的范围比较广泛，管理的对象也比较多，涉及人员、层次、系统等多方面的因素，管理起来存在一定的复杂性，比一般企业单位人力资源管理工作的难度更大，复杂程度更高。

3. 规范性

事业单位人力资源管理工作应当遵循规范性，不仅要对工作人员的专业技能进行培训和提升，还要对工作人员的思想道德品质进行全面渗透，加强事业单位工作人员的责任心和凝聚力，提高工作人员的执行力、战斗力。因此，事业单位人力资源管理工作一定要有一套完整的、规范的管理制度，要根据时代的变化、当前的形势制订一套全新的管理模式，确保管理工作的规范性原则，使广大工作人员能够有秩序、讲原则、树榜样，更好地开展人力资源管理工作。在此过程中，还需要人力资源工作人员不断对产生的问题进行总结和整理，及时处理相关的问题，提高自身各方面的能力和思想格局，要有全局意识。

第二节 人力资源管理理论

一、人力资源管理相关理论

（一）马斯洛需求层次理论

马斯洛需求层次理论是研究人的需要结构的一种理论，由美国心理学家亚伯拉罕·哈罗德·马斯洛首创。该理论的构成依据三个基本假设：首先，人要生存，人的需要能够影响自身的行为，只有未满足的需要能够影响行为，满足了的需要不能充当激励工具；其次，人的需要按重要性和层次性排成一定的次序，从基本的（如食物和住房）到复杂的（如自我实现）；最后，当人的某一级的需要得到最低限度满足后，才会追求高一级的需要，如此逐级上升，成为推动继续努力的内在动力。那么，依据马斯洛需求层次理论，在多种需要均未满足的情况下，首先满足基本需要。当该需要满足之后，才会向高层次发展，更高层次需要的激励作用才能得以显现。所以，管理者可以根据需要设置不同的目标，从而实现对员工的激励作用。当人们的需要都得到满足时，将不会产生激励效果，只有一部分需要没有得到满足，才会激励个人追求满足的行为。对于企业员工来说，只有在工资满足低层次需求的前提下，人们才会追求更高层次的需求。基本工资过低、工资风险过高将不利于员工追求更高层次的需求，此时并不能起到激励的作用。不同层级的人员需求不尽相同，所以管理者不应该一视同仁地设定同样的激励指标，应该为员工营造安全、有归属感、被尊重、能自我实现的发展空间，在文化层面引导员工追求和完成自身理想，实现自身价值。

（二）双因素理论

双因素理论又称"激励因素－保健因素理论"，是由美国心理学家赫茨伯格在1959年提出的。该理论认为，影响人们工作动力的主要因素有两个：一是激励，二是保健。只有前者才能调动人的积极性，带来满足感。而保健因素虽然能够消除人们的不满，但是不会形成较大的正向激励，不会带来满足感。并不是需要都得到满足了，人就会被激励，比如对于营销人员来说，基础工资是保健因素，而额外的奖金属于激励因素。人们的动力基本不会来源于得到了基础工资，而是是否能够满足其自我实现需求的条件和因素，如具有挑战性的工作或者发展晋升的机会等。在进行人力资源管理时，应尽量保持保健因素的满足，并尽可能增大激励因素，只有充分采取激励措施，才能充分调动员工的积极性，发挥员工的最大效能。

（三）公平理论

美国学者亚当斯在20世纪60年代，通过对"公平"概念的整合，与人们对"分配"的认识偏差相结合而形成了公平理论。这一理论认为，由于对报酬的感知同比较的认知不一致，会引起受试者的心理不平衡，而受试者会采取某些行动来消除或减弱这种不平衡。如果报酬公平，即受试者认为自己得到的酬劳和自己付出的劳动相当，那么受试者就会感觉到公平，进而产生一种满足感，受到正向激励。而公平与否来自比较，包括与他人比较或者与过去的自己比较。报酬过高和过低都会引起当事人的不安。当报酬过低时，容易产生消极怠工的结果，当事人会通过降低产出和质量的办法来消除不公平的感觉；当报酬过高的时候，当事人也会产生不安的感觉，会通过提质增效来消除自身的不公平感。

（四）弗鲁姆期望理论

弗鲁姆期望理论是北美著名心理与行为学家维克托·弗鲁姆在 1964 年首次提出的一种期望模型。弗鲁姆认为，激发力量的大小取决于效价和期望的乘积，即目标价值乘以期望概率。他认为，目标价值越高，实现目标的概率越大，即激发力量越大激励效果最好。人总有一种渴求，渴望满足一定的需求，并试图达到某种目的，当这种目的还没有实现时，就会呈现出一种预期，而这种预期又会成为一个人的动力。公司应该用科学的评估方式对人员的能力进行评估，并采用员工普遍认为的效价最大的激励方式，合理优化预期目标难度设置，使得所设置的激励目标是可实现的，树立员工完成绩效目标的信心。

（五）人际关系理论

人际关系理论是研究人的动机在改善劳动生产率方面的影响和作用的理论。著名行为学家梅奥等人用长达 9 年的时间进行了著名的霍桑实验，其认为影响生产效率的根本原因不是工作条件，而是工人本身。参加实验的工人意识到自己被注意，从而心怀归属感，这在以往的工作中不曾获得，因此增加了完成工作的观念，这种因素导致工人的生产率显著提高。企业中存在着非正式组织，而非正式组织是以情感逻辑为规范运作的，这点同正式组织不同。在决定工作效率的众多因素中，相对于奖励工资来说，工人为团体所接受的融洽性和安全感起到了更重要的影响作用。梅奥认为，人是社会中的人，追求的并不只是金钱，还会有友情、归属感、安全感等其他需要。所以，管理者不应该只着眼于物质和技术条件这种硬指标，而应该结合社会心理等方面综合考虑，从而给予员工切实需要的激励政策。

二、人力资源管理优化的相关理论

（一）系统优化原理

系统优化原理是指通过组织、协调、运行、控制等一系列的操作，使整体功能得到最好表现的一个过程。系统不是各部分简单相加的总和，系统整体功能必须最大化，其内部人员的状态应达到最佳，对外的竞争力达到最强。系统优化原理包括两个方面：一是大方向上，企业的战略应该与其人力资源管理功能相匹配、利益相协调；二是企业内部的人力资源管理应该使各个组成部分减少相互之间的摩擦及消耗，发挥优势互补，使整体功能达到最大，互相配合达到最优，创造企业内部新价值，实现整体利益最大化。

（二）激励强化原理

激励强化又称效率优先，是一种循环使用的激励，当员工能够圆满出色地完成任务时，应给予一定的奖励，下次还有同样表现的时候，仍会有一定的奖励，这样能够激发员工的积极性，通过强化员工的积极表现来使其持续努力工作，达到良好效果。人不同于物体，人具有主观能动性，可以控制自身潜能的发挥程度，有效、适当的激励有助于激发员工的潜力，从而显著提高其工作效率。

（三）能级对应原理

能级对应包括岗位能级和专业能级。不同的层级对岗位人员的要求不尽相同，不同的能级应该表现出不同的权利、责任和利益，因此必须按照层次来确定稳定的组织能级结构。岗位能级对应是指在人力资源管理中，能级划分不是随意的，管理层次与职位的高低取决于该职位的客观要求。职权越大，对下属的监督程度越大；决策的影响力越大，对该职位的人的能力要求越高。理论上不应该出现某一高层次岗位可以由其他低层次岗位的人完全替代的情况。专业能级认为，企业的管理层分为高层、中层和基层三个层次。其中，高层负责企业宏观战略层面的决策；中层管理负责企业实际运营中的管理和决策；基层实施微观管理，解决工作中的问题。只有能级与人才划分相匹配，才能发挥人力资源管理的最大效用。

三、人力资源管理的功能与目标

如今的时代是以人为核心的时代，是人才竞争优势凸显的时代。人力资源构成了社会经济活动的基础性要件，是形成财富的首要因素，是创造价值不可或缺的因素，是发展经济的关键力量。因此，人力资源管理是实现人力资源优化配置与发挥效用的最主要手段。

（一）人力资源管理的功能

人力资源管理的功能主要是指它本身所应有并充分发挥作用的实际体现，这种作用是通过人力资源管理职能来实现的。人力资源管理功能具有一定的独立性，是人力资源管理自身所具有的属性。企业人力资源管理应当具备以下功能。第一，选拔功能。这项功能是指人力资源管理最基础性的功能就是为企业选择合适的人员，使合适的人才加入企业是人力资源管理的功能之一。第二，培养功能。这项功能是指企业选拔合适员工之后，要对员工进行培训与培养，通过培训与培养使员工更好地适应工作，在工作岗位上更好地服务于企业。第三，激励功能。这项功能是人力资源管理的核心功能，是其他功能得以实现的最终目的，是员工取得优良业绩为企业带来效益的最本质体现。第四，维持功能。这项功能保证了企业人员的稳定，减少优秀人才流失给企业带来的损失。在人力资源管理的四个功能中，选拔是基础的，是人力资源管理工作的第一环节；培养是动态的持续过程，是员工与岗位契合的最重要手段；激励是目标，是企业效益通过人力资源得以实现的最可靠保证；维持是保障，保障优秀的人力资源为企业战略发展保驾护航。

（二）人力资源管理的目标

人力资源管理有其自身的功能属性，作为企业管理的一项重要内容，应有一定的目标。一些美国学者认为，人力资源管理应有四大目标：一是及时有效地雇佣员工；二是挖掘员工潜能；三是选择员工去留；四是保证组织在合法范围内行使人力资源管理工作。中国一些学者认为，人力资源管理应当具有如下目标：企业从人力资源生产潜力中获得最大利益；员工从企业中得到物质与精神的满足；企业与员工的合作与配合使顾客满意。

人力资源管理目标有最终目标与具体目标两个维度。最终目标也就是人力资源管理的最终目的，即要为企业整体目标服务。作为企业管理的一部分，人力资源管理要服从与服务于企业的既定目标，创造价值，满足相关利益群体对价值实现的需要。人力资源管理的具体目标就是人力资源管理各项功能得到实现，即选择适合企业发展的员工，通过培训与培养能够使员工胜任企业交给的工作，通过激励为企业创造更大的价值，并保证优秀员工的稳定发展。

四、人力资源管理理论的发展历程

（一）机械化人力资源管理模式

古典管理理论起源于19世纪末20世纪初的美国、法国、德国等国，是一种科学的管理理论。它主要包括泰勒的科学管理理论、法约尔的经营管理理论，以及韦伯的行政组织理论。这些理论作为管理学的基础，从个人、组织以及社会三个层面深入解析了管理现象，为解决当时的生产率低下和劳资矛盾冲突等问题提供了有效手段。

然而，这些理论均基于"人是机器"的核心理念，也被称为"经济人"假设。

这一假设最早源于亚当·斯密的《国富论》，并由美国行为学家道格拉斯·麦格雷戈进行了系统的总结和阐述。按照这一理论，人们的行为主要受到经济利益的驱动，员工工作的目的在于获取经济报酬。古典管理理论以此为出发点，运用科学方法来解决实际中的问题，推动了资本主义社会的进步，并对后来的管理理论产生了深远影响。

受"经济人"假设的影响，组织主要通过制订工作制度和工作规范来管理员工，并以经济报酬和物质手段作为激励。科学管理理论强调自上而下的管理和控制，严格的等级观念和制度等，这在实践中引发了工人的不满和抱怨，特别是随着经济技术的发展，工人对权利保护的需求增强，促进了工会组织的形成和壮大。资本家与工人之间的矛盾也因此越发尖锐。

随着管理工作的复杂性和难度的增加，学者们开始质疑传统管理方法的有效性。因此，一系列与企业、社会发展相适应的新理论、新政策应运而生。管理者们也逐渐认识到，必须顺应时代发展的潮流，在日常管理实践中不断检验和发展这些理论、政策，以适应新的管理挑战。

在工业革命的浪潮影响到美国企业发展的早期，英国曾试图通过禁止出售机器和熟练劳动力等方式来阻止美国工业的发展，被称为"美国制造工业之父"的塞缪尔·斯莱特却在此时隆重地登上了历史的舞台，他将英国最新的纺织工艺带到了美国，并建立了著名的"罗得岛体制"（Rhode Island System），为美国在纺织业上赶超英国提供了重要保证。后来，随着大机器的使用，规模化的大生产使得工厂内雇佣员工的数量急剧增加，进而促使美国的纺织业进入了高速发展时期。一些工厂主开始雇用专业的管理者，授予他们一定的管理权限。这些专业管理者的出现，使得工厂业绩迅速提升，而当时的管理经验也就是管理和人事政策的早期理念。然而，随着美国经济的不断发展，大规模的机器生产越发普遍，这种增长带来的最明显的问题就是劳资冲突的增多。为了有效改善劳资关系，一些企业家建议在传统管理的基础上增加福利政策，因而，为现实所迫，第一位福利秘书诞生。1897 年，美国收银机公司（National Cash Register Company）开始尝试设置"福利工作办公室"以及"福利秘书"，该职位的工作主要包括听取工人的意见和建议、了解工人的心理诉求、为工人提供娱乐活动与教育培训、关注员工的道德和品行等。尽管福利相关工作为工厂带来了一定的好处，但管理者们发现，福利工作往往会受到情感因素的影响，不利于工厂的科学管理。因此，"福利工作"逐渐被"人事管理"所代替，福利秘书的角色最终演变成雇佣经理，后来又演变成人事经理，后续的工作主要包括雇佣、解雇、管理和激励员工等。当管理者们开始思考标准化和规模化生产时，他们更多地关注如何改进人事工作，相应的第一家人事专业人员协会成立，该协会致力于处理企业的人事问题，是一个全国性组织。然而，在许多工厂或企业中，一些雇主为了自身的利益，会不断虐待工人，使得劳资纷争越发激烈，部分工人加入了还未成熟的"工会"，想要以此维护自己应有的权益以及福利。但显而易见，雇主们反对工人加入工会，采取了一系列措施抑制工会的发展，这不仅不能解决工人的问题，反而使得劳资冲突更加明显。

此阶段人事管理的出现和发展与工业心理学有着千丝万缕的联系，而工业心理学的成就又起源于两个方面。一是被称为科学管理之父的泰勒的研究。他强调管理工作的科学化与标准化，强调用科学管理的方法来研究工人的工作效率问题。尽管科学管理的方法在现在看来存在一些不合理性，但站在当时的时代发展情境下，可以看到该理论的先进之处。它第一次将科学管理的理念引入人事管理，科学地探讨有效的人事管理与企业绩效之间的关系。二是受心理学的影响，1879 年，德国心理学家冯特在莱比锡大学建立了第一个心理学实验室，且在此培养了许多为大众所熟知的心理学家，尤其是美国的心理学家，如西蒙·巴伦和亨利·明茨伯格。西蒙·巴伦积极提倡将心理学运用到工厂生产和企业管理中来，促进了工业心理学的发展。作为冯特的学生，亨利·明茨伯格接受了严格的内省法训练，他批判不将心理学研究成果用于改善人性的同事们，所以在他的职业生涯中，他致力于将实验心理学应用于工业生产领域，进行一些有助于提高生产效率和改善工作条件的实用研究，最具代表性的是他于 1913 年出版的著作《心理学与工业效率》。他认为，如果企业为员工提供适合他们心理和情绪能力的岗位，员工的工作效率将大大提高，且工作满意度也会增加。如何合理安排工作岗位呢？他提出，可以使用心理测验和工作模拟来评估求职者的知识、技能和能力水平。

（二）适度人性化人力资源管理模式

1929 年，美国遭遇了严重的经济危机，失业率急剧上升，劳资冲突持续不断，员工的基本权益岌岌可危。为了应对这一局面，美国颁布了《瓦格纳法案》。该法案着重强调了司法体系和制度建设的重要性，并明确了政府在其中的干预角色。同时，《诺里斯—拉瓜迪亚法案》的出台，象征着商法时代的终结和劳动法时代的开启，为工会的发展铺平了道路。

在管理实践领域，霍桑通过一系列实验发现，关注工厂员工自身需求的重要性，能够有效提升员工的工作效率。进入 20 世纪 30 年代，社会心理学家梅奥基于霍桑工厂的照明实验，进一步揭示出影响员工工作效率的核心因素并非物质利益，而是工作中的人际关系。梅奥指出，工人产量受限的根源并非担心失业，而是对技术人员评估工作效率的反感，这种工业环境导致工人感到无力和不满，却无法通过有效渠道表达这种不满，进而产生悲观情绪和对权威的抵触，最终影响生产产量。这一发现催生了著名的"人际关系运动"，其核心假设是工人具有社会需求，渴望得到社会认同。工人并非简单的机械个体，而是拥有情感和动机的复杂存在。相较于金钱或经济刺激，工人更渴望被接纳为团队一员，获得尊重、融洽和安全感。因此，在企业中，员工不应被视为单纯的"经济人"，而应被视为"社会人"来对待。工作效率在很大程度上取决于员工的士气。随着这种认识的深化，人事管理的重心逐渐从单纯的工作管理转向对员工个体和团队需求的关注，强调员工与组织之间的和谐统一。梅奥的观点得到了学术界的广泛认同，如美国现代管理理论之父切斯特·巴纳德提出的系统协作理论，也强调组织应致力于满足员工需求，而非将员工视为单纯的工具。

相对于只重经济利益的"经济人"假设，"社会人"假设指导的管理模式下的员工更有集体归属感与工作满足感，在工作中也会取得更高的效率，更有利于缓解越发紧张的劳资关系，但这种假设和人际关系运动是否真的有效，是否适用于此阶段的大部分企业，值得商榷，因为其过分强调员工的人际关系，即非正式组织的作用，易使组织和学者们忽略对正式组织的关注和研究，因而在发展中受到了一定的挑战。在实践中，"人际关系运动"不断被检验，直到20世纪50年代，人们逐渐发现在工作中快乐很重要，但根据梅奥的观点，工厂的生产力并未得到提高，员工的满意度与以往相比也并无差异，也就是说，以人际关系为中心的人事管理方法并未取得成功，因此也较少获得推崇，但提升员工满意度、提高工厂生产力的需求一直存在。为应对这种状况，一些著名的激励理论随之产生，如马斯洛提出的需求层次理论和赫兹伯格提出的双因素理论。这些理论都强调了满足员工社交需求的重要性。与此同时，著名的管理学家彼得·德鲁克在《管理实践》中明确阐述了"人力资源"的内涵，"人力资源"概念开始登上舞台，逐渐为大众所熟知。而真正提出"人力资源管理"概念的学者是怀特·巴克和雷蒙德·迈尔斯，他们分别提出了人力资源职能理论和人力资源模式理论。巴克认为，人力资源管理的职能包含多个内容，如人力行政管理、劳工关系、人际关系，以及行政人员开发等；迈尔斯指出了关心员工福利和幸福的重要性，认为为了收到长期的效果，更需要充分开发和利用员工的经验和知识。此外，研究问题也从"人际关系"逐渐转变为"工作生活质量"，该新命题的出现是学者们对工作生活质量与人力资源产出的关系进行研究的成果，他们认为，工会和管理部门应共同合作，提高员工的生活福利和改善员工的工作环境，以增加参与决策的手段，提高员工的工作效率和满意度，从而提高企业的生产效益。工作生活质量在美国的发展表现为几部法案的颁布，包括《民权法案》《职业安全与健康法》等。

（三）高度人性化人力资源管理模式

"自我实现人"的概念最早可以追溯到美国人本主义心理学家马斯洛的需求层次理论。在该理论中，马斯洛认为，在最基本的衣食住行和归属与爱的需求得到满足后，人们有自我实现的需求，这种需求是指人们需要不断地发展、提升和完善自己，实现自己的目标与理想。所谓自我实现，是指人们对于发挥自身潜能的需求，只有当自己的潜能得到充分的发挥时，人们才会有自我实现的满足感。但在对该理论的解释中，马斯洛也指出，由于社会环境的限制，人们在追求"自我实现"的过程中很难得到充分的条件支持，因此很少有人可以真正达到自我实现的水平。后来，道格拉斯·麦格雷戈发展了马斯洛的"自我实现人"假设，提出了"Y理论"。该理论强调：在满足了基本需求后，员工会主动追求工作中的成就感；人们不厌恶工作，且在工作中会主动承担责任；人们对待工作的激情取决于控制条件，相对于外部控制条件，人们更多地选择在内部控制和自我管理下工作；对于管理者来说，不应只用强制和惩罚来管理员工，也就是说，相对于金钱等外部激励，采取共同达成组织目标等内部激励更容易让员工满足自我实现需求；在组织中，应注重员工的参与度和创造力的发挥。

对于管理者而言，基于"自我实现人"假设和"Y理论"，他们可以采取多种管理措施来提高管理的有效性，如积极创造对于员工来说更有意义感和挑战性的工作与工作环境；在激励员工时，先更多地考虑内在激励，再考虑外在奖励；通过建立参与决策的制度，增加员工的自主权。基于以上管理措施，员工将在工作中更好地发挥创造力，实现自身的价值，也更容易获得满足感和成就感。在"Y理论"指导下的管理措施被认为是行之有效的，如通过工作承诺对员工进行控制，这种方法可以在一定程度上降低员工的离职率。

第二次世界大战之后，科学技术的迅猛发展使企业的规模和生产力得到了显著的扩大和提高，随之而来也出现了很多管理问题。为深入了解和解决这些问题，管理实践者和学者们都付出了努力，此外，其他领域的一些学者也致力于从不同的角度使用不同的研究方法来研究管理问题，因此，当时出现了多个管理学流派和相对应的理论。1961 年，美国管理学家哈罗德·孔茨出版了著作《管理理论丛林》，并在该书中将此现象称为"管理理论丛林"，他认为该"丛林"中包含六大理论学派。到了 1980 年，哈罗德·孔茨认为此时的管理理论已发展为 11 个学派。当然，除了哈罗德·孔茨外，还有其他的学者也对当时的西方管理理论进行了划分，如丹尼尔·雷恩、劳德·小乔治、哈罗德·波拉德等，不同学者的划分标准有所差异。当时的管理理论和思想表现出"百花齐放"的特征。

在"自我实现人"假设的大背景下，管理实践者更注重高度人性化的管理模式，主要表现为注重员工心理因素的作用，充分认识到员工的动机和需求，从而注重个人目标和组织目标的统一。无论是从国家出台的政策，还是从企业具体的管理实践，都不难看出，人们关心的不仅有物质福利，还有精神上的满足。"自我实现人"假设的提出与发展，使得 20 世纪 60 年代到 70 年代的学者们开始从社会学、心理学的视角来研究人的行为、需求和动机，基于此产生的理论对人力资源管理理论的发展和对实践的指导均有重大的意义，如奥德佛的"生存—关系—成长"理论、麦克莱兰的成就动机理论及认知评价理论、罗克的目标设置理论、亚当斯的公平理论和弗鲁姆的期望理论。这些激励理论从不同的角度论述了关注员工心理、安全与健康的重要性，认为根据科学的心理行为分析，可以更有效地实施管理，以提高员工的满意度和生产力。除了从员工的角度出发，领导行为也是学者们关注的对象，他们不断探索怎样的领导更有效，因此提出了经典领导理论，包括特质理论、行为理论和权变理论。

马斯洛在提出需求层次理论时曾指出，很少有人能真正达到自我实现的水平，在管理现实中也确实如此，而这也正是"自我实现人"假设的局限所在。在企业中，即使员工有自我实现的需求和对工作意义感的追求，组织难以精准地把握员工的需求、员工个体很难满足这种需求也将成为难以解决的问题。因而，在管理实践中，该假设很难被实现。

（四）自主化人力资源管理模式

"复杂人"假设的提出者们认为，人们的需求和欲望是多种多样、无穷无尽的，且与不同的阶段、环境等因素高度相关，因此，在考虑人性时，不能仅认为某个人是只重经济利益的"经济人"、有强烈归属需求的"社会人"或寻求工作成就感的"自我实现人"，这种划分的标准过于单一，员工可能同时存在多种不同的需求，且在不同的时间段，需求也会发生变化。正是需求的多样性导致了错综复杂的动机模式，"复杂人"假设主张从组织、环境的角度，系统地考察人性假设。

在"复杂人"假设的基础上，有学者概括和提炼了"超 Y 理论"。该理论认为：人们的需求具有多样性，不同的人在不同的阶段可能同时存在多种不同的需求，且人们的工作动机也是多种多样的；人们不同的需求与工作动机之间发生相互作用，产生错综复杂的动机模式，共同影响人们的行为；由于工作环境等多方面因素的交互影响，人们可能随时随地会产生新的工作需求和工作动机；正是由于存在复杂且有差异的工作需求和工作动机，相同的管理方式未必适用于每一个人，面对不同类型有不同需求的员工，需要采取有针对性的管理方式，而不是盲目地仅使用一种。"超 Y 理论"也被称为权变理论，是权变管理的基础。该理论认为，不存在适用于所有组织行为、所有员工个体的管理方式，管理实践者需要根据个体之间的差异，结合多样的组织形式、企业情况，采取灵活多变的管理模式。也就是说，管理措施的提出是建立在个体、组织、环境三个方面有机结合的基础之上的，不能忽视任何一个方面。但遗憾的是，提出"复杂人"假设的学者们仅意识到人性的复杂情况，而未能准确地对这种复杂的情况进行定量研究。

在"复杂人"假设的影响下，加之电子计算机等新技术的快速发展与应用，该时期的理论也得到了快速的发展，进入了当代管理理论的新时代，出现了诸多管理理论与学说，如约翰·科特的领导理论、彼得·圣吉的学习型组织理论、马斯·彼得斯的管理革命理论等，众多理论的出现促成了继现代管理理论出现后的又一"繁荣"景象。

在理论与研究的广阔领域中，战略人力资源管理的发展显得尤为突出。为了应对日益加剧的竞争态势，人力资源管理的职能不断得到丰富和发展，进而衍生出新的功能，逐渐在企业的成长过程中转变为重要的"合作伙伴"。随着战略管理的兴起，实践界的管理者们不仅深入探索企业战略，还致力于研究如何将企业战略与人力资源管理相结合，从而最大化人力资源管理的效用。对于学者们而言，不同战略管理背景下的人力资源管理同样成了他们研究的热点。

战略人力资源管理的概念最早由考夫曼提出。他认为，人力资源管理在历史上经历了多个阶段，包括劳工问题、劳资关系、人力资源与劳资关系分离，以及当代人力资源管理，其中战略人力资源管理为最后一个阶段。而在 20 世纪 80 年代，一些学者开始强调企业需要构建适当的战略人力资源管理来应对外部竞争和内部创新的需求，这引起了学者们的广泛关注。因此，学者们开始积极探讨战略人力资源管理在人力资源管理发展过程中的形成过程及其功能。

Lawler 等学者基于一项纵向追踪研究的数据，指出在企业发展的不同阶段，人力资源管理扮演着不同的角色。而 Miles 和 Snow 则从人力资源系统的角度出发，分析了不同类型企业的组织特征，例如在考察林肯电气时，他们发现该企业采用了防御策略模型。

为了更有效地探讨战略人力资源管理这一话题，学者们首先需要对战略人力资源管理的内涵进行明确的界定。然而，由于研究视角的差异，不同学者对战略人力资源管理的定义存在一定的差异。例如，Chadwick 和 Dabu 将战略人力资源管理描述为人力资源管理实践和政策与组织输出之间的关系。而 Delery 和 Doty 则认为战略人力资源管理应包括内部职业机会、正规培训体系、业绩测评、利润分享、就业安全、员工意见投诉机制和工作设计七个方面。尽管学者们在战略人力资源管理的具体定义和成分上有所不同，但他们均强调企业应从宏观战略层面出发，充分发挥人力资源管理的作用，体现其独特价值，从而建立持续的竞争优势。

随着不断深入地挖掘，学者们不满足于仅了解战略人力资源管理的内涵，同时进行了一些实证研究，关注人力资源管理实践是如何影响企业绩效的。例如，Mac Duffie 在研究二者之间的关系时发现，雇员拥有管理者所欠缺的技能和知识，并将这些技能和知识运用到工作当中，更有利于企业的发展。经过长达 30 年的发展，除了基于现象和事实的实证研究，学者们也进行了理论方面的探讨，发展出了战略人力资源管理领域的基础性理论。早在 20 世纪 50 年代，Penrose 就首次提出了资源基础理论，随后，一些学者通过研究发展和完善了该理论，使之成为企业战略管理领域人们所熟知的理论。该理论有效地将人力资源管理与战略管理相结合，使人力资源管理与战略管理成为双向影响的关系，突出强调了战略人力资源的价值，认为它反过来会影响企业战略的制订与实施。资源基础理论认为，组织是由诸多资源组成的，组织是否具备竞争能力，取决于其所获得的资源或能力的多少。通过对企业内部资源和能力的研究，提出了影响企业竞争优势的三个因素：物质资源、人力资源和组织资源。也正是基于该研究，他随后于 1991 年提出了著名的 VRIO 模型。他认为，一家企业能否获得竞争优势，取决于其是否拥有一些资源，而这些资源不同于一般的常规资源，必须具备几大属性，如有价值性、稀缺性、难以替代性、难以模仿性、不可移动性。该模型得到了社会大众的广泛认可，也成为学术界研究人力资源管理角色的一种分析范式。

第三节 人力资源管理的工作内容

一、职务分析与设计

职务分析是人力资源管理最基本的工作之一。它是一种系统地收集和分析与职务有关的各种信息的方法。这些信息包括各种职务的具体工作内容、每项职务对员工的各种要求和工作背景环境等。这些信息对于人力资源的其他管理工作来说，是必不可少的。职务分析的目的主要有两个：第一，弄清楚企业中每个职位都在做些什么工作；第二，明确这些职位对员工有什么具体的从业要求。通过职务分析，产生出职务描述和职务资格要求，职务描述和职务资格要求将成为进行人力资源管理其他工作的重要依据。

（一）准备阶段

要认真收集分析对象的有关信息，包括公司特定阶段的目标，组织设计与组织结构图，部门的性质、任务及部门内的编制岗位。然后选择可行的分析方法：问卷调查法，可广泛适用于各部门岗位；访谈法，用于工作流程较为复杂、内容责任难以界定的工作；现场观察法，适用于简单的容易观察和度量的工作，适用于生产车间。信息来源途径有各职位的本人自述、主管的描述、人力资源管理部门的答卷等。

（二）调查阶段

在此阶段，要进行职务分析问卷调查。部门经理配合人事部门考察工作环境、工作流程和关键步骤。与主管人员及"典型"员工进行面谈并做好面谈记录。

（三）分析阶段

根据工作调查反馈的信息，归纳出部门应完成的具体任务。根据任务按事件的性质进行分类。将主要关系列出，找出分类中要素之间的相互关系。在信息分析阶段，需要分析以下几方面的内容：基本信息，如职务名称、职务编号、所属部门、职务等级等；工作活动和工作程序，如工作摘要、工作范围、职责范围、工作设备及工具、工作流程、人际交往、管理状态等；工作环境，如工作场所、工作环境的危险、职业病、工作时间、工作环境的舒适程度等；任职资格，如年龄要求、学历要求、工作经验要求、性格要求等；基本素质，如学历要求、专长领域、职务经验、接受的培训教育、特殊才能等；生理素质，如体能要求、健康状况、感觉器官的灵敏性等；综合素质，如语言表达能力、合作能力、进取心、职业道德素质、人际交往能力、团队合作能力、性格、气质、兴趣等。

（四）工作设计

工作设计应以公司发展目标为基础。此外，还应具有以下特性。

1. 系统性

工作设计一定要与公司组织设计的思路相适应，不同的岗位既要有区别，又要相互依存，应形成一个有机的工作链，发挥最大的效能。

2. 实用性

在将工作事件与工作目标结合过程中，应充分考虑工作现状与人员的能力等方面，既不能要求过高，但也不能过于迁就任职者的能力，应在一定程度上让员工通过学习，努力来适应工作。

3. 发展性

岗位设计时，应考虑岗位的工作量的变化。

（五）整理分析结果

根据各岗位分析的信息草拟"工作说明书"及"工作规范"。将拟定的"工作说明书"及"工作规范"与实际对比。综合各方面因素确定"工作说明书"及"工作规范"。

（六）进行工作评价

对岗位进行价值排行，按岗位重要性确定岗位分级标准。以提供岗位薪酬、工作晋升的依据。

二、人力资源规划

为确保对人力资源工作进行更加合理的规划，相关工作人员应当对企业人力资源现状进行深入的调查，不仅要掌握员工综合素质，还需要对企业人力资源规范的相关项目进行了解，其中主要包含管理培训、人力资源开发等多种问题，同时涉及企业竞争对手的方案与战略，市场中人力资源劳动力价格以及供求关系等，提供科学的依据保障人力资源管理工作的顺利开展。

自20世纪70年代起，人力资源规划已成为人力资源管理的重要职能，并且与企业的人事政策融为一体。人力资源规划实质上就是在预测未来的组织任务和环境对组织要求以及为完成这些任务和满足这些要求而提供人员的管理过程。人力资源规划主要功能和目的在于预测企业的人力资源需求和可能的供给，确保企业在需要的时间和岗位上获得所需的合格人员。实际上，人力资源规划是一项系统的战略工程，它以企业发展战略为指导，以全面核查现有人力资源、分析企业内外部条件为基础，以预测组织对人员的未来供需为切入点，内容包括晋升规划、补充规划、培训开发规划、人员调配规划、工资规划等，基本涵盖了人力资源的各项管理工作，人力资源规划还通过人事政策的制订对人力资源管理活动产生持续和重要的影响。

在人力资源管理职能中，人力资源规划具有战略性和应变性。组织发展战略及目标、任务、计划的制订与人力资源战略及计划的制订紧密相连。人力资源规划规定了招聘和挑选人才的目的、要求及原则；人员的培训和发展、人员的余缺都得依据人力资源规划进行实施和调整；员工的报酬、福利等也是依据人力资源规划中规定的政策实施的，在企业的人力资源管理活动中，人力资源规划不仅具有先导性和战略性，而且在实施企业目标和规划过程中，它还能不断调整人力资源管理的政策和措施，指导人力资源管理活动。因此，人力资源规划处于整个人力资源管理活动的统筹阶段，它为下一步整个人力资源管理活动制订了目标、原则和方法。人力资源规划的可靠性直接关系着人力资源管理工作整体的成败。所以，制订好人力资源规划是企业人力资源管理部门的一项非常重要和有意义的工作。

企业的生存和发展离不开企业规划。企业规划的目的是使企业的各种资源（人、财、物等）彼此协调并实现内部供求平衡。人力资源是企业内最活跃的因素，人力资源规划是企业规划中起决定性作用的规划。

人力资源管理的根本目标是充分、科学、合理地发挥运用人力资源对社会经济发展的积极作用。简单来说，就是采用各种有效的措施充分发挥劳动者潜力，提高劳动者质量，改善劳动者结构，合理配置和管理使用，以促进劳动者与生产资料的最佳结合。为实现这一目的，人力资源部门需要统筹进行资源配置、素质提高、能力利用、开发规划等工作。具体可以划分为以下五项目标：

第一，经济目标。使人力与物力经常保持最佳比例和有机结合，使人和物都充分发挥出最佳效应。

第二，社会目标。培养高素质人才，促进经济增长，提高社会生产力，以保证国家、民族、区域、组织的兴旺发达。

第三，个人目标。进行职业生涯设计、个人潜能开发、技能存量和知识存量的提高，使人适应社会、融入组织、创造价值、奉献社会。

第四，技术目标。不断完善和充分使用素质测评、工作职务分析等技术手段，并以此作为强化和提高人力资源管理工作的前提和基础。

第五，价值目标。合理地开发与管理，实现人力资源的精干和高效。取得人力资源的最大使用价值是人力资源开发与管理的重要目标，HR应根据合理规划与落实，发挥劳动者最大的主观能动性，培养全面发展的企业员工。

三、员工招聘与选拔

根据人力资源规划和工作分析的要求，为企业招聘、选拔所需要的人力资源并录用安排到一定岗位上。招聘是企业吸收与获取人才的过程，是获得优秀员工的保证，招聘实际上包括两个相对独立的过程，即招募和选拔聘用。招聘主要是通过宣传来扩大影响，树立企业形象，达到吸引人应征的目的。聘用则是使用各种技术测评与选拔方法、挑选合格员工的过程。所谓员工招聘与选拔，是指组织采取一些科学的方法寻找、吸引具备资格的个人到本组织来任职，并从中选拔适宜人员予以录用的管理过程。

（一）招聘的过程

三个步骤：招（发布、吸引）、选（甄选：审查、选择）、聘（双向的，个人可拒绝聘用）。

（二）招聘与选拔的内容（程序）

1. 招募

组织为了吸引更多更好的候选人来应聘而进行若干活动，包括招募计划的制订与审批、招聘信息的发布、应聘者申请等。

2. 选拔

组织从人、事两个方面出发，挑选出最合适的人来担当某一职位，包括资格审查、初选、测试、体检、背景调查等环节。

3. 录用

录用主要涉及员工的初始安置、试用、正式录用，包括上岗引导、新员工访查等工作内容。

4. 评估

对招聘活动的效益与录用人员质量进行评估。包括两个内容：一是对招聘结果的成效进行评估，如成本与效益的评估、录用员工数量与质量的评估；二是对招聘方法的成效进行评估，如对所采取的选拔方法的信度与效度加以评估。

（三）招聘目标

1. 获得企业需要的人员

新补充进来的员工就像制造产品的原材料，他们的素质高低对企业今后的生产经营活动会有很大的影响。如果不能招聘到适合的员工，企业在时间和资金等方面的投入都会产生很大的浪费，并且可能会影响到企业员工的士气。因而以获得企业需要的人员为招聘目标，有利于保障企业人员的素质，提高人员的使用效率，同时为增加企业员工满意度和凝聚力创造条件。

2. 减少不必要的人员流失

企业不仅要招聘到人，更要留住人。能否留住有用的员工，招聘工作的好坏是一个重要的因素。应该肯定的是，那些认可公司的价值观，在企业中能找到适合自己兴趣、发挥自己能力的岗位的人，在短期内离开公司的可能性比较小一些。而这就有赖于招聘过程中双方信息的有效传递和企业对应聘者的准确评价。

3. 树立企业形象

招聘过程是企业代表与应聘者直接接触的过程。负责招聘的人员的工作能力、招聘过程中对企业的介绍、面试的程序以及招聘或拒绝什么样的人等都会成为应聘者评价企业的依据。招聘过程既可能帮企业树立良好的形象、吸引更多的应聘者，也可能损害企业形象，使应聘者失望。

四、绩效考评

绩效考评是人力资源管理的核心职能之一，是指评定者运用科学的方法、标准和程序，对行为主体的与评定任务有关的绩效信息（业绩、成就和实际作为等）进行观察、收集、组织、贮存、提取、整合，并尽可能做出准确评价的过程。它是企业绩效管理中的一个环节，常见绩效考评方法包括BSC、KPI及360度考核等，主流商业管理课程将绩效考评的设计与实施作为对经理人的一项重要人力资源管理能力要求。

五、薪酬管理

薪酬管理包括对基本薪酬、绩效薪酬、奖金、津贴以及福利等薪酬结构的设计与管理，以激励员工更加努力地为企业工作。薪酬管理的主要内容包括以下几个方面。

（一）薪酬的目标管理

薪酬应该怎样支持企业的战略，又该如何满足员工的需要。

（二）薪酬的水平管理

薪酬要满足内部一致性和外部竞争性的要求，并根据员工绩效、能力特征和行为态度进行动态调整，包括确定管理团队、技术团队和营销团队薪酬水平，确定跨国公司各子公司和外派员工的薪酬水平，确定稀缺人才的薪酬水平以及确定与竞争对手相比的薪酬水平。

（三）薪酬的体系管理

这不仅包括基础工资、绩效工资、期权期股的管理，还包括如何给员工提供个人成长、工作成就感、良好的职业预期和就业能力的管理。

（四）薪酬的结构管理

正确划分合理的薪级，正确确定合理的级差和等差，还包括如何适应组织结构扁平化和员工岗位大规模轮换的需要，合理地确定工资宽带。

（五）薪酬的制度管理

薪酬决策应在多大程度上向所有员工公开化和透明化，谁负责设计和管理薪酬制度，薪酬管理的预算、审计和控制体系又该如何建立和设计。

六、员工激励

采用激励理论和方法，对员工的各种需要予以不同程度的满足或限制，引起员工心理状况的变化，以激发员工向企业所期望的目标而努力。激励指的是持续激发人的动机的心理过程。激励机制是在企业内外部条件之下，通过各种激励措施与规章制度来制订的一套理性化的制度，能激发员工不断为企业做出贡献。企业激励机制可分为外在激励机制和内在激励机制。外在激励因素主要包括薪酬激励因素和职业福利激励因素两个方面，企业直接控制的激励资源主要以物质激励体现。内在激励是通过精神的满足来强化个人行为的，主要有目标激励因素和情感激励因素，且方法多样。激励是管理的催化剂，综合运用多种激励策略，把激励的手段和目的结合起来，建立起适应企业特点和优质员工需求的开放的激励体系，才能使企业在激烈的市场竞争中做大做强。

七、培训与开发

（一）人力资源培训

通过培训可以提高员工个人、群体和整个企业的知识、能力、工作态度和工作绩效，进一步开发员工的智力潜能，以增强人力资源的贡献率。人力资源培训是通过短期的以掌握某种或某些比较专门的知识、技能和技巧为目的的指导活动，它能使培训的对象具有完成某种工作所必需的技能。企业当中一般所说的人力资源培训主要是说的员工培训，也就是人员培训，它是社会组织为适应业务工作及培训人才的需要，对全体员工采取训练、进修和考查等一系列的方式，有计划地增进他们所需学识和技能，减少个体差异，使员工能适应现实的工作或担任更重要职务的活动。

简而言之，员工培训就是企业为了实现某种目标，或依据目前市场经济的需要，对员工进行的专业技能和知识文化的培训教育。

员工培训是人力资源管理和开发的重要手段和途径，因为其目的的明确直接关系到企业的发展动向和绩效结果。合理的员工培训能够恰当地衔接学校教育和企业工作需求及企业未来发展计划；能够提升组织工作绩效，增强企业竞争力；并且能够充分满足员工个人的知识更新和技能提升需求，使之适应社会发展的需要，实现个人的自我价值；员工培训也蕴涵培养了企业文化建设，提高了企业的文化素养和精神质量。

（二）人力资源开发

人力资源开发就是把人的智慧、知识、经验、技能、创造性、积极性当作一种资源加以发掘、培养、发展和利用的一系列活动，是一个复杂的系统工程。人力资源开发的目标：一是通过开发活动提高人的才能；二是通过开发活动增强人的活力或积极性。

1. 提高人的才能

才能是认识和改造世界的能力，它构成了人力资源的主要内容。能力是人们表现出来的解决问题可能性的个性心理特征，是完成任务（或达到目标）的必备条件。能力直接影响活动的效率，是活动顺利完成的最重要的内在因素。完成任何一项活动都需要人的多种能力的结合。例如儿童画画，都必须有完整的知觉能力、识记与再现表象的能力、使用线条表现实物的抽象力与想象力、目测长度比例的能力、估计大小或亮度关系的能力、透视能力和灵活自如的运笔能力等。一个人具有某些突出的能力并能将各种能力结合起来，出色地完成有关的任务，我们就说其有某方面的才能。才能就是各种能力独特的结合。一个人不可能样样能力突出，甚至还会有缺陷，但是人可以利用自己的优势或发展其他能力来弥补不足，同样能顺利地完成任务或表现出才能。这种现象叫作能力的补偿作用。例如，盲人缺乏视觉，却能依靠异常发达的触摸觉、听觉、嗅觉及想象力等去行走、辨认币值、识记盲文、写作或弹奏乐曲，有时会表现出惊人的才能。又如，有些人机械记忆能力比较薄弱或在成年后有所减退，但仍然可以依靠或发展自己特有的理解力、判断力去掌握各种知识，或做出有分量的决策，并不比其他人逊色。所有这些都表明，才能并不取决于一种能力，而有赖于各种能力的独特结合。

2. 增强人的活力

通过开发来增强人在工作中的活力，才能充分、合理地利用人力资源，提高人力资源的利用率。活力不光是指人的干劲，还需要智力。毫无疑问，知识与技术是重要的。然而，对于活力来说，智力是必要条件，但还不是充分条件。所谓充分条件，就是使智力变成果的行动力。构成其行动力的主要因素是毅力、体力和执行力。无论是首脑还是管理者，都拥有那种由职务直接产生的力量。那是一种外来的力量，也就是权力。这种权力如同一把传家宝刀，最好不要轻易拔刀出鞘。相对来说，首脑与管理者就不一定都拥有权威。因为，权威是从内部自然产生的，是从一个人内在的实力和人格中自然渗透出来的。笔者希望，这种权威能得到充分的发挥。在击剑技法上，有活人剑、杀人剑的区别。在企业这个竞技场上，为了使企业保持生机勃勃，我们就要用权威这把活人剑，而不要去用权力这把杀人剑。权力大而权威小，企业就会衰败；权威先行，权力后随，企业才会蒸蒸日上。

八、职业生涯规划

职业生涯规划是由美国兴起的职业指导运动发展而来的，由最初注重一次性的分析指导，发展到强调在综合分析个体和环境双方因素的基础上确定职业生涯目标，并为此付出努力的一个连续的过程。

（一）职业生涯规划的作用

对于企业来讲，人力资源职业生涯管理目标构建之后，与组织发展目标进行积极配合，首先能够从人力资源管理工作核心入手，盘查企业现阶段所拥有的人才条件、技能水平、储备力量等，了解员工整体水平与目标发展需要，经过组织与协调性引导，能够确保企业现阶段与长远发展，员工能够获得职业机会，并与企业一起承担来自社会所赋予的各项压力或挑战，人力资源配置更为优化合理，能够给企业奠定良好的发展基础。当员工获得先决要素并对自己的职业发展有一定的希冀时，员工在自己岗位上的积极性与主动性也能被全面调动起来。这种人力资源管理指导工作本身就是建立在员工心理建设或心理契约的背景下的，能促使整个工作团队的稳定性与和谐性逐步提升，良好的工作氛围逐步确立。人性化的管理理念确立，企业自身的文化建设目标也能在员工支持下顺利完成。企业在运营管理期间，围绕职业生涯管理以及组织发展的各项工作要求，是建立在尊重员工的基础上的。人力资源管理工作获得新生力量，其竞争力与影响力增强，在某种程度上也是企业业内竞争力的推动方式，能够将各个阶段的企业经营管理目标顺利完成。

（二）职业生涯规划的步骤

职业生涯规划的具体步骤可以概括为以下几个方面。

1. 自我评价

自我评价考虑的是对自己的了解程度，即要全面深入地了解自己。要想制订一份行之有效的职业生涯规划，必须对自己有充分认识和了解，这样的了解主要分为两方面的内容，一是对自身条件的准确认识，二是在相关环境的基础上对自己的判断。要了解自己，就要审视自己，做好自我评估，对自己的性格、兴趣、技能、思维方式等方面加以明确。要明白自己想做什么、能做什么、应该做什么等问题。

2. 确立目标

制订职业生涯规划的重要环节就是要确立目标。通常将目标分为短期目标、中期目标、长期目标和人生目标。长期目标具有预见性，它的制订要谨慎选择。只有通过个人长期的艰苦努力、不懈奋斗长期目标才有可能实现。短期目标具有具体性，对人的影响更为直接，努力实现短期目标是实现长远目标的重要保证。

3. 环境评价

职业生涯规划还需要对所处的环境进行充分了解，自己所选择的职业与自己所处的环境之间是否存在影响，把握环境因素带来的优势，顺势制订职业生涯规划，规避环境的不利影响，最大可能地为职业生涯的规划提供便利。此外，还要充分了解自己专业的发展形势，做出正确的判断。

4. 职业定位

通过对自己的充分了解，使自己的职业目标与自己的客观条件形成最适当的匹配，这就是职业定位。以自己最优的特点匹配到的职业将是最好的职业定位。进行职业定位时，要充分考虑自己的性格特征、兴趣爱好、专业特长等因素。进行职业定位时，要注意以下几个方面：一是实事求是，以实际情况为出发点，充分考虑自己所处环境的情况；二是比较甄别，在进行职业定位时，要根据职业的特点对自身的特点进行匹配，择优而适；三是扬长避短，抓住主要的特征，选择最为合适的职业，不要盲目追求完美职业；四是审时度势，目标的设定并不一定一成不变，要根据实际情况的变化，来对择业目标及时调整。实施策略是使职业生涯规划得以实现的有力保障，依据目标方向，制订可操作的行动方案，把设想通过行动变成事实，而没有一个详尽的方案则很难把梦想落到实处。

5. 评估与反馈

再好的员工职业生涯规划也需要实践的检验，在实践检验的过程中，要观察实现的效果如何，如不尽如人意，需要及时做出整改，如实现效果较好，应及时评价，为后续的发展提供依据。

（三）职业生涯规划管理制度

为了让职业生涯规划更好地执行，必须要设置职业生涯管理制度，并保证两者的配套，在制度的约束和保证下，使职业生涯规划的实施效率得到提升。制度也是主要的规范办法，让每一个人都能按照制度的要求工作，才是制度建设的根本因素。职业生涯管理制度主要包括以下几点。

1. 培训制度

培训制度是最为基础的制度，可以对员工进行全方位、多角度的培训，让员工领略企业的文化，更好地适应企业的节奏，从而获得长足的发展，实现个性化的进步，为企业的发展添砖加瓦。从职业生涯管理的角度来看，该制度是为了让员工更好地强化自身的能力体系，从而获得更好的工作机会，帮助企业实现职业生涯管理工作的强化。

2. 考核制度

只有制订合理科学的员工考核制度，才能激发员工的工作积极性。对于在工作中表现良好的员工，要给予物质和精神方面的奖励，使其再接再厉；对于表现欠佳的员工，则要做出一定的处罚。将个人表现同收益联系起来，对员工进行约束，使员工的工作热情得到最大限度的激发。考核制度也是约束制度中的一种，主要是看员工的工作情况是否达到了企业的要求，若是没有达到要求，往往会有处罚。

3. 薪酬激励制度

薪酬激励制度和考核制度大同小异，对于表现良好并且工作努力的员工，高层领导一定要给予薪酬方面的奖励，给他们实实在在的好处，使得多劳多得的理念得到完美的体现，这样员工才能在自己的工作岗位上付出更多的努力。其本身属于约束制度的互补；或者有很多企业直接将激励制度和考核制度定义为奖惩制度。奖励和惩罚是其中的核心部分，可以通过约束和奖励的方式调动员工的积极性。

九、人力资源会计

与财务部门合作，建立人力资源会计体系，开展人力资源投资成本与产出效益的核算工作，为人力资源管理与决策提供依据。

人力资源会计是人力资本理论在会计学领域的深入与发展。人力资源会计通过会计报告把企业人力资源整体状况完整地公示给财务信息使用者，公司股东、风险投资者、政府可以通过人力资源会计报告分析企业经营状况和发展潜力、前景。

随着对人力资源会计的研究日趋深入，会计学界普遍认为，完善人力资源会计应包括以下几项内容。

（一）人力资源成本会计

人力资源成本会计是较早提出来的比较成熟的人力资源会计模式。早在 20 世纪 70 年代，美国会计学者弗兰霍尔茨就将人力资源成本会计定义为："为取得、开发和重置作为组织的资源的人所引起的成本的计量和报告。"对人力资源成本会计模式所做的探索为人力资源会计和财务会计的相融合创造了条件。通过增设一些相应的会计科目，使人力资源成本的会计信息能够在遵循公认会计原则的前提下通过传统会计程序变通取得。对人力资源投资形成人力资源成本，这部分内容已经被论证得较为全面，并且在理论界已基本达成共识。

（二）人力资源价值会计

人力资源价值是蕴含于人体内的、能带来经济利益的潜在劳动能力，人在运用这种劳动能力的过程中可以创造出新的价值。人内在劳动能力的价值只能推测、判断，而无法准确计量，但它创造出的外在价值却是可以计量的。对人力资源价值的计量可以以过去创造出的价值为计量基础。人力资源会计是对人力资源本身具有的价值进行计量和报告。它所能反映的人力资源价值既可以是人力资源过去创造的价值，也可以是人力资源将来能够创造的价值。

（三）劳动者权益会计

劳动者权益会计是在继承人力资源成本会计并对人力资源价值会计进行改造的基础上提出的。劳动者权益会计通过对传统会计等方式的重构，能够实现人力资源价值会计与传统财务会计的融合。它在承认人力资源是有价值的经济资源的基础上，进一步提出人以劳动者的身份参与企业的生产经营，人对企业的贡献高于任何物质资源，所以他们应该同物质资源的所有者一样享有对企业新出价值的分配权。

十、劳动关系管理

劳动关系是指劳动者与用人单位依法签订劳动合同而在劳动者与用人单位之间产生的法律关系。劳动者接受用人单位的管理，从事用人单位安排的工作，成为用人单位的成员，从用人单位领取劳动报酬和受劳动保护。用人单位是指中华人民共和国境内的企业、个体经济组织、民办非企业单位等组织，也包括与劳动者建立劳动关系的国家机关、事业单位、社会团体。

现代的、积极的员工关系管理主要包含劳动关系管理、法律问题及投诉、员工的活动和协调、心理咨询服务、员工的冲突管理、员工的内部沟通管理、工作丰富化、晋升、员工的信息管理、员工的奖惩管理、员工的纪律管理、辞退、裁员及临时解聘、合并及收购、工作扩大化、岗位轮换等。其中劳动关系管理就是指传统的签合同、解决劳动纠纷等内容；而心理咨询服务是现在企业中最时髦、最流行的一种福利，这项福利的产生来源于日益强烈的竞争压力；员工的信息管理对那些相对比较大，如几千人的公司非常重要；另外，辞退、裁员及临时解聘、合并及收购则是稍微消极一点的员工关系管理，是用来处理员工的。

员工关系管理是企业人力资源部门的重要职能之一，良好的员工关系可以使员工在心理上获得一种满足感，有利于提高其工作意愿和积极性，也在一定程度上保障企业战略和目标的有效执行。可以说，员工关系是影响员工行为态度、工作效率和执行能力的关键因素，值得企业管理者高度关注。

事业单位用人管理是中国政府高度关注的一个问题。针对事业单位的用人管理和工作人员履职行为，中国政府多次出台了相关的管理制度，从而为事业单位用人管理提供了重要的参考依据。因此，在人力资源管理中，事业单位要与时俱进，解放思想，积极创新，改变传统的劳动关系管理观念，根据基层机关单位劳动关系管理工作的特征，分析不同因素对劳动关系管理的影响。如基层人力资源管理中的劳动关系管理工作交错复杂，具有主观能动性特征和群体社会性特征。所以，在劳动关系管理中，要将个体素质、工作能力、成绩都纳入人事劳资管理范畴，要将个体因素和团队因素综合起来，制订长期管理规划，在基础业务管理中明确岗位要求，在核心业务管理中重视绩效考核和薪酬管理，并发挥信息技术的优势，对劳动关系管理的许多事务，包括档案管理、健康管理、安全管理、考核管理、合同管理、离退休职工管理等进行动态管理，以提高管理成效。

如今，人类已经进入了知识经济时代。在知识经济时代，人才是最重要的生产力，也是国家、单位竞争的重点、发展的根本。基层机关单位是直接服务民众的窗口，要想提高其服务质量和民众的满意度，必须要开展与业务有关的培训活动，以提高人力资源的综合素质。因此，在人力资源管理中，基层机关单位要树立以人为本的管理理念，坚持公平、公正的原则择优录取可用之才，并给予人才以充分的信任和尊重，营造竞争氛围，为人才展示自我提供机会和舞台。还要完善培训机制，对编制内外人员一视同仁，合理设计培训课程，针对在编人员和编外人员开展各种形式的培训活动，在培训中积极宣传国家的劳动政策，重点进行劳动力职业技能培训，有目的地渗透法制教育、劳动素养教育，让参与培训的人员对劳动关系、人事管理条例有一个明确的认识。

第四节 人力资源管理信息化发展

一、人力资源管理信息化特点

人力资源管理信息化在操作过程中更加方便，并且通过信息化形成系统性与集成性的管理系统，通过网络自助服务，实现灵活开放型的优势，通过图形强化输出功能，并且保证信息的安全。信息化的人力资源管理操作界面简单，使用户通过可视化操作可以更好地理解，能够让每位员工都接受新型的管理模式，并且通过这一信息的管理模式，使员工实现自我管理，并直接反映人力资源管理的工作内容和业务流程，利用系统设计的信息化管理模式，方便企业管理的规范和统一，减少烦琐的工作，使管理者真正做到足不出户随时管理。员工根据系统自动识别，减轻工作负担，利用自助服务了解相关的人力资源信息，让员工能够配合人力资源部门的管理，将信息管理与人事管理相结合。同时，这一信息化系统可以根据用户的需求进行二次开发，也可以进行各个界面的单独管理，完善资源并实现资源无缝对接。在更改界面信息时，可以轻松导入数据，方便用户信息的引入，同时，根据自己的需要设计报表形式，为其提供强大的报表操作功能，通过WPS等软件互相导入导出，并且根据灵活的报表生成器输出统计分析图，在进行数据输出和处理时，可以对关键的数据进行加密处理，也可以对数据进行系统性的还原和恢复，避免在数据使用过程中出现失误，能够及时对其进行修改，在找不到原数据的情况下也可以实现数据还原。并且在系统上，即使是管理系统的管理员也无法对数据进行篡改，还可以利用信息化管理，当人员对系统进行使用时，进行跟踪记录，建立数据的备份机制，及时修改数据情况。

二、人力资源管理信息化建设的必要性

（一）整合管理资源，降低管理成本

信息技术的飞速发展及其对社会经济方面的强力渗透，无疑对人力资源及其管理产生了深刻的影响，人力资源管理的信息化建设和应用能够助力企业实现各个部门之间的信息共享和协同工作以提高工作效率和降低沟通成本，减少企业的人力资源部门的工作量和管理成本以提高管理效率和降低管理成本，帮助企业适应日益

复杂和竞争激烈的市场环境。传统人力资源管理中，各个部门之间的信息流通主要通过纸质文档和口头沟通来完成，这种方式存在信息传递不及时、易丢失、难以追溯等问题，企业人力资源管理的信息化应用可以借助现代信息技术将各个部门的人力资源相关信息整合到一个系统中，实现信息共享和协同工作。如员工的招聘、培训、绩效评估等信息可以通过信息化系统进行统一管理，各个部门可以随时查阅和更新相关信息，从而提高工作效率和降低沟通成本。企业人力资源管理的信息化系统还可以提供实时的数据分析和报表功能，帮助企业管理层更好地了解人力资源状况，做出科学决策。另外，人力资源管理的信息化应用能够实现自动化和智能化的管理，减少人力资源部门的工作量，降低工作复杂度，从而降低企业在人力与物力方面的成本。

（二）提高管理效率的需要

加强人力资源管理信息化建设是提高管理效率的需要，借助现代信息技术应用于人力资源管理系统，可以实现自动化和智能化管理，减少人力资源部门的工作量和工作复杂度，从而提高工作效率和准确性。传统的人力资源管理系统中，员工需要通过人力资源部门的协助来处理一些日常事务，例如请假、报销、调动等，而在人力资源管理信息化应用中，员工可以通过线上平台完成一些简单日常事务的申请和审批，员工可以随时随地通过电脑或手机登录系统，提交相关申请，并实时了解申请的进展和结果。人力资源管理信息化建设不仅可以减少人力资源部门的工作量，还可以提高员工的满意度和工作效率，减少等待时间，降低沟通成本，提高企业内部的工作效率。

（三）推进办公系统自动化的实现

人力资源管理从广义上来讲属于办公系统的一部分，因而人力资源管理信息化的建设与应用也是推进办公系统自动化实现的重要举措之一。传统的人力资源管理，往往需要大量的人力投入员工档案管理、薪资发放、考勤管理等工作的处理中，而借助人力资源管理信息化的应用，便可以轻松地实现这些工作的自动化。例如，员工档案可以通过系统进行电子化管理，包括个人信息、合同、培训记录等，从而提高档案的安全性和可访问性；薪资发放可以通过系统自动计算和发放，可以减少烦琐的手工操作和人为错误的可能性；而考勤管理则可以通过刷卡机、指纹识别等设备实现自动化，可以减少人力资源部门的工作量，降低考勤数据的错误率。

三、人力资源信息化管理建设的内容

（一）检索信息自动化

在人力资源管理体系中，检索信息自动化也属于信息化建设内容，这对人力资源管理的帮助非常多。信息检索属于基础工作，有助于提升工作效率，若仍然沿用传统模式，就会增加管理成本，降低人力资源管理效果。通过信息检索技术，设置相关检索条件，开展自动化检索流程，有助于提升信息检索效率，增强人力资源管理能力。

（二）统计数据数字化

信息技术正逐渐渗透到人力资源管理工作中，改变传统管理局面与弊端。在信息技术支持下，人力资源配置的保障效益明显，有助于提升员工的满意度。传统人力资源管理模式中，存在的局限与问题非常多，很难高效统计管理数据，且管理深度的限制较多，很难配置人力资源。信息技术普及率的提升，增加了管理信息交流路径，扩展了人力资源管理服务面。在工作实践中，搭建管理数据库，对接岗位与人力资源，提升人员配置效益。

（三）资料数据网络化

人力资源管理工作会产生大量数据，传统数据检索难度大，资源使用率比较低，经常要投入大量人工成本。但是在新网络环境下，可以简化资料查找流程与步骤，实现信息化管理机制，如一键查询功能。在操作过程中，检索人员只需要申请，即可查阅相关数据。信息化技术提升了人力资源档案管理的便利性，各部门可以及时查询和更新人力资源档案，从而增强企业内部控制效益。

四、人力资源管理信息化建设中存在的问题

（一）软硬件基础水平偏低

企业人力资源管理的信息化建设与应用，离不开良好的软硬件基础设施建设，不管是软件方面的缺失，还是硬件层面的不足，都会影响人力资源管理信息化的实际应用效果。

在软件方面，很多企业在人力资源管理的信息化建设过程中，由于缺乏专业的技术人员或者对软件开发的理解不够深入，因此软件的设计和开发质量不高。这种问题很容易给系统的稳定性和功能性带来一定的风险，系统可能会出现频繁崩溃、数据丢失或者功能不完善等问题，给企业的日常经营管理带来困扰。

在硬件层面，很多企业在硬件设备的选择和配置上存在一定的问题。一方面，一些企业可能对硬件设备的需求和性能要求不够清晰，导致采购的硬件设备无法满足系统的运行需求，从而影响系统的稳定性和性能；另一方面，一些企业可能在硬件设备的维护和更新上投入不足，导致硬件设备的老化和性能下降，影响了人力资源管理系统的正常运行。

因此，在企业人力资源管理的信息化建设与应用过程中，要充分重视软硬件基础水平的提升，确保人力资源管理信息系统的稳定性和性能，为提升管理效率与质量提供良好的基础设施条件。

（二）人员信息化素质不高

在人力资源管理信息化建设与应用的过程中，建设一支具备信息技术和管理知识的专业团队来进行系统的设计、开发和维护很有必要。然而，很多企业的人力资源部门缺乏相关的信息技术和管理人才，导致在信息化建设中无法有效地与技术团队沟通和协作，这很大程度会导致在人力资源管理信息化建设过程中对系统需求理解得不准确、功能设计得不合理以及问题的解决能力不足等问题。而且一些人力资源部门员工由于缺乏相关技术和理论知识，在信息化工具和系统的使用和操作中存在一定的困难，影响信息化工作的顺利进行。另外，从员工自身专业素质方面来讲，人力资源管理的信息技术随着现代科技的发展也在不断发展，人力资源管理部门员工必须时刻关注行业内部的最新技术和研究成果，树立终身学习理念，不断提升自身素质，但具备这一类素质的员工只在少数，有很大一部分的人力资源管理部门的员工固守传统人力资源管理理念，不愿意或没有能力学习最新的信息技术以应用于企业的人力资源管理信息化建设，极大地影响企业内部人力资源管理信息化建设与应用的水平与质量，不利于企业的可持续健康发展，因此，企业在进行人力资源管理信息化建设时，应该重视员工的信息化素质培养，提供相关的培训和学习机会，提高员工的信息技术和管理知识水平。

（三）缺乏创新理念

人力资源管理制度的多方面调整与优化，离不开创新理念的更新与应用，企业在人力资源管理的信息化建设与应用过程中缺乏创新理念，首先体现的是企业对人力资源管理的重视度不够，以及企业自身管理水平较低的问题。传统的人力资源管理模式过于依赖人工操作，效率低下且容易出现错误，而信息化技术的发展为人力资源管理带来了许多创新的机遇和挑战，但很多企业由于缺乏创新理念，对这些新技术和平台的应用还比较保守，无法充分发挥其潜力，导致企业在人力资源管理过程中无法充分利用信息化技术来提高效率、降低成本和优化决策，从而限制了企业的发展和竞争力。创新理念的缺失会导致企业在人力资源管理信息化建设中缺乏前瞻性和战略性，很多企业进行人力资源管理的信息化建设只是为了满足当下的需求，缺乏对未来发展的规划和预见，只是简单地购买和使用一些常见的人力资源管理软件或系统，而忽视了技术的更新和发展。这样的做法容易导致企业的信息化建设过时和落后，无法适应市场的快速变化和竞争的激烈程度。企业进行人力资源管理信息化建设，应该具备创新的思维和眼光，关注行业的最新动态和技术的发展趋势，积极寻找和应用新的信息化技术，这样才能更好地应对市场经济的发展与挑战。

五、人力资源管理信息化建设对策

（一）合理应用互联网技术

企业开展人力资源管理工作时，必须提升互联网技术水平。

第一，人力资源管理体系能够为企业发展提供战略支持，完善企业人员结构，提升人力资源平台建设效益。企业要重视人力资源信息化管理建设，实现全员覆盖。同时实行一人一档机制，高效管理人员的基础信息。

第二，在信息化建设工作中，通过互联网技术转变人工处理方式，提升数据分析效果。比如实行线上数据处理，设置系统接口，对接办公自动化数据、财务数据、人事数据，借助办公自动化完成人员、组织、薪酬等管理任务。又如，企业利用网络平台招聘人才时，合理使用数据挖掘功能，提供各类原始信息，以筛选、集成、转化方式录入数据库。管理人员要挖掘数据优势，从海量管理信息内找寻决策参考，深度开发组织人才，帮助企业做出正确决策。

第三，在管理人力资源时，大数据技术可以提供发展机遇，加强核心竞争实力，创新数据挖掘方式。比如企业可保留优势业务，由其他机构代管其他业务。

（二）研发人力资源管理软件

联合企业管理需求，重视资源管理软件开发，合理使用信息手段，提升人力资源管理效益。当获得软件设施支持之后，能够高效管理人力资源，优化配置资源。在管理模式中，为了更好地融入信息化技术，应当保证信息管理系统的优化度，以展示出信息化管理优势。在具体的管理工作中，以软件设施管理人力资源，提升管理过程的合理性，从根本上助推企业发展。在工作实践中，参考有效性、可达成性原则，深度开发管理软件。在系统规划过程中，全方位分析人力资源管理目标，制订信息化管理对策，同时要分析工作性质，立足于企业管理需求，优化配置各类资源，不断提升产品管理能力。在规划软件系统功能时，提升管理过程的透明度，为企业发展提供管理支撑。

（三）提升管理人员的素质能力

在新时代发展下，企业为了获得市场竞争份额，必须认识到人才竞争的重要性。企业要提升管理人员的素质能力，优化整合资源，以加强核心竞争实力。

第一，现有管理人员很难熟练操作信息化系统，所以要完善再教育机制、技能培训机制，全面提升实践技能、知识储备。针对新入职员工，要建立信息化培训平台，并将培训资源发布到平台上，要求新员工了解企业的管理细则，帮助企业储备高质量人才。

第二，企业应当引入管理型、技术型人才，优化人才结构，实现企业与人才的同步发展。同时要完善奖励机制，提升高端人才的福利待遇，提供职位晋升机会，充分调动员工的工作积极性，为企业发展做出贡献。

第三，企业要营造信息化文化氛围，对员工的思维意识、行为方式产生影响。这就要求企业加大资金投入力度，以制度建设、活动推广、平台宣传等方式，打造信息化文化氛围，强化员工的思维意识，提升员工对企业的认同感。

（四）完善人力资源系统

在人力资源系统中，应当以线上管理制度提升各部门需求的匹配度，帮助企业建立一体化管理体系。

第一，通过人力资源系统，对企业组织架构进行调整，积极应对人事调动情况。

第二，实时同步考核数据，以人工智能技术计算薪酬。同时简化多业务模块，提升人才的互通性，实现信息化管理建设目标。

第三，在企业的信息管理系统内，以表格方式记录所有员工的信息，并以不同表格区分离职人员、在职人员，各项工作都需要管理人员手动上传，信息更新时效性不足。鉴于此，企业引入信息化管理系统，能够自动收集员工信息，在线操作员工的入职、转正、调离岗位等。长期以来，企业以门禁打卡方式作为人员考勤方法，经常出现排队打卡情况，且考勤数据提取难度大，相应增加人工核算任务量。因此，企业应当充分利用信息管理系统，支持员工远程打卡，避免排队打卡浪费时间。

第四，企业引入信息管理系统，有助于实现统一管理目标。在一个平台内，即可查询所有员工信息，随时掌握人力资源动态。人力资源信息化建设过程中，以信息技术整合组织结构，凸显出闭环管理成效。在监管人才管理流程时，系统可支持动态预警功能，全面降低人才流失风险。

第五，为了提升信息化管理成效，企业还要严格控制人力资源管理工作，保证管理制度的共享性、规范性，展示出信息化管理的意义。

第二章 公共服务视角下人力资源建设

第一节 人力资源管理与公共服务的联系

一、公共服务概念与理论

（一）人力资源公共服务概念

公共服务这一概念是 19 世纪下半叶由德国社会理论家阿道夫·瓦格纳首先提出来的。他认为，政府部门应该有加强社会文化的能力，扩大福利责任和义务。他预见到，在资本主义社会条件下，社会需要政府提供公共服务，以促进工业化加速发展、城市化规模快速扩张并继续保持增长。20 世纪初，法国学者莱昂·狄骥对公共服务进行了较为系统的解释和说明，他以社会公共服务需求为出发点，论证政府权力产生的根源和正当性，并在此基础上提出了公法问题，社会居民公共服务需求的生成，事实上论证了公共产品供给中政府具有正当性权力。他同时为评判公共服务提供了耐人寻味的依据，凡是由于实现和增进社会团结而受政府调节与管制的行为，都是一种公共服务。它有一个重要的特点是除非政府介入，否则就无法获得。这可视为政府公共服务职能的特征，这一角度所界定的公共服务具有垄断性提供的特征，也就是说，只要拥有公共权力，就要由政府提供。

伴随着相关理念的不断丰富与发展，萨缪尔森在《公共支出的纯理论》一书中提出，由国家提供的公共服务有助于解决"市场失灵"问题，同时，在某种意义上，它符合效用不可分割、消费非竞争性、利益非排他等公共物品的本质特点。詹姆斯·布坎南在《新的公共选择》中引入了"政府失灵"的概念，而奥斯特罗姆则通过对共同土地灾难的分析，认为在对公众的治理与对公众利益的治理上，政府自身都存在着不足，而对公众利益的治理并非单一的治理制度；判断的重点在于经营是否切合实际，是否公正。

从我国的角度来看，随着时间的推移，我国的公益事业也在不断地进步。马庆钰在研究中认为，"公益"指的是国家依法赋予的、由国家承担的公益事业；在单纯的公众物品中，由非政府组织、相关的公司以及其他主体组成，它们将公众物品与特殊的个人物品在生产和供给上的职责相结合。项显生认为，政府应该适当地使用权力，为社会提供看得见或看不见的公共物品，满足群众基本需要。学者于水研究时曾提及，提供公共服务，政府、社会组织、企事业单位、其他多元主体均可提供，服务内容涵盖科、教、文、体、卫、公共交通、人力资源等。近些年，公众对公共服务能否提供高效的服务表示了广泛的关心，这也成为构建服务型政府的一项重要标准。公共服务泛指为了满足企业生产的需要、从业者就业以及其他所有人力资源服务活动所提供的非排他性、非竞争性产品与服务。

人力资源公共服务涉及人力资源帮扶、人才引进等具体措施，服务对象不局限于高校毕业生这一传统群体，也包括高龄农民工、高技能人才、高层次人才以及其他类型的人力资源。人力资源公共服务具有公共性、外部性、广泛性和专业化等特征。其中，公共性体现为：在享受的过程中，人们不会产生任何的排他性和同一性，即每个人都有使用它的权利；而且不需要缴纳任何费用。与人力资源开发、培训及其他人力资源服务相比，人力资源公共服务具有明显的外部性问题，即私营企业或市场难以提供或难以实现效率。所谓广泛性，就是指享受公共服务的人员范围广、服务的范围广。专业性指的是在人力资源公共服务领域的从业人员，需要对相关的政策和业务流程进行专业化的学习，然后才能提供公共服务。

（二）新公共服务理论

自 20 世纪六七十年代开始，西方各国出现了严重的通货膨胀，物价飞涨，失业人数急剧上升，而政府管理不力、腐败丛生，民众对其执政水平产生了怀疑。在此背景下，西方国家都在大力推行政府变革，诸如"政府空心化""市场化政府""政府企业化""重塑政府"等，都是此项变革的别名，新的公共行政学说也随之产生。新公共管理理论对公共行政理论进行了发展与完善，但其自身也存在着很大的缺陷。因此，美国南加州大学的罗伯特·登哈特和珍尼特·登哈特夫妇，就"公民权利理论""社区公民社会模式""组织人文性""组织对话"等问题，提出"新公益"理论，以取代"公共行政"。他们认为，新公共服务的中心在于公民，实现公益的目标，支持公民的广泛参与，尊重公民权，实现法治，是一种社会和公民和谐运行的综合管理方式。在新公共服务理论中，政府公共部门需要树立公共利益的共同理念，以谋求公共利益最大化为核心价值目标，政府公共部门的工作人员要真正做到全心全意地提供公共服务，在各种公共资源中担任"管家"角色。

依据新公共服务理论，政府部门正在建设的人力资源公共服务体系，主要是服务，而不是掌舵，是制订各种人力资源公共政策的公共资源管理者，是人力资源公共服务提供的主体，必须把公共利益最大化作为核心价值目标，公众共同利益应得到理性实现。国家"十四五"规划中关于人力资源与社会保障发展的规划大纲指出，人力资源服务高质量发展的近些年，我国的人力资源公共服务工作完成了从"管理"到"服务"的转变。第一，人力资源公共服务主体是服务，不是掌舵，政府及其所属机构需要扮演好人力资源"服务者"，而不是"控制者"。为了提供高质量的人力资源服务，应转变态度，加强与私人或非营利团体、组织的合作，以期找到破解人力资源公共服务问题的策略。第二，要将人力资源全部纳入服务中，要根据需求提供公平、平等的服务，积极响应全体人民对人力资源服务的需要。第三，责任并非单一的，人力资源公共服务在注重公民利益的同时，应该重视法律、法规、行政行为准则、社会价值观等。

二、人力资源管理与公共服务的关联

企业的发展依赖于人力资源的合理调配。为了满足公共服务的需求，人力资源管理必须进行相应的调整，并在不断的磨合中优化和整合。这种调整和优化凸显了企业在合作与公共服务协调中的重要作用，同时也彰显了人力资源在人才管理中的重要地位。

人力资源管理主要涉及人才流动和培训的整合过程，这在企业和公共服务领域尤为明显。在企业内部，它负责统筹人员安排；而在公共服务领域，它则负责招揽并合理配置人才，确保公共服务的顺利进行。

随着社会的进步，人力资源公司在市场中逐渐崭露头角。一些企业为了降低成本并快速招聘员工，将招聘任务外包给这些公司。这些公司根据企业的需求，广泛招募人才，并从中获取利润以维持运营。同时，许多企业设立了专门的人力资源管理部门，负责员工的招聘、培训以及离职等事务。

随着人力资源管理在公共服务领域的重要性日益提升，它必须作出相应的调整以适应公共服务的需求。公共服务在我国社会中扮演着越来越重要的角色，其顺利运行离不开人力资源管理的支持。通过整合人员资源，人力资源管理能够帮助那些迷茫的求职者迅速找到适合自己的工作方向，并在公共服务领域发挥更大的作用。

经过培训的员工会在公共服务领域表现出高度的责任感和敬业精神，这不仅能提升公共服务的质量和水平，还使得公共服务部门能够更专注于高效完成上级任务，为人民群众提供更为愉悦的服务体验。在公共服务领域合理应用人力资源管理，不仅能够确保服务质量，还能扩大人力资源管理的影响力。这种实践中的不断磨炼和调整，使得人力资源管理得以持续优化和整合。同时，人力资源行业自身也在不断提升和完善中，与公共服务的融合度日益加深，其影响力也在逐步增强。

第二节 国内外人力资源公共服务模式概述

一、我国人力资源公共服务模式

我国公共就业服务体系始建于 20 世纪 80 年代，其运营模式主要是以政府为主导向社会提供人力资源公共服务，并对公共就业服务的需求进行配置，从而构筑成促进社会充分就业的服务平台。

（一）制度建立

近些年，我国为了进一步完善公共的人力资源服务平台，相继推出了一系列的政策法规。有《中华人民共和国就业促进法》《就业服务和就业管理规定》《关于进一步整合资源加强基层劳动就业和社会保障公共服务平台和网络建设的指导意见》（人社部〔2010〕22 号）等。其中，在 2007 年颁布的《中华人民共和国就业促进法》内，特别要求各级政府必须设立人力资源公共服务机构，同时对人力资源公共服务体系的责任、基本制度、具体任务、行为规范和保障措施作出了明确的规定。这标志着我国人力资源公共服务获得了法律的认可，对今后我国人力资源公共服务平台建设的快速发展起到了极大的推动作用。

（二）资金来源

国务院于 2009 年召开了常务会议，要求各级政府应加快建立人力资源公共服务体系的建设步伐，尽快将人力资源公共服务平台向乡镇（街道）和村、社区延伸，同时要加快人力资源公共服务信息网络的建设，着力提升平台的服务能力和服务水平。2012 年，人力资源和社会保障部联合财政部下发了《人力资源和社会保障部财政部关于进一步完善公共就业服务体系有关问题的通知》（人社部发〔2012〕103 号）。文件规定各级政府要将本级公共就业服务机构的经费纳入同级财政预算，并按照事业单位财务相关规则，结合其开展免费公共就业服务的工作情况，安排所需的基本支出和项目支出预算。基本支出主要指保障人力资源公共服务机构得以正常运转的经费支出。这部分支出由省级财政部门、人力资源和社会保障部门结合当地实际情况进行确定。项目支出则包括专项的人力资源服务活动、就业困难人员管理、就业信息服务与就业失业统计监测、跨区域劳务引进等。

（三）服务体系

平台网络建设包括服务体系及计算机信息网络两大部分。在国家有关促进社会充分就业政策的指引下，我国人力资源公共服务体系建设有了长足的发展。市、县（区）、街道（乡镇）和社区（村）三级人力资源公共服务平台基本建立。

（四）服务项目

这是人力资源公共服务机构开展服务的着力点，也是判断就业服务政策落实情况的主要考核点。就我国当前人力资源服务项目看，主要包括以下五个方面。一是就业政策咨询服务，即人力资源公共服务机构有义务向求职人员和企业，提供基本的劳动政策法规咨询服务。二是信息服务，如收集、统计、分析、发布劳动力供求信息和劳动力培训信息。三是就业和失业登记。一方面是为在企业就业的劳动者办理就业登记服务，另一方面是为有就业能力且有就业愿望的未就业人员办理失业登记，并提供劳动政策法规咨询和就业援助服务。四是职业指导和职业介绍服务。职业指导是人力资源公共服务机构为帮助求职者规划个人职业生涯发展，使他们尽快地走上就业岗位，并使他们在职业生涯中逐步走向成功。职业介绍服务则是指人力资源公共服务机构及工作人员为了促进劳动力供求双方有效对接而提供信息沟通渠道，如人力资源招聘会、劳务输出（入）、企业用工调查等。五是对就业困难群体实施就业援助服务。他们是人力资源公共服务机构的重点服务对象。

二、国外人力资源公共服务模式

（一）美国人力资源公共服务模式

1. 美国人力资源市场的立法

从人力资源管理角色变化看，美国人力资源市场演进与其法律体系相辅相成，特别是涉及美国人力资源流动和职业介绍的法律法规，基本上沿袭其人力资源管理的立法框架。其中，最具影响的历史性事件，以1911年纽约三角内衣工厂火灾事件为标志，对美国社会甚至以后的全球性人力资源管理理念产生了重大影响。

从工会组织的视角看，1926年，美国议会通过《铁路劳动法》，明确授权铁路工人和资方可以进行集体谈判或组织工会的权利。1935年，通过《国家劳动关系法》（瓦格纳法），首次在联邦层面确认工人有权参加工会、集体谈判和罢工权利。1947年通过了《美国劳资关系法案》，即塔夫脱－哈特莱法案，虽然该法案强调保障个人谈判权，但又重新开始限制工会活动。

进入 20 世纪 60 年代，由于社会矛盾冲突和种族运动影响，公民权利和立法问题被提上议事日程，美国的人力资源治理问题又一次突出显现。1964 年通过的《民权法案》规定，保护就业不受歧视，保护范围涉及种族、肤色、宗教信仰、性别、国籍等。20 世纪 70—80 年代，美国人力资源管理立法开始涉及职业安全与卫生条例、反就业年龄歧视等领域。1978 年，美国人力资源认证协会开始提供人力资源专业人员资格鉴定，这是美国人力资源管理步入正轨的重要标志。20 世纪 90 年代，美国人力资源管理立法继续完备，包括《老龄员工利益保护法案》《残疾人法案》《探亲假和病假法案》，以及 1991 年修订《民事权利法》，加强对工作场所员工的保护等。总体来看，作为判例法系，美国人力资源市场的法律框架源于普通法体系，起源于劳工权益保护，事实上美国法律主要以保护劳动者的权利为基础，保护雇主的法律却相对较少，这也体现美国劳工立法的一个重要特点，对后来的人力资源市场劳动者权益规制和人力资源保护产生重要影响。

2. 私营单位就业服务机构的界定

纵观美国人力资源市场的发展过程，其实并没有人力资源服务或人力资源服务机构的词汇，一般都是以私人就业服务机构来界定。1893 年，美国人费雷德·温斯格创办了世界第一家私营职业介绍机构。从法律的角度看，美国对于私营职业介绍服务的规制，主要体现在通过州立法建立派遣许可或者专项登记制度，同时通过"共同雇主"概念，解决三方关系中劳务派遣企业与用工单位的法律责任分配权限。因此，在美国的人力资源法律体系里，大部分司法解释一般都适用私人就业服务机构，只有部分特定的内涵界定适用于政府机构或公共部门。20 世纪第二个十年，芝加哥开始出现主要从事雇工服务的临时派遣业态，但真正意义上的人力资源服务概念则是出现在"二战"以后。其中，1947 年成立的万宝盛华（Manpower），在全美首创短工雇佣或临工供应模式，这也是后来全球人力资源派遣业务发展的主要渊源。根据北美产业分类体系（NAICS），美国社会对人力资源服务的定义在很长一段时期内是指单位内部提供的人力资源服务，只有非常小型的企业组织，才需要从外部获得补充性的职业服务与工作帮助。

3. 人力资源服务业态的构成

从产业意义上的人力资源服务看，其实并没有严格清晰的业态划分或产品类型，从早期的临时短工派遣、就业安置到后来的管理咨询、职业培训、技能发展等服务品类演变，美国的人力资源服务业态也在同步经历着改变，即从单一的传统就业服务向综合性的专业服务提供商转变。但是，美国人力资源服务的业务形态细分反映了人力资源服务业在美国的专业化发展轨迹，其最初的一般服务业务可以分为人才录用和招聘服务、培训和职业拓展、员工福利提供与发放、法律提供与合规性服务。

从传统服务业态看，主要包括临时就业安置、派遣服务、高管人员搜寻等业务领域。据不完全统计，美国人力资源服务市场的主要营业收入来源于临时就业安置、短工派遣等服务，收入高达85%以上。据2010年统计数据，当时美国职业中介机构的年营业额为1030亿美元，其中"临时雇员"和"临时－正式雇员"等两项核心服务份额约占77%。以临工派遣业务为例，以Manpower、ADP等为代表，以临时雇工派遣、短期就业服务业务形成全球范围内的市场比较优势。从新兴服务业态看，高管人员搜寻、在线招聘、外包服务和咨询服务等逐渐成为新的服务领域，特别是猎头服务、就业数据业务、咨询业务的持续增长，反映全球新兴市场对专业化人力资源服务的需求趋势。

4. 人力资源服务市场参与主体

在美国人力资源服务体系里，除了政府部门以外，各种各样的非政府机构和社会组织可以服务于不同需要的人群，既有劳工部门和其他政府部门的公共就业服务机构，也有独立的民间非营利服务机构，以及政府与民间机构合作的服务机构或项目。政府、社会组织和企业分别扮演着不同主体角色并发挥不同的作用。

政府组织体系：主要包括联邦政府、州政府和地方政府等组织。其中，联邦政府负责发布制订员工和企业之间的法律框架，通过美国劳工部职业安全与健康管理局（OSHA）、美国均等就业机会委员会（EEOC）等机构来分别监督有关劳动法规的实施，各州政府和地方政府则负责构建可以扩大联邦政府职责的具体框架，但又要小于联邦政府的角色。

非政府组织体系：主要是行业协会和非营利机构等角色群体，具有代表性的行业社会组织，包括美国人力资源管理协会（SHRM）、人力资源认证学院（HRCI）、美国国际人力资源管理委员会（ACIP）等非政府机构。

从政府机构和非政府组织（NGO）的关系看，政府职能主要是负责制订人力资源服务的法律框架，而非政府组织职能主要是提供运用上述相关劳动法律法规的具体指导与实施。企业组织体系主要包括公共机构、私人企业和非营利组织（NPO）等不同主体，虽然不同的私人企业运作模式和人力资源管理哲学具有较大差异性，但其前提都要遵守联邦政府的法律。比如，麦当劳、沃尔玛的人力资源管理导向可能趋向保守风格，但是喜力的员工管理却更加倾向于自由与开放，这也是反映美国多元文化在其人力资源管理及服务领域的影响力。

5. 人力资源市场监管机制

美国人力资源市场的监管规制主要体现在派遣许可、共同雇主责任等方面。事实上，在美国没有专门的人力资源市场监管机构，也没有人力资源服务业的准入限制。但是，从劳工部到地方州政府和各级专门委员会，以美国劳工部（DOL）、美国劳工关系委员会（NLC）和职业安全与健康管理局（OSHA）为代表，各负其责，使美国人力资源市场监管体系完备，体现出多主体、多层次的分类监管特点。

（1）美国劳工部

作为联邦政府的主要行政部门，其职能涵盖就业、工资、福利、劳工条件和就业培训等所有劳工事务，并主管全美的劳工事务。其主要职责包括：一是制订劳动法律并解释其合规性；二是对雇佣双方履行劳动法律情况进行监察。其所属劳工统计局（The Bureau of Labor Statistics, 简称 BLS）则是负责衡量劳动力市场及经济价格变化的政府机构。而就业与培训管理局（ETA）则通过就业服务、职业培训和失业保险等途径，为已经工作的人员及正在寻找工作的人员提供帮助，某种程度上，可以认为其是美国人力资源市场的主要监管机构。

（2）美国劳工关系委员会

这是独立于美国劳工部之外的行政部门，两者没有直接的隶属关系，但在工作职能上具有密切联系。该委员会的主要职能是监督工会和非工会，保证员工有加入工会的权利，尤其是保护雇员权益。

（3）职业安全与健康管理局

其主要职责是负责和监督工作场所安全、对于不能保证工作环境安全的雇主处以罚款。该局设在劳工部内，具有独立制订职业安全与健康标准权力，对职业事故拥有裁决权，是以减少职业场所伤亡率和职业病为目的的联邦政府机构。

（4）其他人力资源市场监管机构

监督和管理雇主的职能机构——人权委员会（HRC）：其主要职责是监督雇主公平对待雇工，以确保不违反雇佣权利，可代表原告提出诉讼。

均等就业机会委员会（EEOC）：其主要职能是保障雇佣无歧视，个人可以提出诉讼，也可以代表原告提出诉讼。任何一个人认为在求职或招工过程中受到不公平待遇，都可以通过上述两个委员会的任何一个机构投诉。

工人赔偿委员会（WCC）：主要是保护受工伤个体的权利和利益。

6. 人力资源管理经验与启发

首先，严格的人力资源市场立法与行业监管，构成人力资源服务业规范发展的重要基石。作为全球人力资源服务业最发达的国家之一，美国政府长期以来实行自由及市场化的就业政策，很少对劳动力市场进行管制和人员流动限制，也没有职业中介服务业的准入限制，但是，事实上美国人力资源市场监管体系完备，特别是通过不间断的立法来规范公共就业活动和整个人力资源市场发展，包括对最低工资、平等就业、职业培训等进行严格规范。从这个意义上看，美国人力资源服务的立法过程表明，所有的市场行为都必须合法、合规，法治化进程是一个根本经验。对此我国还应在涉及高层次人才流动权益保障、商业秘密、知识产权保护等方面进行有效的法律规范，要坚持运用法治思维，构建严密完备的人力资源法律体系，强调人力资源服务活动的合规性，加强人力资源服务事中事后监管，形成基于合规性的人力资源市场监管体系，这是我国人力资源服务业规范发展与合规发展的根本。

其次，高度重视职业培训与技能发展，是推动人力资源服务价值向人力资本投资转化的根本途径。把职业培训和技能发展作为获取产业国际竞争力的重要砝码，这是美国在提升劳动者素质和就业能力方面的经验。根据民间职介机构国际同盟（CIETT）调查，从职业培训的具体作用看，主要体现在促进就业能力提升和帮助临时雇员转变为长期雇员。事实上，20世纪90年代后期，美国联邦政府发起职业培训制度改革运动，将人力资本投资重点转移到职业培训，从而保持全球经济、技术和基础设施的领先地位和持续增长的势头。因此，我国要把劳动者职业培训和技能发展作为促进产业结构调整的重要支撑，促使职业培训与产业发展紧密结合。美国"一站式"职业服务中心和"整合式"服务中心的实践经验，对我国人力资源整体素质提升和人力资本新动能的培育有一定借鉴作用。

再次，高度重视NGO社会力量培育，充分发挥行业协会商会在行业自律发展中的独特作用。美国人力资源市场发展的经验表明，行业社会组织的独特角色和重要作用不可替代。据不完全统计，美国的各类行业协会社会组织达8万余家，仅在华盛顿特区的亚历山德里亚镇就有超过2500家行业协会集聚，这不仅折射出行业协会势力在美国特殊的经济社会治理结构中的作用程度，而且显示出行业协会在美国人力资源市场上具有相当的影响力。同时，美国法律体系对行业社会组织作为非营利机构的税收规定也有特殊"照顾"，客观上有利于各类行业协会社会组织的培育和发展。下一步，我国可以发挥行业协会在制订服务标准、规范服务行为、行业协调、行业自律等方面作用，加强人力资源服务行业社会组织培育，优化专业性行业协会商会治理结构,发挥各类社会组织助推行业发展、促进行业自律作用,提升其专业化、规范化服务水平。

最后,注重公共服务产品的多元主体供给,构建社会化的人力资源公共服务合作系统。人力资源公共服务作为政府治理的一项基本职能,是实现人力资源要素配置的基础保障。美国公共就业服务系统的运作经验表明,联邦政府对地方公共就业服务直接承担责任,并在公共服务体系建设过程中发挥主导作用,特别是在资金投入上的支持机制,不仅对各州和地方政府公共就业服务机构提供财力支持,而且对私人性质的公共服务机构同样提供资助,从而有效增加公共就业供给和提高公共就业服务能力。同时,美国的公共就业服务系统并非由联邦政府独揽,各州及地方政府公共服务机构也是国家公共就业服务体系的一部分,政府职责则是鼓励和加强与民间力量的社会合作,共同参与公共就业服务提供。因此,深化市场机制运营和引入社会力量,构造面向企业主体、人才主体、社会主体的多元化、多功能的公共服务合作系统,有效扩大市场化人力资源公共服务供给,对于我国人力资源公共服务体系改革同样具有启示和经验借鉴意义。

(二)德国人力资源公共服务模式

1. 德国的人力资源和就业法律法规:就业工作有法可依

德国与就业相关的法律有两部,分别是《就业促进法》和《地区经济结构调整合作法》。其中,《就业促进法》主要包含德国劳动力市场的基本政策,促进就业的基本政策、求职帮助及失业保障等。

2. 德国的人力资源和劳动标准:具有完整的法律法规体系

德国是世界上劳动标准领域立法较早的国家。在劳动保护管理方面,已经形成了一套非常完整的法律体系,有十几种专门法律。同时,还设立了职业保险协会,参与制订国家和欧盟安全技术标准。目前德国的劳动保护标准包括 DIN 国家标准、GSG 标志体系和公司标准。DIN(德国标准化协会)受德国政府委托集中统一管理标准化工作,内容涉及各个领域,并最终以技术法规的形式颁布实施。

3. 德国的人力资源和人才评价制度体系:方法多种多样,但未形成统一标准

德国目前拥有多个高级人才中介和测试中心,广泛的人力资源评价内容以及多种人力资源的评价方法和手段,但还未形成任何成文的、统一的规范标准,这方面也是德国人力资源公共服务标准化建设相对缺失的一环。

4. 德国的人力资源与劳动技能培训:高度重视培训和职业技术教育

德国政府对各种形式的培训和职业教育高度重视,并通过投入大量资金来资助就业人员的培训，有力地促使劳动者找到满意的工作、雇主找到满意的雇员。劳工社将失业者推荐到具备良好设施、教师能力强和再就业效果好的培训机构，并负责支付必要的培训费用。对于完成就业目标的机构予以资助。职业技术技能培训的对象主要包括三类人员：新增就业人员（毕业生或重新就业群体）、就业困难弱势群体及各类失业人员。从各类人群的基本就业需求出发，相应地为他们提供初级就业培训、简单劳动技能培训和再就业技能培训。培训内容实用性较强，主要集中在岗位技能、个人知识更新、保持和扩展使用更新的工艺技术等科目。

（三）新加坡人力资源公共服务模式

1. 新加坡的标准化理念

从政府到大大小小的私营企业，新加坡的各个机构都推行标准化的管理，标准化管理理念深入人心。当系统内的各个子系统都被标准化以后，只要不断地提升标准，各个子系统的品质就会随之提高，从而整个系统的品质也就可以稳步提高。新加坡1996年成为国际标准化组织（ISO）的成员国，以强化标准化管理为目的，在国家贸工部成立了"新加坡标准、生产力与创新局"，是国家标准和检测的权威机构。新加坡政府对标准化的支持与投入力度很大，标准的覆盖面也很广，十分重视标准的优化、改进、更新。

2. 新加坡的人力资源标准化与电子政务建设

新加坡电子政务发展起步较早，早在1999年就正式成立了电子公民网站，后来又发布了电子政务行动计划Ⅰ和Ⅱ，2006年发布"整合政府2010"以及"GOV2015"。目前，新加坡公民可以在网上获得1600项政府服务和300项手机端移动服务。新加坡人力资源公共服务标准化建设的最主要特征，就是通过新兴信息技术来提升人力资源基本公共服务及其标准化工作。在新加坡的电子政务系统中，就有涉及人力资源公共服务的具体平台、内容和网站，其中劳动就业方面涉及的机构与内容为招聘信息、求职信息、职位查询、就业指导、技能培训和职业策划等，并链接人力部、新加坡劳动协会、中央准备基金局等机构。通过多年的信息化建设和平台升级整合，新加坡在全国范围内实现了公共服务快速化和一站式。从国际化比较看，以某人力资源基本公共服务的审批项目的时限为例，这一过程在欧洲可能需要119天，在美洲可能是188天，而在新加坡则是26天，其在183个国家中排名第一。

（四）澳大利亚人力资源公共服务模式

澳大利亚是世界上最早将"服务外包"运作模式引入人力资源公共服务领域的

国家。中央联接局是主要的人力资源服务机构。这一模式因能转变政府职能、节省经费开支和提高就业服务效率而受到国际劳工组织和经合组织的推崇。目前，人力资源公共服务主要由中央联接局负责。

1. 制度建立

1997年，澳大利亚颁布《联邦服务派送机构法案》，成立中央联接局。该局是一个非营利性质法定机构，其职责在于专门为各类求职者或失业人员提供就业保障服务。1999年，澳大利亚又出台了《澳大利亚公共服务法》。此法的第4条规定："中央联接局是政府的组成部分。"从中我们可以发现，中央联接局已经不是传统型的行政机关，而是一种服务型机关。

2. 资金来源

澳大利亚实行的是相对集权的财政管理体制。联邦政府负责国防、就业、教育和外交等事务。全国财政收入的70%是联邦政府财政收入。因此各种就业计划在澳大利亚均会得到联邦政府的资金支持。例如，Job Search（就业免费指导网站）就是在澳大利亚联邦政府资助下构建的，该网站可以帮助求职者找到理想职业并联系雇主。

3. 服务体系

澳大利亚的人力资源服务体系建设打破了原由政府独家垄断的格局，并重新组建起由政府部门、中央联接局、就业援助机构和社区组织构成的多元化人力资源服务供给体系。政府部门主要负责制订促进就业相关政策，设立就业促进项目、整合社会资源、调动社会各方参与到促进就业工作、管理人力资源信息网络。中央联接局主要负责贯彻和落实相关就业政策，并将相关执行的情况报告给政府部门。就业援助机构主要包括非营利性机构、商业机构和其他政府部门。社区组织主要是社区岗位提供者。为了提高工作效率，更好地服务求职人员，澳大利亚还大力实施"就业网"工程。网络从中央到地方、从城市到乡村、从社区到家庭，面面俱到地将触角伸向每个家庭。

4. 服务项目

对于求职者提供的就业服务项目主要有：一是职业指导，即对服务对象的求职技巧和职业生涯进行指导；二是通过网络发布劳动力供求信息；三是为求职者和企业提供各种交流渠道；四是定期向求职者和中心反馈求职者面试结果。这些服务项目的提供为在全国建立一个公平、竞争、统一的劳动力市场奠定了坚实的基础。

第三节 人力资源管理在公共服务中的特点与不足

一、公共服务视角下人力资源管理的特点

（一）具有一定的独立性

在人力资源管理的研究过程中，应该根据企业发展的状态和人力资源的特点进行发展载体的定位。现代人力资源管理中没有独立的管理体系和资源分配经验，在企业管理和人才配置中没有固定的人力资源载体，公司、企业之间不存在实体的配合以及管理体系的支撑。基于企业、公司等机构的载体存在以及人才配置的需求，自然就有了人力资源管理。

（二）存在自发性

人力资源工作的主要对象是人才。人才的集中化会形成多种工作状态和工作水平的差异，因此需要进行统一的人力资源管理，而这种管理需要全面的管理活动以及思维和智慧的集成。在公共服务和管理中，会根据人力资源的调整不断进行拓展，同时人力资源管理的自发性也能够为企业提供灵活的发展空间和建设方向。

（三）具有特殊的时间与空间特征

根据人力资源的特征和企业管理的特点，可以完成生产到管理的流程。人力资源管理在企业不同的发展阶段具有不同的特征，根据这些特征可以实现对企业发展需求的调整。社会发展以及经济建设推动企业成长，企业在成长过程中对于人力资源的依赖具有一定的空间和时间特征。我国的地理环境辽阔，具有丰富的空间拓展能力，而现今的市场经济发展迅速，也提供了一定的时间条件。人力资源管理的时间与空间特征是企业应用与人才配置的市场规划重点。现今的人力资源管理依赖于科技信息，存在于网络平台之上。在实际的人力资源管理中，人力资源的理论知识与工作实践相结合，管理工作根据市场变化和企业特征不断完善。在实际管理中，提升人力资源管理，需要提供一定的理论基础和管理经验，从而不断提升企业的管理水平和生产能力。人力资源管理随着市场变化而不断更新，其主体层次和理论认知也会根据企业的进步而不断完善，这是企业发展和公共服务理论的重点和研究方向。

二、公共服务视角下人力资源管理的不足

（一）管理理念落后

就目前情况来看，经济发展形势极佳，而人力资源管理却跟不上经济发展势头。

人力资源管理在管理理念方面的滞后性，严重影响人才与企业的连接。公共服务在人们生活中扮演的角色越来越重要，必须协调好二者的关系，方能更好地推动社会各层面的运行。如果人力资源管理还按部就班按照原有的管理理念进行管理，将会直接导致公共就业和人才培训方面的进行受到极大的影响，不利于人才的就业。人力资源管理不再是传统的、简易化的人才安排模式，它需要对各个行业的人才需求进行调查，针对人才缺口培养对应的人才，发挥人力资源管理的统筹优势，提升人才利用率。而对人才缺口的调查又是十分困难的，社会纷繁复杂、行业千奇百怪、人才错综复杂等多种因素都会影响调查结果的精确度，影响人力资源管理的状况，导致公共服务方面的人力资源利用情况不佳。

（二）人力资源管理制度不健全

就目前人力资源管理在社会中的角色来说，它并没有真正地把自身的特色发挥出来，不能有效地将公共就业与人才应用在社会中的作用落到实处，无法真正发挥自身优势。出现这些问题的根本原因在于人力资源管理制度的不健全，无法在社会中得到广泛应用，无法在人才与社会之间建立良好的架构作用。这些有关单位的负责人对此也持放任态度，不管不顾，没有给予应有的重视，无法在短时间内改变现在这种不完善状态，从而降低了有关工作人员的积极性。员工最关注的就是薪资待遇，如果没有公平公正、合情合理的奖惩制度，必然激励不起员工奋力拼搏的激情。人力资源管理制度的不健全将会直接影响公共就业和人才应用的效率，使得相关方面的行动发挥不了应有的效果，也导致人力资源管理相关的经济效益及社会效益发挥不出该有的作用。人力资源管理制度得不到落实，会导致在人才管理方面出现越来越多的问题，进而无法实现当前社会对就业服务提出的有关个性化的要求等情况。

（三）传统的人力资源管理思想根深蒂固

新公共服务视角下的人力资源管理应以人为主，要求重视人的独特点，发挥每个人的价值，而不是千篇一律地安排就业即可，它要求不能将人简单作为一种考核目标，针对岗位的固定性选择人才，没有灵活的应用性。现在的人力资源管理越来越重视对人的关怀，发挥人的主观能动性，使人才的应用处于一种不断挑战的状态，而不是固定化地重复一个工作，应不断提升自己的能力，适应难度不断加深的岗位，最大化地实现自己的价值，发挥自己的经济价值。对员工不断进行各种形式的培训，使员工在公司中以最快的速度适应公司岗位特点，并通过不断学习将自己独特的优点在培训中得到凸显，进而使自己的附加值得以应用，尽快转化为公司的经济效益。

这是最好的人力资源发展状态，但就目前状况来看，人力资源管理并没有发挥有关方面的优势，它需要剔除掉最原始的人力资源管理思想，尽快地转化为为人民服务的现代服务思想。

第四节 公共服务视角下人力资源管理的完善

一、完善人力资源公共服务政策

（一）加强顶层设计，拓宽服务目标群体覆盖面

人力资源公共服务的基础和前提是人力资源公共服务政策的完善，相关配套的法律法规是促进人力资源公共服务保障机制有效运行的依据。政府部门完善并发展人力资源公共服务规范问卷，并结合不同时期的发展需求及人力资源形势制订完善的政策措施。政策机制需要从劳动保护、基本权利、人才引进、职业教育、职业培训和劳动促进等方面入手制订完善的政策机制，同时要注重人力资源公共服务的目标群体定位设计。"治国经邦，人才为急，自古以来，国以才立，政以才治，业以才兴。"

要坚定不移地坚持党管人力资源原则。要采取更加积极、开放和灵活的人力资源公共服务，将人力资源公共服务工作与招商引资、科技创新、企业服务等工作相结合，加强部门联动和政策配套衔接。要管宏观，加强对人力资源工作和人力资源队伍建设的宏观指导，以"十四五"规划战略研究为契机，组织制订人力资源工作和人力资源队伍建设的发展战略和规划，加强分类指导。要管协调，加强党对人力资源工作的统筹协调和规范管理，增强部门间的协调配合，整合资源，形成合力。要管政策，以省市人力资源政策为指导，以县区文件为依据，加强政策体系建设，加强对紧缺人力资源的引进和培育，探讨人力资源公共服务评估的新途径。明确人力资源公共服务对象，将现阶段实际工作中发现的问题及时、准确地反映到政策中，积极出台合法、合理、适时的政策。要管落实，组织部门牵头抓总，相关部门要各司其职、密切配合，将政策研究好、贯彻好、宣传好，确保各项政策兑现到位、项目落地及时，真正让人力资源公共服务获支持、目标群体全覆盖、人才得实惠。要管服务，强化服务意识，创新服务方式方法，健全完善住房补贴、家属安置、子女入学、医疗服务、交通出行等配套保障制度，解决服务对象的后顾之忧。

（二）完善政府政策激励保障机制

多措并举地实施创新驱动发展战略，完善政府政策激励保障机制。完善落实各项补贴政策。区委、区政府根据人力资源需求情况，每年都要制订《重点企业用工服务工作实施方案》，结合用工新形势，先后出台了"老带新""劳务基地""校政企合作"奖励，以及大中专学生实习、就业补贴和周边地区新员工交通补贴等一系列配套补贴政策。调动多方力量，为地区发展招引人才，将招才引智工作落到实处。

突出高层次紧缺人才引进。聚集一批能够突破关键技术、发展高新产业的领军人才。对高端人才创新创业项目给予激励政策。通过顾问指导、短期兼职、项目合作、技术联姻等多种方式，积极引进国内外优秀人才。

打造特色创新平台。加大对科研机构、学校、众创空间、特色小镇等创新平台的支持。推动建立开放式、共享式实验室，打造一批全省县域领先的新型研发平台，力争国家级平台实现零的突破。

培育企业创新能力。进一步推进企业建立院士工作站、博士后工作站、企业技术研发中心等，力争每个规上工业企业都拥有研发机构、科研人员、专业技术人员。

提升现有人才队伍水平。持续开展企业管理人才培训活动，实施新型职业农民培育工程以及企业人才"百千万"培养计划，做好新录用人员岗前技能培训，利用院校的资源和品牌优势，建强做优企业冠名班，通过举办职工技能竞赛和创新创业大赛，提升产业工人技术水平和学习积极性。

二、丰富人力资源公共服务内容

（一）开创创新，丰富招聘服务内容

新时代，新办法，面对人力资源公共服务的新形势，在传统的就业平台——招聘会方面应统筹兼顾公平与效率，扩大人力资源公共服务的内涵。以提高人力资源公共服务质量为中心，切实改善工作作风，为民办实事、为企优环境，全力打造"三公里"就业圈，促进企业和劳动者供需精准对接，为全区经济高质量发展坚持做好服务员，持续优化营商环境，助企纾困解用工难题，助力求职者实现就业。线下面向开发区和社区三公里范围内的企业收集招聘岗位，可以在"春风行动""2+N"等各类专场招聘会活动方式上创新，积极组织企业利用节假日、晚间到人流量大的地方，例如菜市场、超市、景区、小区、网红打卡地等，开展招聘活动，增加企业宣讲介绍方式，如快板、顺口溜、戏曲等，送岗位上门，让公众可以在家门口就享受到丰富多彩的人力资源公共服务，让找工作像买菜一样容易，让找人才像网购一样

简单。线上可以开展直播，不仅有传统的企业宣讲，还可以增加企业工作现场的直播，让求职者更大程度足不出户就可以了解相关信息，同时，可以促使企业主动进行用工环境改善。统一人力资源公共服务平台，使人力资源公共服务的权威性得到体现，丰富招聘服务。

（二）丰富帮扶内容，开展全过程服务

全过程的人力资源公共服务内容应该包括政策咨询、内容介绍、就业帮扶、事后回访等方面，应该避免出现重登记、轻服务的现象。就业帮扶是人力资源公共服务全过程中的重要一环，主要有公益性岗位、就业见习岗位、临时性专项岗位等专项岗位的开发。

一是扩大公益性岗位开发渠道，进一步拓宽岗位的行业和单位覆盖面，增加企业在公益性岗位中的比例，多元化的岗位可为就业困难人员提供更多的就业安置选择，从而促进就业困难人员稳定就业。增强与全区各镇涉及道路交通、治安巡防、巡河护绿、养老服务等拥有辅助性岗位的单位协同合作，充分挖掘岗位提供潜能。引导动员家庭服务业企业、物业管理服务企业、养老服务机构等用人单位，积极承担社会责任，提供家政、保安、物管等公益性岗位，吸纳重点群体能上岗、离家近、稳得住。

二是分门别类为有稳定就业愿望的就业困难人员积极联系开发区企业，做好求职招聘对接，向企业宣传单位招用就业困难人员社保补贴政策；鼓励就业困难人员通过灵活就业的方式实现就业，积极宣传就业困难人员灵活就业社保补贴政策；对因年龄偏大、无学历、家庭原因、身体原因等导致就业困难的人员，进行公益性岗位匹配。对于匹配不成功的情况，动员用人单位承担社会责任，因人设岗，确保帮扶到位。

三、优化人力资源公共服务流程

（一）加强信息化建设，推进服务方式信息化

在如今信息化爆炸的时代，加强人力资源公共服务工作，提高人力资源公共服务水平具有重要意义。充分运用信息技术，开发和推广智能服务，提升服务的便利性，从而提升人力资源公共服务的质量。经济发展迅速，形势变化趋势大，人力资源信息对于提高人力资源公共服务具有极其重要的作用，相关机构发布的人力资源信息的质量及效率直接影响人力资源公共服务的效率。增强信息公布的及时性与透明性，可以使人力资源公共服务的公益性得到展现。

（二）精准服务内容，优化服务流程

首先，为了深入了解人力资源公共服务的对象及其详细情况，我们必须进行彻底的摸底调查，以便为这些服务提供精准化的解决方案。通过这一过程，我们可以简化服务流程，从而提高公共服务的质量。为了全面掌握人力资源的现状，我们需要建立一个清晰的台账，并以此为契机，建立完善的"人力资源公共服务平台"。通过这个平台，我们可以全面了解企业职工总量、人才结构、人员来源地等关键信息，并进行深入的分析研判，为企业的人力资源公共服务提供必要的信息技术支撑。此外，建立本地大学生人才库，鼓励他们回到本地创业就业。同时，要指导企业加强自身建设，提倡精细化、个性化的服务，充分发挥企业在人才引进和培育中的主体作用。为此，我们可以探索实施技能人才聘期制和积分晋级制度，适当提高薪资待遇，加强人文关怀，为职工创造舒适舒心的工作环境。

其次，在服务过程中，要牢固树立服务意识，做好各类人力资源的服务协调工作。大力推进人才公寓、人才社区、人才之家等建设项目，加大人才公寓租赁补贴力度，打造高端人才安居工程的亮点。同时，继续推进党委联系服务专家工作，开展专家人才定期体检、生日慰问、休假联谊等活动。

再次，为了提升人力资源的专业技能，积极举办各类技能比赛，动员专业人员积极参与培训。同时，鼓励职工立足岗位，努力练就过硬的技能。

为了实现这一目标，我们需要加强部门间的协作，充分发挥工会、妇联、共青团等组织的作用，加强人力资源公共服务的社交属性。加强对优秀个人和团队的报道，积极营造崇尚知识、崇尚人才、崇尚创新的良好风气。

最后，为了整合招工引智资源，实行招才招工并重的策略。由政府牵头，企业组团到高校、科研院所等地招引高层次人才和大规模人力资源。以"真抓实干"的精神进行人力资源公共服务，以"真情实意"深化其影响力，以"真金白银"确保服务的效果与质量。

四、加强人力资源公共服务专业队伍建设

要加强人力资源公共服务专业队伍建设，持之以恒地提升人力资源公共服务质量。要打破在人力资源公共服务上官本位和行政化的思维定式，探讨如何强化建设一支专门的人力资源公共服务团队，清除在这方面存在的运作机制上的阻碍，建设一支专业化的人力资源公共服务团队。

（一）加强素质训练

要想提升服务行业的整体质量，不仅要对工作人员进行选拔，更要对工作人员进行培养。

第一，构建合作式训练体系。目前，我国人社部门主要是负责人力资源公共服务工作的部门，各个部门之间应该相互配合，加强对人才的管理，共同促进人力资源的培育。

第二，要突出职业素质培训和持续培训。制订培训学习制度、考试考核制度、培训考核等级制度，强化培训的监管和督导，保证培训的成效，并要对工作人员进行培训、考核、注册登记。工作人员的培训经历和培训结果要纳入其工作记录，以此来评定其工作成绩。

第三，要立足于人力资源公共服务的实践，准确掌握人力资源培养的需要，为人力资源培养提供科学的人力资源培养方案；以公共服务的政策、服务水平、职业道德为重要培训内容；将系统的操作技能作为主要的训练内容来进行设计，将学用一致、按需施教的原则贯彻到底，将工作能力和操作技能的训练放在第一位。

第四，要在培养方式上采取灵活多样的培养方式，注重培养工作人员的参与性。着重对专题讲座、研讨交流、案例教学等教学方法进行探索，推行互动性、实践性教学，将重点放在提升人力资源服务团队的理论素养和工作岗位上。在训练中，提供讨论的机会，以工作人员为主，对问题进行深入的讨论。在理论课结束后组织实训，通过对实践模仿，提高工作人员的业务操作水平。

第五，加强对训练的追踪和询问，使训练的成效得到持续提升。被投诉的工作人员必须进行岗前训练，经考试合格后方可再次上岗。

（二）优化能力考核

从事人力资源公共服务工作的人员，可采取量化测评的方法进行考核，设置基础考核分，确定加分项（如服务评价满意率、获得服务对象表扬）、考核扣分事项、取消考核评优资格事项。考核小组不定期抽查，年底根据实际考核分值，将考核结果分为优秀、称职、不称职三个等次，以此作为奖金发放、培训、辞退、续约的主要依据。此外，建立考核申诉制度，确保考核的公平公正性。

五、完善人力资源公共服务监督机制

（一）加强监督问责，推动政策落实

人力资源公共服务开发属于系统性工程。为确保人力资源公共服务高效进行，

强化服务过程全程监督至关重要。政府有关部门应积极建构监督的多元格局，加强社会舆论监督，通过公告栏、广播、微信等方式，以及抖音等新媒体平台，定期公布人力资源公共服务工作流程的政策方案、人员配备和费用清单等情况、补贴的发放和其他工作，接受社会与公众的监督。建立"互联网+"模式下人力资源公共服务监管机制，在日常监督的基础上，将监督延伸至项目实施阶段。对于未履职尽责或工作进展缓慢等服务主体，应及时回馈问题整改清单，严格把关；对于屡教不改、严重妨碍市场秩序等行为，要追究有关责任。此外，在人力资源公共服务的各个环节，都要加大监管力度。同时引进第三方专业机构对人力资源公共服务质量进行监管，保证人力资源公共服务工作的成效。建立专门的监督管理人员队伍，明确其职责权限和责任追究制度。并且加强用工主体劳动监督，切实维护劳动者劳动权益，使其免受侵害。强化企业尊才、重才的意识，确保用工环境，以心换心积极留才，为用工营造良好环境，使劳动者乐于留下来，并倾向于主动引荐别人来，形成一个良好的循环。

（二）推动人力资源服务中介机构建设引导

要正确处理好政府与市场之间的相互关系，建立一个良好的经济运行机制。要使市场在资源配置中起到决定性的作用，必须要加速政府职能的转变。当前，全球范围内已经没有完全自由和放任的市场经济了，在现代市场经济中，政府角色已经成为一个组成部分。明确政府与市场的关系、政府与社会的关系，进一步放权让利，放管结合，优化服务，进一步推进行政审批制度改革，完善营商环境，激发人力资源为市场主体服务的活力。创造良好的发展环境、适时跟踪，规范市场选择，当市场机制有缺陷和失效的时候，还需政府适时指导，弥补不足。

建立和完善人力资源服务中介机构成长的规范性文件，强化对现有人力资源许可或者劳务派遣许可中介机构监管，实行优胜劣汰、奖优罚劣。加大对中介机构资质认定和年检力度，建立统一的人力资源中介行业准入制度。简化人力资源许可或者劳务派遣许可的办理程序，帮助中介机构履行相关许可手续，把中介机构置于监管范围之内。强化中介行业自律和管理职能，依法保护从业人员合法权益，建立信用评价机制，促进诚信建设。取缔拒不接受的中介机构，调控人力资源服务市场，改善人力资源服务，建立人力资源服务"企业主体、市场主导、政府引导"的良性循环。

第五节 事业单位人力资源公共服务标准化建设

一、人力资源公共服务标准化概述

人力资源公共服务的标准化概念和原理建立在高效、公正和可持续发展的基础上。在当今社会，人力资源不仅仅是企业发展的重要因素，也是整个社会经济发展的支撑。因此，人力资源的公共服务标准化是至关重要的。首先，人力资源公共服务标准化是指根据一定的规范和要求，对人力资源服务进行规范化和统一化的管理和执行。它要求人力资源服务机构和从业人员在服务过程中遵循统一的标准和程序，以确保服务的质量和公平性。这些标准包括招聘流程、员工培训、薪酬制度、绩效评估等方面的规范要求，旨在提升人力资源服务的专业化水平，为社会提供优质的人力资源支持。其次，人力资源公共服务标准化的原理包括以下几个方面：第一是公平公正原则，即要求人力资源服务机构在提供服务时，要遵循公平、公正、透明的原则，不偏袒任何一方，确保每个求职者和员工都能在公平的环境下获得机会和待遇；第二是高效服务原则，要求人力资源服务机构提供高效、快捷的服务，提升服务效率，满足用人单位和求职者的需求；第三是可持续发展原则，即人力资源服务应该具有可持续发展的长远眼光，不止满足眼前的需求，更要考虑未来的发展方向，为企业和社会提供持续稳定的人力资源支持；第四是科学创新原则，要求人力资源服务机构不断推进科学技术和管理创新，提升服务质量和水平，适应社会经济发展的需求。

人力资源公共服务标准化是指按照一定的规范和要求对人力资源服务进行管理和执行的过程。首先，它是为了提高人力资源服务质量、规范服务行为、保障服务效果而进行的一系列规范化操作。其内涵主要包括三个方面：规范服务程序、提升服务质量、保障服务效果。首先，人力资源公共服务标准化要求规范服务程序。这包括服务前、中、后的各个环节的标准化操作。在服务前，要明确服务流程、规范操作步骤，确保服务前的准备工作充分、有序。在服务中，要规范服务行为、加强服务监督，确保服务的实施不偏离标准、不违反规定。在服务后，要加强服务评估、总结经验，及时发现问题并加以整改，以便不断提高服务水平。其次，人力资源公共服务标准化还要求提升服务质量。这需要建立完善的服务质量评价体系，从服务对象、服务过程、服务结果等多个维度对服务质量进行评估。只有不断提高服务质量，才能让每一位服务对象都能享受到高质量、高效率的人力资源服务，从而更好地满足人们对人力资源服务的需求。

二、人力资源公共服务标准化建设意义

（一）提高人力资源管理水平

人力资源公共服务标准化建设对于提升人力资源管理水平具有深远影响。随着社会经济的迅猛发展和产业结构的持续调整，企业对于人力资源管理的需求越发精细与高效。标准化建设的推进，能够系统地规范人力资源管理的各个环节和操作方法，从而实现管理效率的提升与可持续发展。

其一，标准化建设能够显著增强人力资源管理的效率。通过建立统一、科学的管理规范和标准，企业在人员招聘、培训、考核等核心管理活动上能够更趋精准和高效。标准化的操作流程不仅提升了管理的精确性和效率，同时有效地降低了管理成本，为企业的整体管理水平带来显著提升。

其二，标准化建设对于提升人力资源管理的专业化水平具有积极作用。通过制订和遵循管理标准，企业的人力资源管理者能够更加系统地掌握和应用先进的管理知识和技能，进而提升其专业素养。这不仅能够使人力资源管理者有效应对和解决人力资源管理过程中遇到的各种挑战和问题，也为提升企业的整体管理水平提供了坚实保障。

其三，标准化建设是推动人力资源管理领域创新发展的重要动力。通过标准化建设的持续推进，企业能够在人才引进、激励机制、绩效评估等方面实现更为创新和高效的管理实践，进而不断推动人力资源管理领域的进步和发展。

（二）提高事业单位的核心竞争力

人力资源是组织中最重要的资产之一，而事业单位作为公共服务的主要提供者，其核心竞争力的提高对于社会的发展具有重要意义。标准化建设是衡量和规范事业单位人力资源管理水平的重要手段，对于提高事业单位的核心竞争力具有深远的意义。首先，人力资源公共服务标准化建设可以提高事业单位的组织效率和执行力。通过建立统一的人力资源管理标准和规范流程，可以使人力资源管理更加科学和规范，提高工作效率，提升组织执行力。这有利于提高服务质量，满足公众对公共服务的需求，增强事业单位的社会影响力。其次，标准化建设有助于提升事业单位的员工素质和能力。公共服务领域的员工素质对于服务质量和效率至关重要。此外，人力资源公共服务标准化建设有助于优化事业单位的组织结构和管理模式。通过标准化建设，事业单位可以建立灵活高效的管理体系，提高组织运行效率和决策响应

速度。优化管理模式和组织结构有利于事业单位更好地适应外部环境的变化，增强抵御外部竞争和压力的能力。

（三）促进人才的培养和管理

人力资源公共服务标准化建设对促进人才的培养和管理具有重要意义。首先，标准化建设可以规范人才培养和管理流程，确保人才培养和管理活动的质量和效率。其次，标准化建设可以提高人才培养和管理的专业化水平，提升服务水平和质量。最后，标准化建设有助于促进人才流动和交流，减少不必要的成本和资源浪费，为人才提供更广阔的发展空间。在人才培养方面，通过建立标准化的培训计划和评估机制，可以确保培养出的人才符合行业的需求，提高他们的专业能力和竞争力。此外，标准化的培训内容和方法还能够提高培训的实效性和效率，为人才的成长提供更有力的支持。在人才管理方面，建立标准化的人才评价体系和激励机制，能够公平公正地评价人才的业绩和贡献，激励人才的积极性和创造力。同时，标准化的人才管理流程还能够规范招聘、培训、晋升等环节，减少管理的主观性和随意性，提高管理的科学性和实效性。

三、人力资源公共服务标准化建设策略

（一）建立标准化管理规范

人力资源公共服务标准化建设，对于优化人力资源管理、促进社会进步具有不可忽视的重要价值。在此过程中，构建标准化的管理规范显得尤为重要。

首先，标准化管理规范的建立有助于服务质量的提升。通过制订人力资源领域的标准化管理规范，可以明确各项服务流程和操作方法，确保服务的稳定性和可靠性。员工在规范指导下执行工作，将会极大提高服务质量和效率，为企业和社会创造更多价值。

其次，标准化管理规范有助于降低管理成本。标准化的服务流程和操作规范能够减少人为因素导致的错误和瑕疵，优化资源配置，提高资源利用效率，从而降低整体管理成本。

再次，标准化管理规范的建立能推动行业竞争力的提升。规范的服务流程和操作方法有助于提升行业内部的协同效率，促进行业发展，增强国际竞争力。同时，统一的规范也有助于提升行业形象和声誉，使人力资源公共服务更具吸引力和竞争力。

最后，标准化管理规范有助于提高监管效能。相关部门可依据标准化管理规范开展监督和评估工作，确保服务机构按规定提供标准化服务，保障服务质量和公共

利益，有效推动人力资源公共服务标准化建设的深入开展。

（二）完善服务标准

人力资源公共服务标准化建设对一个国家或地区的发展起着至关重要的作用。在当今竞争激烈的社会环境中，为了更好地满足人们对人力资源服务的需求，完善服务标准是至关重要的。

首先，应该加强相关法律法规的制订和实施，确保人力资源服务的质量和合法性。这包括制订人力资源服务的相关准则和标准，明确服务的范围和内容，规范服务的流程，以及监督和评估服务效果等方面。这些法律法规将为完善人力资源服务标准提供有力的保障，保证公众可以获得高质量、可靠的服务。

其次，可以加强行业自律和监管机制，促进行业健康有序发展。通过行业协会或组织的自律规范，可以规范从业人员的行为规范，推动行业提升服务标准。

最后，可以借鉴和引进国际先进经验，提升人力资源服务的水平。可以通过开展国际交流合作、培训交流等方式，吸收和借鉴国外先进的人力资源服务理念和经验，推动我国人力资源服务的标准化和国际化发展。更重要的是，需要积极推动信息技术在人力资源服务中的应用，提升服务的智能化和便捷性。通过建立人力资源服务平台、开发智能化的服务系统等举措，可以提高服务的效率和质量，满足不同人群对人力资源服务的个性化需求。

（三）推动信息化建设

人力资源公共服务标准化建设对于提升服务品质与推动经济社会发展具有重大意义。而推动信息化建设则是实现标准化的核心途径。在此过程中，应采取一系列策略来推动信息化建设。

首要任务是构建完善的信息化体系，为标准化建设奠定坚实基础。这包括确立统一的数据标准与共享平台，整合各类人力资源信息系统，确保信息的流通与共享。通过这一体系的建设，能够提升数据的精确性与时效性，为标准化建设提供有力支撑。

其次，加强信息安全保障对于信息化建设至关重要。必须强化信息安全意识培训，建立健全的信息安全管理制度，并采取技术手段确保信息系统的安全稳定运行，以防范各类安全风险和数据泄露。只有如此，才能为标准化建设提供可靠的信息支撑。

再次，推动信息化技术创新是推动信息化建设的核心关键。应加大信息化技术研发投入，积极引进先进的信息化技术和工具，推动人力资源公共服务的智能化、自动化处理，以提升服务效率与质量。通过技术创新，能够不断丰富服务功能，满足不断升级的标准化需求。

最后，加强信息化管理与监督是推动信息化建设的重要保障措施。必须建立健全的信息化管理机制，加强对信息化项目的监督与评估，确保信息化建设按照规划与标准进行。同时，应加强对信息化人才队伍的培养与管理，提升信息化建设的执行力与保障能力。

（四）建立监督检查机制

人力资源是组织中最重要的资产之一，因此建立监督检查机制对于公共服务的标准化建设至关重要。监督检查机制是确保公共服务标准化建设顺利实施和持续改进的重要手段，它为人力资源领域的公共服务提供了有效的监督和管理保障。

首先，建立监督检查机制可以强化对公共服务标准的落实和执行。通过建立定期检查和评估制度，能够全面了解公共服务标准化建设的执行情况，及时发现存在的问题和不足，有针对性地采取改进措施，保障人力资源公共服务达到预期的标准和质量要求。

其次，监督检查机制有利于规范人力资源公共服务的提供和管理行为。通过建立标准化的监督检查程序和指标体系，能够明确公共服务的标准化要求，规范服务提供方的行为，促使其遵守相关规定，提高服务的透明度和可信度。

再次，建立监督检查机制可以加强对人力资源公共服务的监管和引导。监督检查机制有助于加大政府和监管部门对于公共服务标准化建设的监管力度，推动服务提供方按照规定履行职责，提高服务的规范化水平，保障人力资源公共服务的可持续发展。

最后，建立监督检查机制可以促进公共服务的持续改进和创新。通过监督检查的结果反馈和评估，能够及时发现问题和需求，推动服务提供方不断改进服务质量和水平，引导其开展创新实践，不断提升人力资源公共服务的整体水平和竞争力。

第三章 公共就业与人才服务体系建设

随着我国城镇化建设进程的不断推进，社会对高素质人才的需求量与日俱增，同时许多农村劳动力急需转移就业。但就目前的情况来看，各地区依然面临着"招工难""就业难"的结构性矛盾，这些会对高校毕业生、农民工等重点群体的就业造成重重阻碍。而加快推进高质量就业服务体系建设，不仅能够防范、化解劳动力短缺或劳动力过剩的问题，促进劳动力的高质量就业，还能够消除影响各区域平等就业的不合理限制与就业歧视，进而为优化人力资源配置、推动经济社会高效发展革新提供强有力的基础保障。同时，高质量公共就业与人才服务建设的重要价值还体现在以下三个方面：

第一，有利于提升公共就业服务效能。2021年国务院印发的《"十四五"就业促进规划》明确指出，全面推进高质量公共就业服务体系建设，提升相关公共就业服务能力，能够充分发挥市场和当地相关部门的主导作用，兜牢重点群众就业底线，在全面提升公共就业服务信息化水平和服务效能的基础上，切实保障高校毕业生、农民工的充分就业，进而为推动本区域公共就业服务一体化建设及高质量发展助力。

第二，有利于保障重点群体稳定就业。高质量公共就业服务能力的稳步提升，能够强化对各类市场主体的扶持力度，并为高校毕业生、农民工等重点群体提供更具针对性的个性化援助措施，在优化人力资源配置的基础上，进一步提升劳动者就业创业本领，切实保障重点群体的稳定就业。

第三，有利于促进经济社会高质量发展。为了更好地解决当今社会日益突出的就业问题，各地区要基于自身实际情况，聚焦优势要素，积极打造便捷就业的幸福生活圈，持续加快各领域新旧动能转化，并通过组织开展与产业转型升级相匹配的职业技能培训，进一步提升公共就业服务能力，从而为促进经济社会高质量、长效化建设发展夯实根基。所以，高质量公共就业服务能力的提升尤为重要。

第一节 公共就业服务体系的现状及优化

面对日益复杂的就业形势，要想建设高质量的公共就业服务体系，必须严格遵循以下三项基本原则：

一是相关部门统筹、多级联动原则。即各地区相关部门应以扩大就业为目标，结合本地区运营发展实际情况，统筹规划各项就业政策与创业政策，紧贴服务需求，对现行的公共就业服务体系予以创新和优化，以促进本地区高校毕业生、农民工的高质量就业。

二是市场主导、兼顾重点原则。在推进公共就业服务工作的过程中，相关部门必须时刻秉承市场主导、兼顾重点的基本原则，立足当地的运营发展实际，对现行的公共就业服务体系予以优化创新，由此来提升相关部门和机构的就业服务能力和总体水平，充分发挥各就业服务机构的最大服务效能，逐步在本区域内形成支持劳动者多渠道、多维度灵活就业的高质量就业服务体系，从而为扩大就业打下坚实的基础。

三是问题导向、攻关解难原则。为了妥善解决高素质人才开发和培养方面的各类疑难杂症，相关部门要勇于突破各种制度障碍，并严格坚持问题导向、攻关解难原则，彻底解决职业培训中就业、服务、政策等瓶颈问题，最大限度地保证各类技能人才的充分就业。

一、公共就业服务体系概述

就业是指在法定劳动年龄内、具有劳动能力和劳动愿望的人，从事为获取报酬或经营收入的合法经济社会活动。这一概念对就业的年龄、条件、目的进行了准确的定位，但没有对就业的模式进行阐述，因为就业的模式随着时代的发展而不断地发生着新的变化。自 2015 年开始，党的十八届五中全会提出"加强对灵活就业、新就业形态的支持，促进劳动者自主就业"，作为传统产业在互联网条件下延伸而产生的一种新的就业形态，引起了学界的广泛关注。中国就业促进会认为，新就业形态具有就业观念新、就业领域新、技术手段新的特点。同样，"灵活就业"作为"非正规就业"这一学术概念，引起了大量的关注和研究。但无论就业的模式如何嬗变，都改变不了就业是最大的民生，是个人实现生存和发展的关键，也是社会和谐稳定的重要保障。

公共就业服务是指通过提供公益性服务措施，以满足劳动者就业或用人单位招用人员需求的行为。它最大的特点是公益性，体现社会效益最大化，主要表现为以政府为主导，通过公共就业服务机构向劳动者和用人单位提供一系列就业服务，以促进人力资源的合理配置。公共就业服务内容涉及广泛，既包括职业介绍、职业指导、招聘会、就业和失业登记等基础型的公共就业服务，又包括职业培训、失业保险服务、创业培训、创业担保贷款服务等就业促进型和创业扶持型的公共就业服务，以及以就业援助为代表的就业帮扶型公共就业服务。公共就业服务经费除了纳入了财政预算外，《就业促进法》还规定了公共就业服务经费来源的其他两条渠道：一是就业专项资金也可用于扶持公共就业服务；二是国家鼓励社会各界为公益性就业服务提供捐赠、资助。

公共就业服务在我国的发展经历了一个不断优化的过程。2000年，劳动保障部颁布的《劳动力市场管理规定》中，专设"公共就业服务"一章，明确了公共就业服务的性质、服务内容、服务对象，以及政府组织开展公共就业服务的职责。2002年，我国开始实施积极就业政策，其中明确要求各级政府建立公共就业服务制度。2016年，人力资源和社会保障部发文提出要加快推进公共就业服务信息化建设和应用工作。2017年，人力资源和社会保障部办公厅印发《关于推进公共就业服务专业化的意见》，提出运用专业知识和新技术新方法，通过探索推进公共就业服务项目化、标准化建设，进而推进公共就业服务专业化。自此，我国的公共就业服务朝着信息化、专业化、智慧化的水平不断迈进。

公共就业服务体系是国家治理体系中的重要一环，从宏观层面上看，公共就业服务体系庞大，包含面广。从纵向上看，公共就业服务体系主要由各级政府设立的公共就业服务机构组成，包括省、市、县（区）、街道（乡镇）、社区（村）的五级服务机构；从横向上看，涵盖了公共就业政策、公共就业服务项目、公共就业服务机构、公共就业服务信息化等关键要素。公共就业服务体系是一个系统化的有机整体，以公共就业政策为服务支撑，核心是公共就业服务项目（内容），通过发挥各级公共就业服务机构的载体优势，依托专业的服务队伍，利用公共就业服务信息化等手段，为城乡居民提供公共就业服务的民生体系。

二、公共就业人才服务体系的发展现状

（一）就业与人才服务职能整合

职能整合推动了人才服务的集中管理质量，以往各地方人才交流中心和就业服务分属不同机构，服务职能的分离限制了服务效率和服务质量的长效发展。其中比

较常见的问题是城乡就业服务与人才服务的分离、区域内就业服务与人才服务工作的关联性弱并限制区域就业水平、人力资源的发展与配置效率不理想等问题。在就业服务与人才服务职能整合后，上述问题得到解决：首先，就业与人才管理的统一提升了服务覆盖范围、服务统一性、决策落实效力，大大改善了地方就业与人才发展的统一性；其次，就业与人才服务的统一为就业服务格局优化提供了更良好的支持，人才供应更具专业性和导向性，对地方就业环境优化贡献了不少力量；最后，就业与人才服务的统一提升了人力资源服务的专业化水平，增强了人力资源平均价值，并使人才服务的总体效率得到有效提升。

（二）就业与人才服务体系初步完善

现阶段我国公共就业服务与人才服务高度整合，这为公共就业人才服务工作体系的专业化、精简化发展提供了有利条件，各地方人社部门都逐步建立起了功能完善、机制合理的服务工作模式，这为就业与人才服务的同步发展提供了重要支持。首先，人才资源市场得到大范围整合，各学历水平、各类专业分布下的人才均可获得均等的就业机会，同时在人才资源数据的大范围整合条件下，政府可以制订更具针对性的就业服务计划，为地方就业环境改善提供帮助。其次，就业服务信息化与人才服务信息化系统的整合增加了人才集中发展和管理的有利条件。在就业服务信息化改革后，各地基于就业服务信息的人才服务导向更为明确，同时提供了分类就业咨询、培训的人才培养和发展条件，这也为地区高水平人力资源的规模发展提供了一定帮助。

三、公共就业服务体系存在的问题及其成因

（一）基础型公共就业服务存在的问题及原因分析

基础型公共就业服务的职业指导服务功能发挥不明显，其原因主要有两大方面：

一是职业指导理念出现偏颇。邹韬奋先生曾指出，职业指导是通过一系列的方法，帮助人选择职业、为职业做好准备、加入职业，并能在所从事的职业上，取得长足的进步。因此，职业指导服务的工作以及要获得的效果并非"快餐式"的，而应该是长期持续性的。职业指导包括职业介绍，但不应仅仅局限于职业介绍。然而，现在有些公共就业服务机构为了取得立竿见影的效果，简单地将职业指导等同于职业介绍，将实现快速就业作为了职业指导中的首要目标，进而出现程序化、单方面指导，忽视了求职者的个性化需求，没有体现人本服务精神和人文关怀。

二是职业指导形式粗放化。现在的大部分职业指导往往是以在招聘会现场设置

职业指导的咨询点的形式出现，但主要是侧重职业信息和岗位信息的对接，关于职业素质测评、职业规划指导等个性化服务涉及较少。这种粗放的形式，在某种程度上，也导致了城镇居民对职业指导的感知度、认可度要低于农村居民，农村居民在求职方式的选择上，比城镇居民更倾向于借助"公共就业服务机构推荐"，当职业指导简单粗放化为招聘会上的职业介绍时，由于求职渠道存在倾向性、差异性，反而会减少城镇居民享受职业指导服务的机会，进一步造成职业指导服务效果不明显的困境。

（二）就业促进型公共就业服务存在的问题及原因分析

1. 缺乏专业的职业培训质量督导和培训效果评价

当前，对于职业培训机构的监管，主要是由就业管理部门采取远程视频抽查、电话回访、现场察看和满意度调查等手段进行，缺乏专业的职业培训质量督导；进行监管时，仅停留在培训机构有没有按照教学计划进行培训的层面，没有深入到对培训质量好不好、培训效果明不明显的层面进行监督。在一定程度上，让部分培训机构存有了"侥幸心理"，认为只要按期完成培训任务就行，而不注重培训工种覆盖面广不广、教学资源是否在丰富更新、培训内容优不优质、培训方案科不科学等深层次的质量问题。

2. 未能建立适应新业态劳动者的职业技能培训模式

新职业是社会分工深化的产物，与经济社会发展、产业结构升级、人民日益增长的美好生活需求密不可分。但是，由于新业态新职业属于新经济下的新就业形态，目前缺乏一系列的配套资源，具体表现在：尚未形成配套的职业技能鉴定规范，新职业的培训大纲、培训教材、培训课程也没有成熟的样本；各职业培训机构新职业培训师资紧缺，缺乏配套的新职业实训设施等。新职业相关培训资源的稀缺、培训经验的缺乏，导致了职业培训行业未能根据新业态从业者工作的特点，建立与其工作特点相适应的职业技能培训模式。

3. 忽视职业培训模式的创新

职业培训模式之所以单一化，主要是由于缺乏创新意识和动力，忽视将传统形式与现代技术相融合，具体由以下三点因素所导致：

一是相对而言，当前的职业培训教育资源还不够丰富，部分培训机构依旧使用教学视频、教学课件、教学案例等传统资源。即便一些职业院校运用了"中国职业培训在线"、MOOC等线上培训模式，也没有能够做到很好地整合职业培训内容，无法取得理想的培训效果。

二是就培训对象自身而言，大部分的培训对象缺乏一定的自主学习能力，而培训机构又不提供相应的专业辅导，故而导致他们只能满足于传统的课堂学习。

三是培训机构的"逐利"心态也在一定程度上驱使他们采用"短平快""填鸭式"的培训，将目标定位于获取培训补贴，而非真正通过职业培训提升学员的就业能力。

（三）创业扶持型公共就业服务存在的问题及原因分析

1. 创业培训实用性不强导致效果不佳

一是创业培训模式单一。我国的创新创业培训模式主要还是模仿学校教育，以线下培训、定向推荐为主。创业培训主要依托高校开展，政策驱动，以补贴的形式刺激相关培训方和参培人员，社会化的创业培训机构参与积极性不高。

二是创业培训内容理论性强于实践性。在培训课程的设置上，主要以创业通识知识、创业基础概论为主，属于理论知识型创业培训，而参培人员是很难从纯理论中借鉴到实操经验的。

三是创业培训讲师实战经验不足。现在从事创业培训教学工作的讲师大部分是兼职性质，他们大多在各类高等学校工作，因本职工作原因，较少人拥有开办企业的经历，故而有较强的理论教学经验，但缺乏创业的实战经验。

四是覆盖人群面窄。参培人员主要为城乡失业人员和毕业前两年的在校大学生，这两类人员参加的积极性相对较高，因为可以享受创业培训补贴。而其他群体因为享受不到创业培训补贴，需要自费参加，因此积极性较低。

五是存在服务断层，缺乏有效的后续支持跟踪服务。创业讲师的作用发挥仅局限于课堂内，课堂外，很少有讲师会对学员进行具体的创业项目的跟踪指导，这也导致了不少学员在自主创业的过程中会存在知识技能力不从心的困境。

2. 担保贷款资金使用缺乏失信联合惩戒机制

创业作为长期经济增长与创新发展的内生动力，是多渠道促进就业的有效手段。对于大部分的创业者而言，在创业初期，往往会遇到融资问题，创业担保贷款作为国家鼓励创业状态下实施的一项扶持性贷款政策，对于创业者而言，无疑是一场"及时雨"，可解资金短缺的燃眉之急。但是，目前的创业担保贷款存在以下两方面问题：一方面，经办银行放贷积极性不高，银行将降低贷款坏账等风险转移到设置较高的申请门槛和担保形式上；另一方面，由于缺乏有效的担保贷款资金使用情况监管，让部分借贷者心存侥幸，违规改变贷款资金用途，用于购买股票、期货等有价证券，造成失信行为，既导致无法发挥贷款资金助力创业的初衷，也造成银行不得不在放贷前进行严格的风险防控，缩紧放贷。

以上这些因素的存在，究其根本原因，还是因为有效的失信联合惩戒机制的缺失。没有一个强有力的失信联合惩戒机制，银行放贷总会慎之又慎，积极性无法提高，不利于构建多元担保机制；也不能增强借贷人员的诚信意识，充分激发创业担保贷款的活力。

四、公共就业服务体系建设经验启示

（一）城市公共就业服务体系创新性建设策略借鉴

1. 南京市：就业"一件事"一次打包办

南京市为解决就业创业群体享受公共就业服务政策中面临的办事流程繁、办事手续难、等待时间长等问题，创新推出"一件事一次办"的改革举措。在六合区龙袍街道试点实现了多件事一次办，将失业登记、申领《就业创业证》、灵活就业人员备案、灵活就业人员参保、失业保险申领、就业指导与职业技能培训登记、申请创业担保贷款审核等8项服务事项打包成"失业一件事"，让原本需要跑社区、街道、区级三级服务中心办理的事项在一个窗口即可办理，申请材料极大精减、办事时限大幅缩短。在浦口区试点推出的"宁满意""就业一件事"，把就业相关联的业务事项进行归集、分类，变找人服务为服务找人，专为就业人员提供更优质、高效、便捷的"一站式"集成服务。在不断的实践探索中，南京将"就业一件事"向全市推广，形成标准化的服务清单，让"一件事"改革惠及更多群体，提升了群众的满意度和获得感。

2. 深圳市：深入实施职业技能提升行动

深圳作为改革开放的窗口，一直坚持人才优先发展，重视以人才驱动创新。近年来，为最大限度地激活人才创新创造创业活力，深圳市采取了一系列措施，深入实施职业技能提升行动，提供优质公共就业服务，促进高技能人才成长。通过提高培训补贴标准，加大政策激励性；制订统一培训流程、培训认证体系，建立标准化服务流程，规范服务标准，提升参培人员的专业化水平；加大技能人才培养载体建设力度，全面推行"企业新型学徒制"，实施"招工即招生，入企即入校"的培养模式；打造"深派粤菜师傅""鹏城管家"等一批民生服务品牌，加强民生服务领域劳动者就业技能提升；精准进行宣传，针对不同劳动者群体，定制精准化职业技能提升服务，满足差异化需求，掀起全民技能提升热潮。

（二）公共就业服务体系创新性建设的经验启示

1. 以"少跑腿"倒逼全流程优化整合

变"群众跑腿"为"信息跑腿"、变"群众来回跑"为"部门协同办"是以人民为中心的发展思想的具体体现，也是公共就业服务的"人本服务"理念的应有之义。要想群众"少跑腿""不跑腿"就能享受到优质的公共就业服务，就需要对现有的业务流程、服务手段进行优化整合。具体来说，主要包括两大方面可以借鉴的经验：

一是促进公共就业服务流程优化再造。南京等地推行的就业关联事项"打包办"，将可打包的公共就业服务事项整合为企业和群众眼中的"一件事"，从而实现多个关联事项的"一次办理"；通过整合优化经办流程，进而大力减少证明材料，大幅压缩办事时限，全城通办、一网通办。公共就业服务流程的优化再造，既包括了业务的梳理整合，也包括了服务载体、服务窗口的整合。这背后体现的是集成服务、简约服务、创新服务以及规范服务的服务理念。

二是加强业务数据的归集共享。2018年，中共中央办公厅、国务院办公厅印发《关于深入推进审批服务便民化的指导意见》，要求减证便民，提出了"六个一律取消"，其中明确规定，凡"能通过网络核验的一律取消"。这就对业务数据的归集共享提出了更高的要求，而要想实现关联事项的"打包办""一次办"，就必须打破数据壁垒，畅通数据流转，形成"一次采集、多次使用"的数据共享机制，让原本需要纸质流转的申请材料，通过信息共享平台，实现材料全程电子化流转，进而促进服务效率的大幅提升。

2. 以"一张网"构建全链条服务

一是加快推进"大数据+公共就业服务"。运用"万物互联互通"的大数据思维，打造"前台综合受理、后台分类审批、综合窗口出件"的就业服务新模式，全面推广"在线咨询、网上申请、快递送达"的办理模式，要打通业务专网、互联网和移动互联网"三网"渠道，盘活所有数字资源，提供智慧化、精准化的全链条服务。

二是实现数据融合、平台融合、业务融合。数据融合是前提，只有将就业数据资源进行有效整合，才能够打破信息孤岛，促进数据利用；平台融合是基础，分散的业务系统无法提供体系化的公共就业服务，整合为一体化的信息平台，构建统一的"一张网"服务全流程的信息系统；业务融合是关键，整合服务事项、服务清单、服务流程，实现"一窗通办""一网通办"。

3. 加大技能培训力度，提升劳务品牌质量

一是要定标准，推动培训专业化发展。根据不同的行业类别，成立相应的行业

协会，由协会建立相应的行业服务标准。公共就业服务管理部门要联合行业协会，建立专业化的培训体系，为相关行业的从业人员或者是有意愿从事这个行业的城乡居民，提供集技能分类、实操规范、技能考核为一体的专业化的职业技能培训。所提供的培训要贴合行业实际需求，既要有理论学习，还要有模拟实训，对于实践性强的行业，如家政服务类行业等，可在技能考试结束后，增加在相应服务行业实习的环节，丰富参培人员的实践经验，以便更好地适应岗位需要。

二是要提素质，提供多元化培训。不断提升培训质量，丰富培训内容，除了专业的技能培训外，也可提供行业培训讲师、自主创业等多元化的职业规范服务。另外，由公共就业服务管理部门和行业协会牵头，推动培训机构加强与当地职业院校之间的合作，可为参加培训的劳动者提供除职业技能培训之外的文化知识方面的进修，帮助劳动者提升文化水平，增强自身综合实力，成长为真正的专业技能人才。

三是要严监管，推动公共品牌健康发展。建立行业诚信体系，将每个行业的参培人员的培训记录、从业资质进行备案，通过将技能培训情况、诚信服务记录、客户评价等各项指标，设计权重比例，形成个性化的考核评价，推动参培人员就业创业。对不符合标准的培训机构实行动态退出机制，严把行业培训质量，保证公共品牌的健康持续发展。

五、公共就业服务能力的提升

（一）构建全市一网通办型公共就业服务平台

当前要想有效提升公共就业服务能力与总体质量，妥善解决日益复杂的保就业、稳就业现实难题，各地区必须基于自身的就业形势和实际情况，以市场化运作、产业化引领、人才需求化为导向，科学构建地区一网通办型公共就业服务平台，更好地满足各类企业技术创新与产业升级的高质量人才需要。

一是在进行公共就业服务工作的过程中，相关部门可以将包括失业登记、就业登记、就业创业、创业补贴、失业保险待遇审核在内的公共服务事项纳入地区一网通办范围，通过自助服务、就业 APP、就业网等渠道，实现各项业务的地区通办及无障碍受理，由此来提升公共就业服务的工作效率和便捷化水平，真正意义上实现群众零跑腿、群众就近办的服务质效。

二是在推进公共就业服务工作的过程中，必须严格按照前台受理、后台监审的工作流程，改变过去分窗口受理业务的服务方式，积极推行自助服务、帮办代办等便民服务，并配置打印机、复印机等便民设施，提高群众的满意度。

三是在推进高质量公共就业服务的过程中，可通过推行社会保险登记、劳动用工线上线下备案等方面的智能化办理，进而从根源上保证公共就业服务的整体质量。

（二）依托互联网技术打造智慧就业信息系统

随着大数据时代的到来，以云计算、人工智能、大数据技术为代表的各种先进技术在公共就业服务工作中得到了广泛运用，同时，各类人才的就业失业信息数据体量呈爆炸式增长。在这种情况下，相关公共就业服务机构必须充分依托互联网技术优势，积极打造智慧化的就业信息服务系统，通过开展移动互联服务新领域，全面提高公共就业服务质量和总体成效，以实现阳光就业服务的全面推行；还可全面整合手机APP、人力资源市场场内官服、公共招聘网等信息平台，为公共就业服务机构、用人单位、劳动者提供线上、线下24小时实时协同、服务无缝衔接的公共就业服务新模式，进一步提升重点群体就业的成功率。

（三）建立健全基本公共就业服务制度及体系

在全面推进高质量公共就业服务的过程中，除了需要依托现代科技打造智慧服务信息系统以外，相关公共就业服务机构还应根据本地区的实际情况与就业形势，通过构建科学、高效的公共就业服务制度及配套体系，进一步推进本区域的高质量公共就业服务工作。在此基础上，相关公共就业服务机构应通过强化职业培训、就业援助、政策法规咨询等方面的公共服务，实现高质量公共就业服务在本区域的全方位、多层次覆盖，最大限度保证当地的就业服务质效。同时，在推进公共就业服务的过程中，要想进一步提升公共就业服务机构的公共就业服务能力和总体效能，相关部门需积极落实网格化服务措施，不断完善服务功能，合力推进农村劳动力资源信息调查工作，这样才能为当地的广大待就业人员提供更加高效、便捷的高质量公共就业服务。

（四）加强重点群体就业技能系统化教育培训

为了更好地提升就业创业服务能力，公共就业服务机构必须在建立健全基本公共就业服务制度及配套体系的基础上，有针对性地加强高校毕业生、农民工等重点群体就业技能的系统化教育培训，可从以下三个方面入手：

一是各地区公共就业服务机构应紧跟当今时代的发展趋势，积极引入各种先进的现代化信息技术和智能设备，基于当地就业创业服务需要，构建智慧化、数字化的区域性人社服务平台，并开通专门的就业服务咨询、就业岗位推送、一对一就业等功能模块，由此来提高公共就业服务的规范化、智能化水平。

二是在推进高质量公共就业服务的过程中，严格坚持提质量、补弱项、扩容量的公共就业服务原则，大规模开展技能人才培育工作，具体可通过主动加强与各大科研高校、第三方社会人力资源服务机构协同合作的方式，借助高校或其他机构的优质教育资源，通过定期组织开展专业化的专家知识讲座、项目培训、技术演练等教育培训活动，进一步提升本地区就业人员的岗位技能和专业素养，使其更好地适应岗位需要。

三是相关机构必须基于本地区的实际情况，全面落实高校毕业生就业创业促进计划，并通过落实社会保险补贴、岗位补贴、创业补贴，打造一批具有地方特色的劳务品牌，进而为推进高质量公共就业服务提供强有力的基础保障。

六、公共就业服务体系优化路径

（一）加强服务支撑，促进公共就业政策宣传精准化

1. 分类宣传，精准服务

一是做好日常宣传，线上线下两手抓。线上充分运用新媒体渠道、定期投放政策宣传小视频，线下要加大服务窗口宣传，充分发挥基层公共就业服务机构（平台）点多面广、贴近群众的优势，设置24小时自助政策查询终端。

二是要分类宣传，做好不同群体的政策宣传服务。分类编写针对用人单位、就业重点群体、培训和服务机构等的政策宣传材料；通过与其他部门进行信息交互共享，收集新注册企业信息，向企业负责人推送鼓励吸纳就业、自主创业政策；向失业人员和高校毕业生定期推送培训类政策短信；向就业困难人员推送就业援助政策等。

三是强化政策培训。加强各级工作人员业务政策培训，培养更多的"政策一口清""业务知识通"的业务骨干。

2. 实行政策专员制度，构建双向沟通渠道

一是建立公共就业政策专员制度。通过从各县（区）、街道（乡镇）、社区（村）级公共就业服务机构中，选拔一批综合素质高、业务能力强的工作人员，定期开展专业化公共就业政策培训，动态筛选出培训考核优秀的人员，组建一支高素质的公共就业政策专员队伍，提供专项政策咨询、宣传服务。

二是改变以往的信息发布式单向政策宣传模式，构建更多双向沟通渠道。在网站开设政策问答专栏，安排政策专员及时答复群众对公共就业政策的留言提问。开展政策宣讲，组织政策专员深入企业、社区、高校开展就业创业政策系列宣讲，面对面现场解读政策，通过举例子、算细账等方式，为服务对象现场答疑解惑。此外，

还要注重经验总结，形成广覆盖、常态化、不间断的有效宣传机制。

（二）提质服务项目，构建全方位的公共就业服务

1. 推动基础型公共就业服务精细化发展

（1）加强专家队伍建设，开展定向精细化职业指导服务

要建立专业的职业指导专家库。定期抽调专家组成职业指导专家团队，根据服务对象自身的不同需求，开展定向式的精细化职业指导服务，由专家制订工作方案，各公共就业服务机构的职业指导专职工作人员提供具体服务。针对处于就业准备阶段的高校毕业生群体，主要侧重于职业素质测评、职业规划指导等专项服务；针对处于择业期的就业困难人员、失业人员等群体，在加强就业推荐的同时，更要关注人职匹配，提供有针对性的职业介绍服务；针对处于职业瓶颈期、转型期的在岗人员，要综合其职业背景、当下的职业发展状况、未来的职业追求，提出适当的职业发展建议，帮助其提升职业技能，实现更好的职业发展。

（2）全流程化指导，创新职业指导模式

一是采取主动寻访和被动咨询相结合的职业指导模式。要改变传统的被动式咨询服务模式，积极建立有职业指导需求的个体与专业的职业指导专家团队间的沟通桥梁。主动公开专家团队的咨询专线、所在地区的公共就业服务机构的专职职业指导人员的联系方式，让有需要的人能第一时间获得服务支持。各地基层公共就业服务机构（平台）要定期主动寻访有职业指导需求的人群，主动提供服务。

二是要有针对性地开展求职模拟实践。改变传统的灌输式、理论式的指导模式。理论指导不能停留在纸上，最终要落实到实践上。在提供职业指导服务时，改变一次性"快餐式"服务模式，将职业指导渗透到职业了解、人职匹配、求职指导等各个环节，提供全流程化的指导，从求职准备到求职现场再到岗位适应，要建立全程化的模拟指导机制，如准备阶段的职业了解、素质测评，求职现场的面试技巧，再到入职后的职场适应、人际关系等。通过创新职业指导模式，提供全流程化指导，避免纯理论化指导，形成实践式职业指导模式，帮助城乡居民顺利实现就业，科学规划职业发展。

2. 提供终身职业技能培训服务

随着我国供给侧结构性改革的持续推进，产业结构不断转型升级，对技能型人才的需求越来越多。而越是技术含量高的岗位，对劳动者综合素质的要求也越高。根据人力资本理论研究成果，劳动者要想适应更高质量的岗位，企业要获得更长远的发展，就必须不断进行人力资本投资。为此，公共就业服务管理部门应牵头，联

合各类培训机构、企业，为劳动者提供贯穿职业生涯全过程的职业技能培训服务。

（1）分类培训，提高职业培训的有效性和针对性

要开展分类培训，针对不同群体进行有针对性的职业培训，提高职业培训的有效性。具体来说，可从如下三方面入手：

一是强化重点群体就业技能培训。对高校毕业生、失业人员、农村转移劳动力、返乡农民工等重点群体，可结合其各自特点，分类开展有针对性的培训。对高校毕业生群体，开展青年职业技能培训，结合自身职业发展规划、职业从事领域，推动培养专业技术型人才和高技能人才；对失业人员，开展就业创业指导、就业技能培训，提升转岗就业技能和创业能力；对农村转移劳动力、返乡农民工等群体，组织开展就业创业培训，鼓励其就地就近就业创业。

二是大力开展企业职工岗位技能提升培训。劳动力素质的提高可以推动企业产业结构的调整升级，要支持有条件的企业大力开展企业职工岗位技能提升培训，公共就业服务管理部门要及时接受符合自主开展职业培训的企业，进行签协备案，并按规定给予相应的培训补贴。鼓励企业对刚入职的职工进行适岗培训，帮助职工快速适应岗位工作需要；对入职一年以上的职工进行岗位技能提升培训，注重丰富培训形式，赛训结合，重视现场操作演示，让参培人员在实践中取得进步。对于不具备自主开展职业培训，又有在岗职工培训需求的企业，可由公共就业服务管理部门牵桥搭线，委托职业院校，开展订单式、定向式、项目制培训，帮助企业培养产业紧缺人才。对在岗职工进行职业培训的同时，不仅要注重业务上的技能培训，也要注重安全技能培训、职业素质培训等特色专项培训，让参培职工了解并掌握安全技术知识，学会相关器材的安全使用技能，提高职业修养，培育工匠精神。

三是建立个性化的终身职业培训电子档案。当前，职业培训从开班申请到培训、考核、结业，再到整理申请培训补贴材料并归档，一个完整的流程下来，培训机构对职业培训的记载，主要是以班期模式，很少有机构会为参培人员建立专门的职业培训档案，而在公共就业服务管理部门的系统里，也没有专门针对个人的职业培训电子档案。因此，从为城乡居民提供终身职业技能培训服务的角度看，要以电子社保卡为载体，建立专门的终身职业培训档案管理信息平台，实行"一人一档"管理，集培训、就业于一体，联通职业培训电子档案和公共就业服务信息，打通从培训到就业到技能提升的各个关键环节。对所有参加培训的人员基本信息进行登记核实，根据个人的工作技能、专业学习等方面的情况，合理推荐培训项目，设置培训内容。及时做好参培人员的培训课程、培训次数、培训时长、考核情况、职业资格证书等

培训信息的记录，形成个性化的电子档案，供用人单位选人用人。

（2）发展"互联网＋职业技能培训"新模式

鼓励共建共享，引入第三方在线教育平台。

一是引入优质线上培训合作平台。与一些服务优质的在线教育平台开展共建合作，充分利用互联网技术，整合行业优质培训资源。通过在线直播、视频录播等形式安排课程，借助在线学习平台移动端，让参培人员可以在手机、平板等移动设备上，随时随地学，实现线上学习、居家学技能的效果。

二是加强线上培训质量监管。线上培训课程开始前，要核实参培人员身份，通过人脸识别技术，杜绝冒名顶替；培训课程中，要通过技术手段，严格落实线上课程时长设置，杜绝拖拽进度条，确保培训质量；培训结束后，提供在线测评功能，对参培人员进行及时的练习和测评，巩固线上学习成果。

三是线上线下融合式发展。利用"互联网＋"思维，将线上学习与线下实训融合式开展，把理论学习搬到线上，让参培人员可以灵活安排学习时间，线下培训腾出更多时间用于面对面、手把手教操作技能，增强课程的实践性。公共就业服务管理部门要构建培训监管云平台，远程监管培训机构的线上线下培训情况，进一步规范培训工作，同时，要面向参培人员推出培训课程评价系统，督促培训机构不断提高培训质量，提供高质量的培训服务。

（3）大力开展新业态新职业培训

第一，加强新职业培训教材开发。大力发展新职业新业态培训，离不开培训教材等基础配套资源的完善，为此要加强新职业培训教材的开发。一是要精准定位。新职业新业态培训教材的内容要通俗易懂，有成体系、可操作性强的"技能干货"，让读者能学得进、用得上。二是要创新教材形式。由于新职业伴随新业态经济而生，有其特有的新型属性，不同于传统职业，因而职业培训教材形式也不能因循守旧，要对传统的纸质材料进行数字化拓展，配备数字教学资源包，适应数字技术、人工智能等领域的发展需求，融入 AR/VR 技术，打造立体化的新业态新职业培训教材。三是要严把教材审核关。在目前新职业教材编写还没有成熟样本的时期，要广泛鼓励符合条件的单位积极参加教材编写工作，并组织专家或者有资质的第三方对培训教材和培训资源的质量进行审核，建立行业自律机制，确保教材开发质量。

第二，积极探索新职业积分制培训与认证机制。一是要全方位量化新职业培训积分制管理。由于新业态、新职业从业者通常工作时间灵活，不同于一般企业职工可以利用固定的时间进行职业培训。为此，为适应新业态、新职业特点，要以更加灵活、更具可操作性的培训模式，与行业工作特性相匹配。变普通班期制培训为积分制培训，根据不同课程类型、不同学时要求、不同学习成果，分类分级制订积分规则，让参培人员可根据自身时间安排，随时随地通过在线学习的方式，完成培训计划，当积分达到规定的要求，即可视为完成课程学习。二是探索建立新职业积分制职业技能认证。当前，国家尚未针对新业态、新职业出台相应的职业技能标准，无法进行职业技能鉴定，无法享受后续培训补贴。合格证书的考核方式属于一种较为粗放型的评价，无法准确判断技能的高低，无法完全激发新职业从业者参加培训的热情，促进新业态蓬勃发展。为此，可探索性地建立新职业积分制职业技能认证，打破传统的证书式职业资格认证体系，以实践技能的积分高低作为参培者技能水平的评价，实现动态式技能提升。

3. 优化创业扶持型公共就业服务

（1）创业培训"一条龙"，驱动创新创业内生力

一是要扩大培训范围。目前受创业培训补贴政策驱动，城乡登记失业人员和毕业前两年的高校大学生成了参加创业培训的主要群体，其他人员因未纳入培训补贴范畴，故而参加创业培训的积极性很低。为营造"大众创业、万众创新"的良好创新创业氛围，应把所有有创业愿望和培训需求的城乡劳动者全部纳入创业培训范围，给予适量的补贴，扩大创业培训人群覆盖面，提高全民创业意识和能力。

二是要提升培训质量。提供系统化的创业培训"一条龙"服务，在培训内容安排上，要更微观更便于操作，增加实用性强的案例教学，开展"点菜式"培训，实现市场需求和创业项目的有效对接；建立全市创业培训公共教师库，将专业的创业培训讲师、企业家、创业成功者等纳入创业培训师资库，并进行动态管理；设置特色互动式教学，邀请创业成功者等有创业实战经验的人作为特邀讲师，现场教学，为学员提供实践指导、个案分析，推介创业项目、传授经营管理经验等。培训结束后，要建立回访制度，定期对参培学员进行跟踪指导，提供后续在创业实践过程中的不间断创业培训服务。

（2）创业服务"一站式"，降低门槛"不设界"

一是提供"一站式"创业服务。公共就业服务机构要为城乡创业者提供从创业政策咨询、项目推介、开业指导、融资服务到补贴申请等"一站式"的创业服务，帮助创业者解决创业过程中遇到的政策享受、创业贷款等方面的难题，助力创业者成功创业。

二是合理降低反担保条件。尽管创业担保贷款政策支持力度越来越大，但部分

反担保条件依然不低。为此，要进一步创新反担保方式，提供多元担保体系。建立社区、村信用担保，通过实地调查的方式，由社区、村对借贷人信用情况进行初步摸底评估，对符合条件的，出具信用担保，解决不满足抵（质）押反担保、特定自然人反担保条件的借贷人的创业贷款需求，扩大创业担保贷款受益面。

三是加强资金使用监管，确保专款专用。建立个人创业信用档案，在创业培训中增加诚信教育，在后续跟踪服务中，要充分整合申请资格审核、贴息资金、贷款发放等数据，加强信息共享，确保创业贷款专款专用，对诚信借贷还贷的创业者，在个人创业信用档案里进行信用加分，对失信者加大失信惩戒力度，形成良性的创业担保贷款格局，以此降低银行等金融机构的经济风险，提高银行放贷的积极性。

（三）强化服务载体，打造便民高效服务圈

新公共服务理论要求突破以往的政府大包大揽模式，强调政府的职能是服务，而非掌舵，突出"以人为本"。

1. 理顺公共就业服务机构管理体制

面对县（区）级公共就业服务机构管理体制未理顺的问题，要从顶层设计上加强管理体制建设，形成全市的统一指导意见，明确县（区）级公共就业服务机构的统一名称，理顺各级机构间的服务职能以及服务范围，避免重复和交叉，提高服务效率。对于街道（乡镇）以及社区（村）一级的公共就业服务机构，要加强基层平台标准化建设，统一硬件配置标准、统一工作服务流程，科学设置基层服务站点，从方便城乡居民办事的角度出发，通过管理体制的优化调整，不断提升各级公共就业服务机构的服务能力。

2. 深度融合网格化，打造15分钟公共就业服务圈

嵌入社区层面的网格化管理，虽然在一定程度上对基层公共就业服务机构造成了一些人员上的影响，但不可否认的是，它改变了过去社区传统、分散的管理模式，将管理辖区细化为若干个网格单元，每个网格单元配备相应的网格员，进行网格服务，极大地提升了社区治理效能。面对基层不断出现的新治理模式，基层公共就业服务机构在夯实自身服务功能的同时，也应积极融入，充分利用网格化治理手段，比如对网格内的居民就失业状态进行动态收集、整合，使公共就业管理部门能够及时动态掌握居民的就业状态，并根据每个人的特点提供有针对性的、个性化的公共就业服务。真正做到打通"最后一公里"、服务群众"零距离"，形成"15分钟公共就业服务圈"。

（四）夯实专业队伍，增强主动服务意识

1. 加强专职人员队伍建设，稳定基层服务队伍

各级公共就业服务机构的工作人员，是各项就业政策的实施者、服务的提供者。尤其是作为密切联系群众的街道、社区的基层公共就业服务机构（平台）的工作人员，更是起着沟通服务的桥梁作用。面对基层公共就业服务机构工作人员流动性大、基层网格化治理分散专职工作人员精力等不利情况，要加强专职人员队伍建设，完善基层专职公共就业服务工作人员选聘机制、畅通职业发展渠道、合理提高薪酬待遇，吸引更多专业人才投身公共就业服务；定期开展专业培训，全方位提升工作人员自身业务素质，培养主动服务意识，增强主动服务本领；定期开展"跟办"体验，以观察者的身份深入不同的公共就业服务机构，体验其他机构的服务流程，学习借鉴优秀的经验做法，通过不断的交流学习，打造标准化优质服务。

2. 扩大社会参与，引入专业志愿者服务团队

公共就业服务作为一种公共产品，要能被大众普遍消费。面对复杂多变的就业形势，社会公众对优质公共就业服务的需求与日俱增，单纯依靠政府公共就业服务机构的工作人员提供服务，难免存在短板。因此，要鼓励、支持和引导社会力量参与公共就业服务供给，深挖社会公共资源、扩大社会参与，尤其是组建专业化的志愿者服务团队，作为政府服务队伍的有效补充。有计划性地定期招募来自高校从事就业指导工作的教师、社会培训机构的工作人员以及创业成功人士等各行各业、各个年龄层次的，具有就业创业相关工作经验且热心公益事业的专业人才。建立志愿者信息库，详细记录志愿者的专业专长、服务意向等相关信息；制订系统的培训计划，有针对性地开展公共就业政策、公共就业服务知识等专项专业化培训。根据志愿者专业程度的不同，结合个人意愿，合理安排志愿服务岗位，如为企业提供用工指导服务，为劳动者提供职业介绍、职业指导等，让志愿者服务团队发挥出最大的服务效益，壮大公共就业服务队伍力量，为城乡居民提供更高质的公共就业服务。

（五）提升服务手段，推进公共就业服务信息化提质增效

1. 构建"互联网 +"公共就业信息化服务体系

一是要整合信息化服务体系。构建集内网业务经办、外网公共服务、自助服务终端以及移动服务端为一体的公共就业信息化服务体系。内外网服务平台要充分依托省人社一体化信息平台，移动服务端利用好省人社 APP，自助服务终端的配备要全覆盖，不能仅停留在县级以上公共就业服务大厅，要确保每一个公共就业服务机构网点至少配备一台，并做好日常的设备维护工作，保障服务设备的正常运行。

　　二是要提供"智慧就业"服务。开发并推出公共就业服务 AI 智能客服小程序，提供 7×24 小时全天候不间断线上服务。细化 24 小时自助服务终端检索功能，让有需要的城乡居民可随时就近办理就业业务，通过网上办、掌上办、预约办、所有公共就业服务事项一网通办，有效减少线下窗口排队等待时间，真正享受到便捷、高效的公共就业服务。

2. 盘活数据资源，形成省市数据共用共享模式

　　充分利用省一体化信息平台建设成果。省一体化平台的最大优势，就是在省内打破了人社系统内业务数据壁垒，实现了全省信息的互联互通。数据横向流动、向上集中，既有利于劳动者在全省范围内，跨区域享受公共就业服务，也有利于省级及时掌握全省情况。但对于地市而言，原先按照业务需求自行建设维护的信息系统，地市既是数据的生产者也是数据的使用者。但系统在省级集中后，数据库部署在省里，地市是无法掌握所有数据的，这在一定程度上不利于地市运用本地数据服务于决策分析。因此，要建立数据回流共享机制，形成省市数据共用共享模式。建立专门的就业监测预警综合分析平台，充分利用省回流数据，利用大数据分析、数据挖掘技术等，盘活数据资源，实现对就业数据的统计、分析、监测、预警，对数据价值利用最大化，进而为公共就业服务的优化调整提供决策依据和方向，真正做到在"数据向上集中"的同时，实现好"服务向下延伸"。

3. 推动"公共就业服务一件事"线上打包办

　　面对仍旧有不少中老年城乡居民更习惯于传统的线下服务模式，对网办接受度较低的情况，一方面，我们要持续提供优质的线下服务；另一方面，要对线上服务进行不断的优化升级，提升网办体验，让他们享受到"互联网 +"带来的便利。要梳理公共就业服务高频事项，将有关联的业务和服务打包成若干个"服务包"，比如将失业登记、失业保险金申领、职业指导、就业技能提升培训打包成"失业服务包"，只需要在电脑端或手机端页面上，勾选"服务包"内的相应事项，一套材料、一次提交、一站受理、一次办结，无须在窗口"一事一办"，即可享受到相应的待遇补贴和公共就业服务，提高群众办事的便捷性。

4. 优化完善移动服务端功能，提升用户体验感

　　随着移动互联网应用的广泛普及，很多人对智能手机的使用频次超过了对电脑的使用频次，因此可推出移动端 APP，并做好以下几个方面的工作：

　　一是要完善功能模块，做到所有公共就业服务业务"应上尽上"。要细致梳理公共就业服务全事项，找出尚未有手机端的模块功能的服务事项，积极与省里及软

件技术支持公司对接，完善系统功能。

二是由于公共就业服务人群的个体差异性较大，手机端操作界面宜简洁大方，不宜烦琐，充分利用人脸识别技术，电子档案技术等现代信息技术手段，增强系统的信息交互、自动核验功能，精简办事材料，减少群众办件资料的上传，让移动终端真正成为城乡居民"口袋"里的办事服务大厅，"指尖"上的公共就业服务，推动形成网上办事为主、实体办事为辅的公共就业服务新格局。

第二节 公共就业与人才服务信息化建设

一、公共就业与人才服务信息化建设的现状

（一）传统运作机制落后

公共就业与人才服务信息化是现阶段公共就业服务的一个重要的转折点，相对于传统的运作机制而言，这种运作模式最大的特点是资源的高度整合和高效的办事效率。现阶段，公共就业服务方面运用的仍是传统的运作机制，这种机制的主要体系仍是沿用的改革开放之前的框架，随着时间的推移，虽然在各方面进行了积极的补充和完善，但是核心的问题依然存在，那就是部门的职能存在重叠，处理事情的流程烦琐，没有明确的步骤和流程。在其中还存在办事不透明和不作为的现象，不仅办事效率低下，还造成了国家资源的浪费。

（二）存在信息封闭的弊端

近年来，我国各地相关部门都在积极进行公共就业方面的信息收集和数据库建设，并且在信息化方面取得了长足的进展，但是还存在一个重要的问题，就是各地由于没有统一的管理和规划，统计出来的数据纷繁复杂，甚至出现了交叉重叠的情况，对信息的共享造成了极大的阻碍。再加上传统的运作机制中，部门的职能重叠，人才市场被划分为人才市场和劳动力市场两个板块，两个板块各自进行单独的运作，使得人才服务信息化建设速度被严重制约。

（三）高素质信息技术人才缺乏

在公共就业网站系统的开发方面，人社部门人才匮乏，并没有能力进行网站开发，而是依靠信息工程公司来完成。在系统的开发过程中，容易造成各种各样的问题，例如信息工程公司的技术人员并不了解就业方面的情况，在设计的过程中只是按照

人社部门的要求去进行程序的编撰和开发，很难做到有针对性的功能设计，制作出来的系统缺乏人性化。

二、公共就业与人才服务信息化建设的完善措施

（一）设定标准，统一规范

在公共就业人才服务信息化建设的过程中，首先应该制订统一的规范，在此前提下再进行各自的运作管理，这样就使得各地的资源可以进行及时的共享。为了提升系统运行管理的效率，可以组建统一的应用平台，在平台组建的过程中，各地可以分工协作，领取不同的板块设计任务，并将信息按照板块进行归类，这样就避免了资源的重复收集以及功能板块的重叠建设。在共性网络平台组建的过程中，要注重人性化的设计，考虑到信息检索的便捷化、信息更新操作的简单化，真正做到服务为民。

（二）加大业务培训力度，培养复合型人才

在信息化建设的过程中，起到核心作用的就是信息化专业人才。公共就业服务的相关部门要加大力度培养一批高素质的信息化人才。在培训方式方面，可以进行员工的在职培训，聘请国内高端的信息技术人员进行针对性讲解，并指导员工进行实践操作。当员工真正掌握了高端信息技术后，再让员工投入到现代化信息网络平台和数据库等方面的建设当中。同时，各部门要加强对信息知识的培训，提升全体工作人员的意识，对人才服务信息化建设高度重视。

（三）组建专业机构，提升综合协调能力

公共就业与人才服务信息化建设过程中，之所以出现进展缓慢、数据库信息交叉重叠等问题，主要原因在于没有相应的部门进行统一化管理。在后续发展过程中，必须要组建能进行统一协调和管理的专业机构，对信息化建设进行统筹安排和规范化管理。与此同时，在制度和管理方面，必须进行健全和完善，保证运营机制的高效化运作。

（四）进行结构创新，注重信息技术应用

随着信息技术的不断发展和更新，信息技术在公共就业方面的重要性越来越明显。在信息化建设的过程中，办公工具的自动化已经不能满足现阶段人们的要求，信息化建设真正要实现的是管理理念和管理体系的创新。高等教育的普及使得公共就业方面的信息整合、市场判断和就业指导的重要性更加明显，必须依靠专业机构

进行统一化管理，摒弃原有传统运作机制中糟粕的部分，以新时代理念创新管理体系，做到以大数据为支撑的区域人力资源市场整体，实现公共就业的高效资源配置。

三、大数据在公共就业与人才服务信息化建设中的应用

（一）公共就业服务大数据应用的经验启示

随着"互联网＋政务服务"的发展，政府各部门也结合工作实际，纷纷探索大数据在各自职能方面的开发应用，提升公共服务能力。公共就业服务部门自然不甘落后，将大数据与就业创业工作结合起来，构建覆盖城乡的就业服务大数据应用系统，为社会公众提供个性化的就业创业服务。在这一过程中，一些地方通过不懈努力，有力推进了大数据在就业服务领域的应用，形成了典型案例。

1. 浙江省"浙里就业"

（1）浙江省"浙里就业"的应用

"浙里就业"公共服务模块是浙江就业数字化改革的应用场景之一，依托"浙里办"APP，致力于简化办事流程、落实惠民政策，让老百姓拥有更多获得感、幸福感。围绕集成服务和智慧服务的目标，通过对劳动者"就业前、在职中、转职期、退休后"四个阶段需求的分析，重塑业务规则、流程，"浙里就业"建设了"我要就业、我要创业、我有保障、我要提升、我享退休"五大服务场景，细化拆解求职找工作、签订合同、参加社保等 19 项二级场景，人事考试在线、重点群体就业帮扶、个人创业"一件事"、工伤"一件事"、民生"一卡通"、专技考试、退休无忧等 52 项三级场景。同时，系统实时捕捉就业创业者就业状态变化、多源数据进行智能"用户画像"和"业务画像"、政策服务交互匹配，形成"智配直享"服务机制。打破原有以业务条线为边界的服务分类方式，主动推送服务事项，推进"无感智办"，并扩展外延其他部门的相关民生服务，实现职业生涯全周期全链式个性化精准服务。

（2）浙江省公共就业服务大数据应用经验

浙江人社汇聚变革力量，用数字化改革撬动人社领域各方面改革，在数字化的时代浪潮中掀起朵朵浪花。2021 年，浙江人社围绕省委省政府"152"工作体系，坚持"顶层设计、增量开发、迭代升级"原则，体系化规范化推进数字化改革，着力打造具有浙江辨识度的人社数字化改革最佳应用，以数字化改革成效助力共同富裕示范区建设。"浙里就业"就是浙江人社领域数字化改革浪潮中掀起的朵朵浪花之一。"浙里就业"应用旨在构建"就业大脑＋智慧就业"体系，已列入浙江省数字化改革重大应用"一本账"目录。"就业大脑"依托全省一体化智能化公共数据

平台，汇聚服务过程中的数据和外部门共享的数据，进行智能用户画像和业务画像，打造智慧服务中心、在线监管中心和科学辅策中心，为"智慧就业"服务、监管和辅策提供支撑。"智慧就业"服务以人为中心，聚焦群众在就业创业服务领域的需求，面向全体就业人群提供就业生涯全周期不同阶段的综合集成服务，并形成"智配直享"服务机制；"智慧就业"监管围绕人社核心业务，综合集成 N 个在线监管应用场景，实现业务在线监测、精准监管和闭环管理；"智慧就业"辅策对政策出台前开展仿真测算、政策出台进行全程监管、政策出台后开展规范性文件后评估和补贴政策绩效评价。最终形成集智服、智管、智策于一体的"就业大脑＋智慧就业"体系。

（3）浙江省公共就业服务大数据应用启示

在数字政府建设过程中融入信息技术是建设数字政府的普遍做法。信息技术作为促进政府变革的力量之一，可以解决政府治理过程中面临的信息不对称问题，打破行业、部门和不同层级之间的障碍，这是信息技术工具的"非人类"属性。技术平台化是降低数字政府的建设和运行成本的有效手段。当前，大数据、大平台和大系统建设已然成为电子政务创新和发展的重要思路。浙江省就业部门正是运用了这一思路，在保证数据准确、完整和规范的基础上，通过对业务数据进行整合，建立全省统一的公共就业服务大数据平台，实现了政府治理层级、治理职能的大整合。

2. 贵州省"大数据＋劳务就业扶贫"工作模式

（1）贵州省劳务就业大数据平台

为扎实做好"六稳"工作、全面落实"六保"任务，促进建档立卡贫困劳动力等涉贫群体充分就业，确保按时打赢脱贫攻坚战，贵州省委、省政府着力整合资源开发就业岗位，建设就业扶贫领域的大数据平台，有效促进人岗精准匹配，帮助省内未就业人员和返乡贫困劳动者实现稳定就业，提高工资性收入，彻底脱贫。平台是全国首个由政府搭建运营的劳务就业服务大数据平台，开启了"大数据＋劳务就业扶贫"工作模式，是推动劳务就业扶贫工作的一个重大突破。平台按照"1+1+2"总体架构建设，即 1 个就业服务监测系统、1 个指挥决策分析系统、2 个基础数据库（劳动力数据库、岗位数据库）；探索完善"1+3+N"工作模式，即依托 1 个平台，建设 3 个终端（政府部门管理端、劳务公司匹配端、劳务经纪人服务端），完善人岗匹配、就业跟踪、监测预警等多个功能模块。

（2）贵州省公共就业服务大数据应用经验

贵州省劳务就业大数据平台利用大数据、云计算、人工智能等新型信息技术，实现人岗匹配、就业成效等模块，实现线上线下一体化的劳动就业服务。平台打破传统工作模式，充分运用"大数据+"模式促进人岗精准匹配，劳动力就业信息实现动态更新，就业服务更加精准有效。截至 2021 年，平台已将 464 万名劳动力录入数据库，其中建档立卡贫困劳动力 432 万人、易地搬迁劳动力 96 万人、边缘户劳动力 10 万人；收录就业岗位 186 万个，其中省直部门 64 万个、市（州）122 万个；已为 44.1 万人次匹配推荐就业岗位、促进贫困劳动力实现就业 28.9 万人。平台实现省扶贫办、省公安厅、省卫生健康委、省水库移民局、省民政厅、省教育厅、省人社厅、省住建厅、省工商局、省水利厅、省国土厅等省级单位的数据融通，形成劳动者画像，精准匹配贫困劳动力和企业提供的岗位，有效打通劳动力就业愿望和岗位需求之间的联系，建立"线上匹配、线下推荐、跟踪监测、动态服务"的全流程工作服务机制，逐步实现贫困劳动力就业的信息化、动态化和精准化管理。

（3）贵州省公共就业服务大数据应用启示

贵州省劳务就业扶贫大数据平台数据架构分为原始数据层、数据存储层、数据 ETL 层以及数据表现层四个层级。其中原始数据层汇集了民政、教育、人社、卫健、住建等部门的数据，各部门拥有岗位录入（更新）、统计查询等权限，既是数据提供者也是数据使用者，可随时进行数据录入和数据查询，有效解决了传统就业扶贫工作中数据更新不及时、部门台账不一致、工作模式不统一等问题。同时，可通过融通后的数据构建劳动者画像，完成劳动力匹配、劳动力摸排等功能，实现就业岗位与就业人群的精准匹配，达到人找岗位、岗位找人的双向互动，促进劳动就业。贵州省公共就业服务大数据应用启示在于推动政府部门之间的信息共享交换，打破部门信息孤岛，改变各自为政的局面，让就业部门从单打独斗转变为团队合作，实现政府部门协同共治。

3.海南省"智慧就业"全口径动态信息监测

（1）海南省"智慧就业"监测平台

海南省"智慧就业"全口径动态信息监测系统依托手机通信基站实现动态监测，能够精准掌握全区域、各行业以及重点群体的就业情况，是 2021 年海南省人力资源和社会保障厅联合中国联通大数据团队开发的，包含就业总览、就业分布、园区就业、重点群体就业和灵活就业五大模块。该系统的就业总览监测功能能迅速掌握全省活跃人口、居住人口、劳动人口和候鸟人群情况；就业分布监测功能能对城乡就业、务农人口等群体规模进行统计；园区就业监测功能能对海南省自贸港重点工业园区的就业人数和就业饱和度进行分析；重点群体监测功能能对农民工、高校毕业生等重点群体流动迁徙、来源地等数据进行监测分析；灵活就业监测功能能实现对以网约车司机、外卖小哥、快递员等群体的规模分布统计。

（2）海南省公共就业服务大数据应用经验

2021年，在第三届全国创业就业服务展示交流活动上，海南省"智慧就业"全口径动态信息监测系统荣获"城市创业"精品展示项目奖，向全国展示了海南在就业体制上的创新和亮点。该系统在严格保障个人信息安全的前提下，通过手机通信数据和算法，开展各类就业群体的就业规模、空间分布和就业状态等监测分析，实现就业供给端与需求端的匹配。通过系统应用，可全面直观掌握全省11个重点园区、144.8万农民工、5.7万高校毕业生以及11.5万名灵活就业群体人口动态与就业情况，实现全省就业状况可视化、数据化和动态化。该系统可实现省市县和乡镇四级就业监测，避免信息员的奔波、节省人力成本，也提升就业信息化工作服务质量。在此之前，海南省人社厅在省2 000个行政村设有村级就业服务信息员，每个信息员在田间乡道奔走，统计就业人口的数量，每年的人力费用高达4 000万元，不仅费时费力且数据滞后，影响就业形势的分析和研判。此外，通过模型拟合和对历史指标数据的系统分析，该系统还可提前判定异常趋势，对重点区域和重点人群的异常就业情况进行预警，为政府提供决策依据。2022年底，该系统进一步统筹各部门、各系统、各行业信息数据资源，达到精准推送信息、精准报送数据、精准对接服务的"智慧就业"目标，实现"一键就业""一键服务""一键统筹"。

（3）海南省公共就业服务大数据应用启示

海南省建成"智慧就业"全口径信息动态监测系统，推动实现就业信息互联互通，提升公共就业智能化服务水平，为百姓提供更加高效优质便捷的就业创业服务。海南省"智慧就业"监测系统创新之处在于善于运用大数据技术，通过手机信令大数据及模型算法识别就业群体，对全省整体就业情况及农民工、大学生、园区就业、灵活就业等重点群体开展监测分析。手机信令大数据具备时效性强、全天时空位置连续、用户体量大、数据真实的特点，可以解决长期以来就业数据主要依靠人工采集统计带来的时效慢、细分难、不精准等问题。

（二）公共就业服务大数据应用策略

1. 强化政府主导，高位推动公共就业服务大数据建设

（1）牢固树立大数据思维

大数据一方面是一项新技术，另一方面也是一种思维方式。在传统的管理思维基础上，大数据思维更加注重实证研究、数据支撑、理性分析以及区别对待，以此来提高管理的精细化、现代化和科学化。对于政府部门而言，数据是行政管理的基础，是政府的重要资产。推进政府大数据发展有助于更好地发挥政府职能，对促进经济发展、提高社会治理能力、提升公共服务水平、保障人民生活幸福有着重要意义。就业数据治理要充分认识到大数据的价值，将大数据思维与大数据技术应用于公共管理理论中，做到用数据说话、用数据管理、用数据决策、用数据创新，推动实现更加充分更高质量就业。聚焦"人岗精准匹配"服务，实现精准推送信息、精准报送数据、精准对接服务，用大数据思维助推就业；积极探索大数据在双创工作中的应用，提高创业培训针对性，扩大创业担保贷款覆盖面，增强创业指导效应，用大数据思维支持创业；建设智慧监管平台，打击欺诈骗保等行为，维护就业补助资金及失业保险基金安全，用大数据思维预防失业。

（2）加强顶层设计

加强顶层设计是开创发展新局面，实现改革新突破的题中之义。加强顶层设计的基本内涵是要做到全局设计、总体设计和统筹设计。政府部门是一个有机整体，需要各部门互联互通、紧密配合，做到全市"数据一张网、上下一盘棋"，形成工作合力，最大限度发挥政府职能作用。实施数字规划和建设需要借助于主要领导的高度重视以及高位推动。各级主管在认真研判、充分接受且大量吸收其中的改革思想后，能够有力推动数据治理改革，将数字外部环境的新方向转化为思想纲领指导数字建设，完成建设理念的完美转型。

2. 加强信息系统建设，夯实大数据应用基础

（1）加快推进信息系统建设

信息化建设是实现数据治理的重要保障。未来要充分发挥大数据与信息化系统建设的融合发展，一方面要积极构建数字时代政府数据治理模式，加快推动数据共享，强化大数据在政府治理方面的应用；另一方面要建立健全大数据辅助决策、进行社会治理的机制，推动社会管理以及治理模式的创新。在信息化建设方面，目前A市劳动就业服务局大部分业务已经实现了网上办理，但就业困难人员补贴、招商引资和园区企业招用失业人员补贴及非国有企业就近就地吸纳安置劳动者就业奖励三项补贴仍然是人工经办。随着业务量的增加和政策执行规范程度的提高，人工经办和审核的弊端逐渐凸显，存在服务效率低、审核风险高、审批周期长、后续服务难、监管压力大等问题。因此，要尽快建立公共就业服务相关补贴业务办理系统，且与现有系统进行融合，搭建一站式专业化数据共享平台。系统应包含业务全流程，开发申请者互联网申请功能，经办人员审核、管理功能及数据统计分析可视化功能，以此促进业务流程优化，缩短审批时间，增加审批透明度，维护就业补助资金安全。

（2）建立标准规范体系

有法可依、有据可循是公共服务中数据治理得以实现的重要条件，各部门之间的数据联通必然要求数据标准要统一，没有统一的数据管理规范，数据联通共享根本无从谈起。逐一对目前公共就业服务各项业务政策、流程进行精细化梳理，清晰准确地标识出哪些数据是几项业务都需要的、哪些信息只是某类业务所需的，制订详细的服务事项数据资源目录，避免重复采集信息增加行政成本，影响工作效率。确定数据的采集上传标准和范围、存储要求、查询条件、公开依据等，包括承载数据的文件命名规则、字符集、行分隔符、数据项分隔符和缺省值要求，并形成统一明确的规范严格执行，不让数据标准成为一纸空谈，失去价值。定期对数据标准进行维护和变更，不断完善数据标准体系，推动公共就业服务数字化建设。

3.完善信息共享机制，打破信息壁垒

（1）推动政府部门协同共治

信息资源管理是政府管理的重要组成部分。政府部门之间数据共享不畅，导致市场监管及社会治理存在短板、弱项和漏洞，影响政府治理能力及公共服务效率的提升。因此，要打破行政碎片化、堵住管理漏洞、提高服务水平，必须推动政务信息共享，强化业务联动，构建整体政府。实现政务信息共享，关键是通过制订政策和规章制度破除部门利益。以推行电子政务为抓手，建立横向到边、纵向到底的政务信息共享体系，形成覆盖全市、统筹利用、统一接入的数据共享交换平台，实现跨越层级、跨越部门、跨越地域以及跨越业务"全市一盘棋"的协同管理和协同服务。

（2）促进非政府部门信息共享

政府部门掌握着大量基础性、关键性的数据，这些数据是巨大的财富，是国家战略性资源。推进公共数据开放，加强公共数据资源的开发利用，促进大数据产业的发展，有利于提升公共治理水平，为社会创造更大的价值。与此同时，企业在发展过程中自身也积累了一些数据，政府部门可以利用这些数据开展就业市场的分析和监测，研判就业形势，为决策提供依据。如中国就业研究所自2009年起，尝试运用智联招聘网络大数据探讨和分析中国就业市场的景气程度变化，开发出中国就业市场景气指数（英文缩写CIER），能够灵敏反映中国就业市场变化冷暖程度，产生了较大的社会影响，引起国内外各界的高度关注。劳动就业服务局可加强与前程无忧、58同城等人力资源服务公司的合作对接，共享数据信息，实现双赢局面。一方面，可对数据进行整理分析，在采用脱敏技术处理保障国家安全、商业秘密和个人隐私的前提下，在现有官方网站上开通公共就业数据资源开放专栏，方便企业和个人查询、下载公共就业数据资源。企业和个人可以根据市场供求状况信息来调整招聘要求及求职意向，提高供需双方匹配程度，更好地促进就业。另一方面，企业数据的获得可以充实政府部门就业数据，方便就业部门更加全面深入地了解就业市场状况，提高决策科学性和精确性。

4. 优化数据治理，提升治理水平

（1）加强数据比对分析

采用数据采集、分析前沿技术，对内部、外部、横向和纵向等多方数据进行挖掘和清洗，通过互相多次校验检验就业数据的准确性、及时性以及完整度，让更多的数据"能用、易用、好用"。将大数据与管理学、经济学、统计学等学科专业知识相结合，搭建科学、合理、有效的分析模型，深入探寻蕴含在数据内部的规律，辅助就业服务部门掌握市场供求状况，进而做出明智的决策。例如，在互联网、云计算等网络信息技术迅速发展的背景下，生鲜电商、直播带货、在线教育、远程办公等新技术催生的新就业形态正在蓬勃发展、不断壮大，一方面提供了大量就业岗位、保障了人们正常生活；另一方面也给传统的雇佣关系带来了挑战。劳动就业服务局可在智慧就业平台增加新就业形态模块，对新就业形态下的用工模式进行监测、研究，通过比对、分析新就业形态数据，了解掌握新就业形态用工的特点、发展的趋势以及呈现的规律，为加强管理、保障新就业形态从业人员基本权益提供决策支撑，推动新就业形态蓬勃发展。

（2）强化数据质量考核

大数据时代，人们关注的焦点是如何发挥数据的价值，却鲜有人关注数据质量这个最根本的问题。实际上，大数据处理的关键是解决数据质量问题。只有规避数据错误、保障数据质量，才能真正让各数据使用方从大数据应用中获益。因此，要依托考核途径提升数据质量。将数据质量考核列入职工年度考核指标，进一步制订完善岗位责任清单以及考评办法，对涉及就业数据质量的工作岗位、工作目标和责任进行明确和规范，进一步量化任务，细化考核指标，建立一套客观、科学的数据质量考核体系，督促各基层部门全面核查数据，严把质量关，确保数据在采集、录入过程中真实、准确、有效。加强对数据使用各环节的监督，加大奖惩力度，强化激励数据质量考核，及时处理、维护、更新各类数据，为后续数据分析应用奠定坚实基础。

5. 注重人才培养，提高干部数据领导力

（1）完善大数据人才培养机制

注重人才队伍建设，完善大数据人才培养机制，创新人才管理体系，制订科学完善的培养跟踪计划，锻造一支素质高，能力强、技术精的大数据专业人才队伍。首先，要加强对大数据岗位细分和专业化的重视程度，为人才成长提供一个良好的环境。对现有人员逐一进行分析，善于发现干部自身专业优势，整合全局人力资源，研究确定加强大数据在就业工作中的应用需要哪些岗位、应承担什么职责、有什么样的任职条件、专业知识要求是怎样等，科学设置岗位编制，促进人岗相适、人尽其才。其次，根据干部职工实际情况，面对大数据知识和技能缺失的现实，建立层次多元化、模式多样化的人才培养体系。加强干部职工大数据知识技能培训，将大数据知识纳入局长办公会及"三会一课"学习内容。开展大数据专题培训，探索多元化培训方式，可通过政府购买服务方式向专业培训机构购买大数据方面的干部培训服务，或者邀请大数据方面的专家到单位授课，不断提高干部职工对大数据发展规律的把握能力，增强干部职工利用数据推进各项工作的本领，在就业系统内建成一支能适应当前大数据建设、精于技术应用的既有素质又足够专业的复合型人才队伍，使大数据在各项工作中发挥更大的作用。

（2）加强人才引进交流

首先，劳动就业服务局可积极争取编办部门支持，在编制限额内扩大公务员遴选、招录名额和范围，进行人员补充。在遴选、招录专业设置过程中，加大向计算机、网络工程、统计学等专业的倾斜力度，补充具有大数据专业知识的人才，弥补因缺乏专业人员造成的工作缺项。其次，加强与各大高校、科研院所以及企业的联动，选派业务骨干观摩学习，加强业务交流，及时了解大数据领域最新技术和未来发展趋势，更新工作人员知识储备，避免因长期从事常规工作接触不到外界最新理论知识和科技成果而导致知识储备不足、视野狭窄、思维僵化等问题。对于那些难以在短时间内培养的大数据专家和人才，要加强沟通，通过直接引进、特聘专家或技术服务外包等方式，提升大数据应用能力。最后，拓宽优质人力资源引入途径和渠道，通过劳务派遣、公益性岗位等引入优质人才，助力就业服务信息化、智慧化。

6. 加强监督管理，提升安全保障

（1）采用信息化手段提高监督水平

对于就业补助资金和失业保险基金的安全，怎么强调其重要性都不过分。劳动就业服务局还没实现信息化监管，可以智慧就业平台建设为契机，探索建立智能监

管平台，完成就业后继续领取失业保险金、重复领取失业保险金、违规领取就业补贴监控等场景建设，对采取欺诈、伪造材料等非法手段骗领、套取就业补助资金、失业保险基金，损害群众切身利益的现象进行精准监管，有效解决多领、冒领、截留套取资（基）金等问题。同时不断提高信息化建设水平，充分发挥大数据在监管方面的作用。要开发系统批量数据比对功能，同时嵌入预警功能，通过各险种、各部门、各层级之间的数据比对，在每月发放失业保险金时，系统自动对失业保险基金疑点数据进行预警，变事后监管为事前监督，实现资（基）金监管智能化。此外，还可探索建立骗取就业补助资金、失业保险基金行为预测系统，通过收集历年来骗取就业补助资金、失业保险基金违法案件数据，利用大数据及时进行智能建模分析，预测未来某段时间某个区域可能发生违法案件的概率，为打击欺诈骗保、违规领取就业补贴提供前瞻性指导。

（2）加强数据安全与隐私保护

大数据时代，数据在给人类生产、生活等各方面带来巨大便利的同时，也诱发了很多问题，个人信息收集乱象丛生，不法分子利用信息系统漏洞和黑客技术盗取个人信息，造成个人信息泄露严重，数据安全问题成为影响数据价值释放的"拦路虎"。因此，劳动就业服务局在大数据运用过程中，首先要提高风险防范意识，加大技术投入，完善平台建设过程中的安全措施，建立统一的数据标准及安全评估体系，采用先进的技术和管理方法，加强对个人隐私的保护。其次，注重数据的存储，建立电子档案，对数据实施分级保护，明确数据的使用权限，对数据进行分类标识并设置保护等级，对保密的数据不予公开或是采用脱敏技术进行处理后公开，在信息传输、应用以及存储全过程中确保信息安全。另外，要提高信息系统的安全防护等级，加强系统登录认证管理，采用人脸认证方式、指纹认证方式等多种认证方法替代传统的密码输入认证，最大限度地保障数据安全。最后，对大数据服务提供商和大数据平台的可靠性和安全性进行进一步评估，实现对计算机的实时监控，避免出现数据丢失、损坏或泄露等问题。

第三节 城市人才服务优化

一、城市公共服务的内容结构

舒适性、公共服务已成为城市发展及影响城市人才吸引力的重要因素。现有研究表明，城市舒适性包含自然环境、人工环境及社会氛围三个方面。其中，城市的自然环境难以改变，社会氛围的调控难度也较大，而城市人工环境舒适性却具有较大的发展空间，根据其所涵盖的内容，城市公共服务也应包含在内，并凸显出政府"服务型"这一核心属性。

（一）生态环保服务

自然生态环境是人们生存的基础环境，对地区的可持续发展起着重要的作用。然而，近年来随着城市化进程的加快，极端异常天气多发、雾霾等城市环境问题日益凸显。而城市的生态环境会影响到人们生活通勤及身心健康，不仅中老年人对环境的要求越来越高，高校毕业生也重视城市的空气优良程度、绿化建设等指标。同时，城市的生态环境与环保服务的好坏程度通常是显而易见的，因此地区的生态环境状况对居民的生活质量会产生最直接的影响，也会影响到人才的迁移决策。

（二）市政设施服务

该类服务是指居民居住、生活及出行的基础设施。其中的交通设施与邮政通信设施是城市运转的命脉。一方面，合理的交通规划与充足的交通工具可以为居民打造出安全便捷的生活和出行环境，不仅能够提升其工作效率，还能满足其丰富多样的生活需求；另一方面，随着信息化时代的到来，人们足不出户就可以完成购物，网购已成为年轻人的必需品，那么这一过程的实现不仅仅对城市的网络覆盖提出了更高的要求，同时对邮政业务也产生出更多的需求。因此，基础设施服务是能够满足人才日常工作生活的重要一环。

（三）公共教育服务

公共教育服务是影响人才及其子女发展的重要因素。首先教育会影响个人素质，受教育程度、素质较高的人群通常能够借助有效的资源实现自身的发展，同时用工单位也更愿意给这一类人群提供就业岗位，其原因在于他们的学习能力以及适应能力较好，能够将人力资本禀赋迅速转化为生产力，因此人们越来越重视受教育的机会；其次，虽然教育部门规定在满足条件的前提下，当地的公办学校须平等地接收流动人口的子女入学，但是大多数地区的流动人口子女入学手续过于严苛，致使入学门槛长期居高不下。若通过借读等其他方式入学，无疑会增加其迁移成本。因此，公共教育服务也是影响人才迁移意愿的重要因素。

（四）人文休闲服务

人文休闲服务主要体现在观光景点、公园等以及娱乐设施等方面。随着经济的转型升级，城市的消费和休闲功能越来越受到重视，尤其是青年知识型人才的休闲娱乐需求日益旺盛，因此他们更愿意在文化舒适性和娱乐消费设施更丰富的地方工作、生活。从事高强度脑力劳动的人才通常拥有较高的收入水平，这使他们有更多的选择权利和休闲的资本，但同时，他们也面临较大的工作压力。正因为如此，该类群体需借助城市的人文环境、休闲娱乐设施来纾解工作的压力，在工作之余放松身心，并提高生活品质。

（五）医疗养老服务

该类服务指的是城市的医疗卫生条件及养老服务设施，是保障居民健康的重要设施。健康的身心是人才生存的根本，健康状况较差则难以正常参与到日常的生活和工作中。因此，要保证人才能够高效率地参与到工作和生活中，城市的医疗卫生条件是关键。同时，虽然青年人才大多处于较好健康水平，但其随迁的子女及父母等对医疗服务水平仍有较高的要求，其中由于青年人才处于事业起步及发展阶段，工作投入时间较长，导致其对随迁父母的照顾与陪伴的时间减少，因此，提升医疗卫生和养老服务水平对人才的迁移决策有着重要影响。

（六）社会保障服务

一方面，人才发生迁移的一个重要原因是迁入地工作机会较多，工作收入较高，可以增加经济来源。就业服务是保障居民平等获取就业机会的重要举措，该服务包含就业信息的发布和推送、职业技能培训等方面。使人才获取到更多可供选择的工作机会，有助于提升其待遇水平，进而增强其城市适应能力，有益于他们实现永久迁移。另一方面，我国的基本社会保障主要包括医疗保险、养老保险、失业保险等内容，这些服务内容为公民提供了生存的"保护网"。城市社会保障服务能力使人才不仅仅能够提升其生活水平，还能提高其抗风险能力。因此，社会保障服务水平对人才迁移决策起着不容忽视的作用。

二、国内外城市人才服务经验

近年来，各地城市结合城市区位特点、产业特点、发展目标等，有针对性地瞄准目标人才群体制订人才政策、优化人才服务，形成了各有特色的人才服务好经验、好做法。

（一）我国城市人才服务经验

1. 郑州人才驿站

郑州市聚焦解决青年人才来郑"第一步"问题，围绕青年人才安居需求，规划筹建布局合理、环境优美、功能完善的人才驿站，为外地来郑创新创业、求职就业的青年人才提供累计7天的免费住宿，其服务对象为郑州市以外高校来郑创新创业的本科（预备技师、技师）及以上学历人员（毕业前1年至毕业后2年期间），且在郑州市主城区无固定住所。为人才提供"郑好办"APP"青年人才驿站申请一件事"专区快捷办理。截至2023年5月，郑州市16个开发区、县（市、区）辖区内均已运营青年人才驿站，可提供床位3 455个。

2. 杭州"人才码""杭帮彩"

2020年，杭州市在全国首创"人才码"，集成政务、生活、双创等八大类142项服务，统筹30家市直单位、76家企事业单位、163个众创平台和49家金融机构，覆盖人才引进落户、就业创业、补贴申领等全过程。人才可通过"扫码"或"亮码"享受服务，实现"一码走遍杭州""一码畅享服务"。2022年，杭州人才服务实现从"人才码"到"杭帮彩"服务品牌的迭代升级，打造线上线下服务闭环机制，努力实现"人才有求必应，杭州帮你出彩"。"杭帮彩"人才服务机制是以人才码应用为核心，推出线上线下相结合的"一码六服务"人才服务工作体系，包括热线服务、云上服务、智能服务、窗口服务、结对服务和技术服务，在全市域3 427个党群服务中心、205个行政服务中心、人才市场等场所均设置了人才服务窗口，社区覆盖率达100%，真正做到"把优质服务送到人才家门口"。

3. 上海浦东国际人才港、国际人才驿站

2019年，上海建设首个人才公共服务综合体"浦东国际人才港"，集成外专、人社、出入境等部门的多项人才窗口业务，搭建公共服务、市场服务、创新创业服务和在线服务等功能平台，吸引了一批国际国内知名人力资源服务机构入驻，为人才创新创业提供活动交流空间和配套服务。2022年启用浦东国际人才驿站，为有意愿来浦东就业创业的高层次人才提供"一出飞机场，就到人才港"的区域人才服务环境。浦东国际人才驿站是浦东构筑科技人才队伍蓄水池、塑造浦东国际人才港服务子品牌的一项重要举措。驿站首期在张江科学城试点建设，通过为创业团队提供创业、住宿等免费物理空间，叠加政策咨询、职业对接、社群活动、体验之旅等融合性服务，打造重点产业国际人才"回国创业首站""职业发展首站",成为浦东吸引全球高层次创业团队和科技创新人才的窗口。

4. 南宁"智慧人才"服务平台

2019年,广西南宁通过整合全市人才工作职能、政策和资源,将分布在市、县(市、区、开发区)的组织、人社、科技、工信、教育等39个部门72个人才服务事项全面梳理、统一规划、流程再造,统一开发建设集政策匹配、待遇兑现、生活保障等多功能为一体的"智慧人才"服务平台。所有职能部门均通过平台办理职能范围内的人才服务事项,改变各部门分散服务的格局,实现服务标准统一、经办流程统一、反馈结果统一。开发建设南宁"有才测评站",将28项人才热门政策、52项重点待遇的兑现条件通过智能组合,设计出44种测评规则、32项测评结果,实现人才精准画像和政策速配。人才只需勾选符合自身条件的选项,一键便能准确测出所处的层次类别和匹配的政策待遇。测评结果可直通事项办理,有效解决信息不对称问题,推动"人找政策"变为"政策找人"。人才测评系统衔接"智慧人社"求职招聘服务平台,实现求职申请与岗位数据快速匹配,搭建企业觅才、人才择业的桥梁。

(二)国外城市公共服务设施建设经验

1. 打造蜂族公寓,吸引年轻精英

普布诺(Poble nou)地处巴塞罗那大都市区核心地带,之前一直是巴塞罗那乃至西班牙制造业的领先中心。但是,随着西班牙和欧洲产业经济的调整与转型,巴塞罗那制造业中心逐渐衰落。巴塞罗那城市委员会针对普布诺区提出了"22@计划",计划主要通过推进土地混合开发、保障地区弹性规划、延续城市文化肌理、功能改造提升区域品质、提升公共服务设施水平和建立良好服务提升产业集群等措施进行城市更新和经济复兴。其中,在提升公共服务设施水平方面,提出了建设补贴性人才公寓——蜂族公寓。蜂族公寓是促就普布诺区成为"西班牙硅谷"的重要因素,其主要是将废弃的厂房等进行改造,在原有4 614栋住房的基础上,新建4 000套适合年轻蜂族居住的补贴性小型公寓,并强制规定其中最低25%用于租赁。另外,"22@计划"还着力推动生产和居住功能混合使用,保障该地区白天商业繁荣,夜晚消费旺盛。以公寓为核心建设的普布诺区域改造取得了巨大成功,在改造后的8年间,区域新增就业人口超过5.6万(其中50%以上属于大学学历),新入驻公司约4 500家(其中47.3%属于初创企业,31%属于技术和知识型企业),平均每年入驻公司达545家。

2. 关爱儿童，建设家庭宜居城市

内珀维尔（Naperville）位于美国芝加哥西部，约有 14 万人口，距离芝加哥市区约 40 公里，面积 102 平方公里，区内交通便利、环境优美、人文丰富、居民安居，曾被美国 WalletHub 网站评选为十佳最适宜家庭居住的城市之一。在儿童安全方面，内珀维尔始终贯彻儿童安全友好政策，在全域内设专门的儿童警察保护儿童安全；设置全域化的自行车道和步行系统，为家庭和儿童活动提供安全的休闲空间；为每个街区和学校的儿童制订特定的步行安全路线等。在儿童教育方面，内珀维尔城市中分布着大量儿童特色见学设施，通过传统历史文化见学体验、招募儿童志愿者感受历史人文、建立专门的儿童博物馆和戏水乐园等寓教于乐的活动，使整个城市变成孩子们的快乐学园。内珀维尔凭借优美的自然环境和人文情怀，吸引了大量企业入驻，进而促进人才的安居和城市的发展。

3. 汇聚国际，展示多元魅力生活

韩国松岛新城（New Songdo City）位于韩国第二大港口城市仁川滨水区，距离首都首尔 65 公里左右，占地面积 607.5 公顷，是一座填海城市。它是东北亚通往世界的大门，未来将是东北亚地区自由贸易和国际商务中心，它将以国际城市形象和高端城市服务，增强国际竞争力，吸引全球知名企业和科技精英。松岛城市建设充分体现国际元素，展现全球城市缩影。在公共空间设计方面，广泛撷取全球各大城市的特色元素，建设包括巴黎香榭大道、纽约中央公园、威尼斯摩登运河、悉尼歌剧院等特色国际风景。在建筑风格方面，居住区错落有致，高矮不一，并引入国际化物业服务，为国际化精英人群营造舒适的生活环境和地道的国际氛围。在配套设施方面，建设完善的休闲消费环境，保证购物中心、商业街、咖啡馆、酒吧等场所一应俱全，为外国居民提供多彩的乐享生活。未来，韩国松岛新城将成为一座融合世界艺术、美食文化、多元节庆、国际品牌和民俗交融的国际化新城。

4. 聚焦文化，打造特色旅游城市

韩国坡州黑里（Heyri）艺术村位于首尔西北郊的京畿道坡州市，占地面积约 50 万平方米。黑里艺术村是首尔人的文化休闲地，是艺术工作者的修养集聚地，也是各国游客体验韩国创意文化的旅游必到地。该艺术村具备了博物馆、展览馆、音乐厅和书店等众多艺术功能为一体的特色建筑，以及各种各样的咖啡厅和餐厅。其中，以博物馆群为主体，开发具备餐饮、娱乐、休闲等多功能的复合型文化旅游项目；以艺术建筑为特色，构建多元艺术群落，实现艺术与休闲的有机统一。另外，根据该艺术村的发展特点，黑里村自发组织 10 个民间化和非政府化的民间委员会对各项

事务进行统一规划和统一管理，如建筑委员会、艺术委员会和规划委员会等。经过10多年的发展经营，黑里艺术村如今已成为韩国乃至世界独一无二的文化艺术天堂。

三、城市人才服务优化对策

我国各城市坚持党管人才总原则，积极组建以市委组织部门或人才工作部门牵头，人力资源、科技创新、工信、住建等多部门共同组成的人才工作领导小组，逐步建立党委统一领导下，各部门齐抓共管、密切配合的人才工作和服务体系。各城市人才服务体系不断完善，人才发展环境持续向好。但对照新时代人才工作新理念新战略新举措，面对复杂的国际国内人才竞争形势，各个城市人才服务方面还存在城市地标性服务平台缺失或影响力偏弱、人才服务事项集成程度不高、国际（境外）人才吸引力不够等问题，尚未建成城市特色鲜明又具有国内国际比较优势的人才服务体制机制，还无法适应复杂严峻的人才竞争形势和城市高质量发展的需要。

（一）着力提升城市公共服务舒适性水平

具有舒适性的城市公共服务对人才迁移意愿具有显著影响，所以提升城市公共服务的舒适性水平是增强其人才吸引力的有效途径。但当前各城市均存在公共投入短缺所导致的服务总量供应不足、分配不均衡等问题。而我国地区经济发展水平不平衡，导致人才主要流向一些东部发达城市，造成部分省市人才短缺。因此，政府应注重提升城市公共服务舒适性水平。具体可以从以下几方面入手。

1. 提升城市公共服务舒适性水平，要调节好供需平衡

首先应建设城市公共服务发展战略，使城市公共服务的供给与本地人口规模、人口结构相挂钩。让供给适应需求，而不是通过限制人才流进减少需求。由于我国地区发展差异较大，政府需要依据地方实际情况合理配置公共服务资源，提高资源的利用效率。同时，要依靠特色产业形成新的经济增长点，提升城市的公共服务供给能力，增强人才的吸引力。

2. 提升城市公共服务舒适性水平，要注重供给的有效性

由于各类公共服务对人才迁移意愿的影响各有不同，城市应基于自身发展规划，制订具体的公共服务建设计划。有效发挥城市公共服务对人才迁移意愿的正向作用，并有所差异和侧重。如新一线城市应优先建设对人才迁移意愿影响较大的人文休闲服务、市政设施服务、生态环保服务等，二线及以下城市应着力提升其市政及社会保障服务。同时各城市需考虑到人才家庭随迁问题，需满足其对教育、医疗等一系列公共服务的供给水平要求。

3. 提升城市公共服务舒适性水平，要完善供给机制

使政府和市场有效地结合，增加服务供给主体。政府方面应加大财政投入到规模和增加服务设施数量。同时要鼓励并拉动各类民间资本投入城市公共服务领域。在此基础上，建立起包含政府、企业和个人等多个主体共同参与的运行机制。结合各个不同区域的实际情况，采用多主体的组合供给方式，使城市公共服务供给、人才的引进得到可持续发展。

（二）建设更高能级的服务平台

以打造面向国内、国际展示城市人才生态的窗口为目标，在现有服务资源中，选择体量较大、服务资源相对集中、位置优势明显的平台进行改造升级，建设包含更多政务服务事项和更多社会化服务资源的高能级综合服务平台。一方面，要强化政务服务统筹，加强部门联动和入驻，将落户、安居、补贴、项目申报、签证、出入境便利、税务等人才高频办理的服务事项整合到一个服务平台。另一方面，要积极引入市场化的优秀专业机构，提供包括人力资源、投融资、科研平台、成果转化、知识产权保护、法律和税务咨询等服务。强化高精尖缺人才服务保障，分层次分类制订人才专属服务清单，组织高精尖缺人才专业服务团队，提供"一对一"服务。同时，注重服务触角延伸，在城市科技创新企业、高校、科研机构等科技创新资源、高精尖缺人才集聚的区域设置服务站点，推动实现重点区域"楼上办公、楼下办事"的服务生态。各城市要统筹服务平台资源，以城市市级服务平台为枢纽，充分发挥引领和带动作用，协同打造市区联动、部门协同和站点协作"一个平台、多点支撑"的一体化、一站式人才公共服务网络体系。强化宣传和引导，突出示范作用和磁吸作用，不断提高服务平台的内涵和影响力，打造城市核心地标、面向全球引才的门户标杆，成为国内、国际高端人才选择本市创业、就业和生活的标志性平台和第一选择。

（三）完善人才引进政策

1. 加大城市本地政策力度

以 2013 年为起点，北上广深等一线城市房价开启了井喷模式，导致很多人才被迫放弃一线城市，转而希望到二线省会城市发展。虽然全国房价都呈现持续上涨的模式，但是二线城市相对压力较小，更加宜居。但是，各地政策制订以后，往往是在执行环节上的差距，导致了人才引进成效的明显差距。尤其是政策执行的人文关怀方面，一个有归属感的城市，才能吸引更多人才安家落户。还有对于企业对政

策的态度和支持程度，一定程度上对人才引进的效果有不同的影响。

（1）秉持政府先行的人才吸引战略

不断拓展和提升政府主导的人才引进战略，将人才引进作为一个整体工程推进。

首先，整体性工程需要从可研、设计到定稿、施工、竣工各个阶段密切配合，相互提高。这就需要不同部门对于各自负责的重点进行研究和提升，在协同配合的基础之上开展工作，力争拧成一股绳，聚力前行，为城市人才引进战略做出更多贡献，取得更多成果。

其次，政府要"因地制宜"，根据自己的地域特点、城市总体定位，去确立自己的发展重点。根据自己的特点，创新性地制订相关政策，这样才能在与其他城市争夺人才的时候有更加清晰的定位、更加明确的目标和更加有针对性的战略。

最后，政策不光要制订，而且要一直执行下去，不能朝令夕改。最主要的还是要有清晰的定位和战略目光，同时当政者还要有宽广的胸怀，制订长远的政策、持续收益的政策，而不是短视的战术。与其同样重要的还有长效监督机制，进行政策监督、人员监督，进而实现全民监督。

（2）完善财政资金支持

吸引人才政策先行，但是最重要的还是财力保障。目前很多城市都已经花了海量的经费做人才引进工作，但随着竞争的日益激烈，需要的资金也越来越多。人才引进最基本的是人才的奖励，体现在住房补贴、租房补贴和生活补助等各个方面，需要给各级人才尽量好的保证，让其在工作地安居乐业，才能更好地留住人才。有些人才是政府花高价引进的拥有科技、专利、软件著作权等成果的新型科技人才。给这样的人才进行补贴，需要同时根据人才成果的价值和前景进行补贴，可以是科研经费、人才奖励、住房奖励等。还需要同本城市的产业定位密切挂钩，需同城市战略息息相关，这样才能更好地吸引人才、留住人才，让人才更加发光发热。同时，应倡导银行等金融机构在详细评估人才科研成果后，进行低息贷款，可一定程度上帮助政府缓解资金压力，也帮助人才和成果有更好的渠道，募集到更多的资金来发展。此外，建议每个城市制订创新的人才引进新战略，在不断学习其他先进城市经验的同时，探索适合自己发展的道路，钱花在刀刃上，会有更具性价比的效果。

（3）提升人才薪酬和收入体系

对于我国现行的收入分配制度，相当大的情况下是体现收入公平，这在一定程度上打击了人才的工作积极性和创新的动力。最关键的问题是公平和再分配相对公平的大条件下，如何能够保证人才的薪酬更具有竞争力，并且更能够体现其创造的生产力和产生的收益。只有尽量地体现按劳分配为主体，才能使团队更具有凝聚力，才能获得更多的收益。根据调查和调研结果，很多人反映城市之间对于同一个岗位的重视程度不一样，其平均薪酬待遇差别巨大，这个跟城市发展水平有关，但最关键的还是城市定位不同。有的城市定位制造业，那他们的主要的岗位需求不仅仅包括科研岗位，也包括了很多的尖端的技术型人才，自然高级技工等岗位薪酬就非常高。对于很多的央企和国企而言，工资总额受限，使得他们不能有更具有吸引力的薪资吸引高科技人才，导致人员流失或者创新动力不足。还有他们的分配制度比较保守，不能具有薪酬差距过大的岗位。这些问题都严重制约了人才引进和人才培养。建议通过更加灵活的手段，比如增加人才补贴、给予更多科研经费、将补贴等费用不算在工资总额中等手段，帮助人才引进。定编定员时，不再拘泥于正式岗位非要通过校园招聘，社会招聘同样可以获得更优秀的人才。并且突出的优秀人才岗位不应该限制数量。对于政府而言，帮助大力引进人才的企业降低税收，给予更多的政策优惠，比如土地、房租等，也是一种变相的、因地制宜的优秀人才引进战略。

（4）改善社保制度

社保制度和全社会的福利保障体系，是需要政府为主导部门，整体协调推进的事业。需要很多不同部门，例如财政局、社保办、社区、街道和教育等部门协同配合，才能逐渐形成一个比较合适的保障制度。

首先，用人单位需要保证足额全额缴纳人才的基本社保费用，有能力的单位可以自行缴纳企业年金和补充医疗保险等让人才能够解决后顾之忧的保险。对于给员工提供这些保险的企业，政府应当出台相关的退税和免税的政策，鼓励企业协助政府给人才提高社保保障。

其次是社区福利方面，应当与街道、物业等联合，为人才提供更好的社区管理服务，例如居家卫生打扫、家庭保健服务、居家养老服务等，解决家庭的后顾之忧，能够让人才有更多的精力为企业和城市做出更大的贡献。

2. 提升人才引进政策的执行效能

（1）优化人才引进宣传机制

其一，要充分利用各种媒体，比如电视、微博、微信、抖音等传统和新媒体网络平台，对人才引进政策进行全面的宣传。利用小红书、抖音、快手等年轻人常用的互联网媒体，以短视频和直播的形式，吸引更多的年轻人才，提升当地网络"人气"。

其二，加强与急需用人的单位的联系，利用春招、秋招等招聘重点时段，举办宣讲会和招聘专场活动，增强招聘工作的实效性。

其三，可以抓住优秀人才返乡过年的好机会，通过各部门联合举办座谈会，对回乡过年的优秀人才进行宣传推介，以促进其能够在家乡创业。

其四，运用"依才引才"这一重要手段，要善于发挥人才的带动作用，通过人才向学校、课题组的同学和朋友宣传城市发展的新趋势，用对家乡的感情和对校友的感情去吸引和聚集人才，引导和强化人才协同分享的方式。

（2）健全人才引进跟踪管理机制

其一，各有关部门应制订一套科学、合理的人才引进跟踪制度，避免只注重引进人数而忽略了人才的质量，避免"只招不管"的现象。

其二，要建立动态的追踪和管理制度，不断完善对人才引进之后的培养机制，采取"建档立卡"的方式，对引进的人才信息进行注册，并对其进行分级分类管理。

其三，根据技术和知识的优势，对其进行科学的分工，以便充分发挥其职能；同时，要做好后续的培养工作，例如组织一些有关人才之间的交流会，让人才有机会接触到更多的行业知识和新的技术，以此来提升自己的技能，为城市建设作出自己的贡献。在基础型的人才方面，还需要根据所处的产业特征，为其设计适合自身发展的道路，可以将其安排到与研究产业链紧密相连的企业中去接受培训，其目标是为产业链发展和提升人才潜能提供服务。

其四，在此基础上，当地政府应提供政策咨询，以提高其专业水平，降低自身风险。

因此，在人才引进之后，必须强化对其的追踪与管理，并与社会保障制度相结合，实施动态管理，保证每一位新人都能迅速成长。

（3）建立政策监管与反馈机制

引进人才是基础，留住人才才是关键。要想真正留住人才，就要做到想人才之所想，从人才需求出发，真正做到人才政策为人才而做，建立政策监管与反馈机制。对于政策的制订，应从多个角度去理解各方面的要求，并在有关部门的监督下予以公布。同时，开展实施效果评价工作，通过专家评审和社会调查，制订出实施方案。以政策实施为重点，建立和开放高效的回馈机制，让目标人群能够更积极地参加到实施工作中来，并对实施工作进行监督，对执行部门遇到的问题进行及时的反馈。同时，执行部门还能够听到各方面的建议，并及时纠正错误，从而加强民众对政策的参与程度，并加强对政策实施的每一个环节的监督。

3. 优化人才服务保障环境

首先，改善有关的工资和福利待遇。优厚的工资待遇通常是最大的吸引力，而不同区域间的工资待遇差异则是造成人才流动的重要原因。在资源枯竭型城市，其首要任务是给予具有充分竞争力的人才工资待遇。在资源枯竭区域，其工资水平难以与经济发展较好的区域相比，在工资和福利待遇上表现出了劣势。为了保留已有的优秀人才，吸引更多的优秀人才，提高工资和福利水平是必需的。可以以本区域的具体情况为基础，以同行业、同区域的薪酬水平为依据，采用包括"基本工资＋绩效工资＋奖金＋人才补贴"在内的薪酬体系。在符合人才工资标准的基础上，给予人才引进奖励、贷款贴息、所得税优惠等方面的扶持，持续改进实施细则，最大限度地引才、用才。建立和完善人才服务的多元化和精准化制度，提升人才窗口的服务水平以及完善微信公众号的服务平台，利用物联网＋大数据等为人才的引入提供便捷、多元、"一站式"的服务，为人才引入提供强有力的物质基础。

其次，加强对人才的子女教育、住房、医保等保障体系建设。尽力将引进人才家属的就业、子女教育等方面的问题都处理好，让人才再无后顾之忧。有针对性地在学前教育、九年义务教育及职业教育阶段，以人才的个人意愿为依据，在整个城市中，将高层次稀缺型人才的子女进行统筹安排。推动教学基础设施提档升级，加强与知名教育集团合作办学，为子女教育提供更多更好的选择，对不同年龄的优秀人才子女，给予特殊的教育。"无恒产者无恒心"，要将引进人才的住房问题放在第一位，鼓励政府在引进人才相对集中的区域，统一建造一批与人才的生活需要相适应的人才公寓或者周转房，并鼓励企业租赁商品住房，供高层次人才居住。或者对高水平的人才给予住房补贴、降低贷款利率等优惠政策。健全社保体系，确保人才的基本社保是全额、足额支付，有条件的单位可以自行缴纳企业年金、补充医疗保险等，为人才解决后顾之忧。针对为其员工购买了上述保险的企业，应该制订相应的退税、减税的政策，并支持企业协助政府提升社会安全保障。建立高级人才的健康记录体系，为高级人才提供个体化诊疗服务，并享有医学福利，例如实施年度体检。

最后，全面合理规划城市基础设施建设，全力打造成宜居、宜业、宜家的幸福之城，从而提高对人才的吸引力，强化地区内部人才的合理流动，同时健全各项保障措施，扎实推进城市公交路网的建设，强化供水、供热和电力供应、天然气供应和其他一些基本的设备，最大限度地保障人们的生活需求。只有切实地解决和保证了外来人才的日常生活需要，才能充分地发挥外来人才的潜力，推动城市的发展。对城市中的消费新业态进行培养，对夜间经济的文化品牌进行培育，为优秀的青年人才提供文化娱乐的生活载体。

（四）改善城市公共服务设施建设

城市公共服务设施是城市社会性服务业的依托载体，是呈点状分布于城市地域空间并服务于社会大众的教育、医疗、文化、体育和商业等城市社会性基础设施。完善的公共服务设施对于建设现代化城市至关重要，是健全城市公共服务体系和发展社会公益事业的关键因素。近年来，随着城市化发展进程的加快，各大城市纷纷出台人才引进政策，优化城市人才队伍结构。人口的大量增加在为城市发展带来机遇的同时，也对城市公共服务设施的完善提出要求。人才是城市发展的驱动力，公共服务设施是城市发展的基础保障，只有建设完善的城市公共服务设施，才能给人才提供宜居宜业的生活环境，推动城市化发展进程。人才战略已上升为国家顶层战略，它是实现民族振兴和促进国际竞争的战略资源。

首先，商业服务设施是人才引进的动力之源。商业服务设施主要包括购物中心、百货商场、超级市场、菜市场、邮政电信、服装加工、家电修理等公共设施。完善的商业服务设施是社会经济现代化的重要标志，是拉动经济增长的有效途径，也是人才引进的基础性生活保障。

其次，文化服务设施是人才引进的精神之魂。文化服务设施主要包括博物馆等博览文化类设施、图书馆等社会文化类设施、艺术中心等艺术文化类设施、图书城等文化市场类设施、游乐场等文化产业类设施、名人故居等历史文化类设施、出版社等新闻出版类设施和广播电视中心等广播电视类设施八大类。完善的文化服务设施是城市形态的重要因素，是人们进行文化活动的重要载体，也是人才引进的精神源泉。

再次，教育服务设施是人才引进的成长之门。教育服务设施主要包括教育工作所需要的空间和环境，以及与教育相关的教学设备、教育基建和教育设施等。完善的教育服务设施是培养人才的关键因素，更是高端人才对于未来子女教育和安家立业的重要考量指标。

最后，绿地服务设施是人才引进的生命之光。绿地服务设施主要包括公园绿地、街头绿地、滨水绿地、防护绿地等。完善绿地服务设施，建设生态良好的宜居环境，对于吸引优质企业的入驻和人才的创新创业意义重大。

1. 营造高品质生活环境

我国目前人才构成逐渐趋向年轻化，尤其是城市发展所需要的科研院所、高等院校、企业、医疗卫生机构和县域基层单位的各类科技工作者，年轻化趋势更为明显。《第三次全国科技工作者状况调查报告》显示，2013 年我国科技工作者平均年龄 36.8 岁，其中 35 岁以下占比 45.7%（较 2008 年增加 7.6%）。对于青年人才，各个城市应该关注人才需求，为其营造高品质的生活环境。

第一，为青年人才建设外观酷炫、交通便利、功能复合、空间多变、配套完善、社区友好的居住环境，充分满足青年置业者的生活需求。

第二，关注儿童成长，建设儿童配套设施，通过"培养小精英""小手拉大手"等儿童友好政策，吸引科技精英家庭，增强精英的城市认同感。

第三，打破地域界限，为国际人群打造多样化的信仰服务和宗教空间，引进地道国际美食以满足不同国际人群的饮食习惯，使用多国语言指示系统方便国际人群生活。

2. 引进高技术产业

高技术产业是指用当代尖端技术生产高技术产品的产业群，主要包括航空航天技术、生物技术、信息技术、纳米技术、人工智能、国防科技等。它是展现国家和地区科技实力的重要标志，是支撑我国社会持续发展的先导产业，是推动经济高质量增长的重要动力。高技术产业的入驻，对于地区人才的引进战略意义重大。

第一，当地政府应该致力于完善孵化器的建设，改善高技术产业基地运行机制，并为企业入驻提供一定的优惠政策。

第二，加大高校、科研院所和企业之间的合作，建设工程技术研究中心、信息检索中心等技术资源，为高技术产业发展创造有利的技术创新环境。

第三，完善创业投资机制，加大对产业基金的投资力度，支持青年人才创新创业，并提高传统企业的科技创新能力。

3. 发展文化旅游提升城市魅力

生态文明建设已上升到国家战略层面，习近平总书记在党的十九大报告中指出，人与自然是生命共同体，人类必须尊重自然、顺应自然、保护自然。一个地区要想吸引人才，必须建设生态文明城市和文化旅游城市，通过构建宜游公共服务带，放大城市特色，提升城市魅力。

第一，建设宜游城市的人文历史红线。将历史建筑、古典园林、名人故居、坛庙祠堂、民俗风情等人文节点进行空间串联，恢复文化肌理，深入挖掘与传承历史遗迹，提升城市文化底蕴。

第二，建设宜居城市的亲水生活蓝线。结合当地地貌和现有水系，进行脉络梳理和流域修复，利用现有水资源打造魅力河岸，并建设滨水运动系统吸引精英家庭聚集。

第三，建设宜养城市的优质生态绿线。扩大城市绿地面积，增加城市美学风貌，提高城市自然生态质量。

4. 借助科技手段打造智慧城市

随着时代的发展和科技的进步，智慧生活越来越受到人们的欢迎，借助科技手段切实来提高城市管理、建设智慧城市，对于人才的吸引意义重大。

在交通出行方面，通过智慧交通打造城市出行一体化模式，通过移动手机等设备为出行者提供实时路况、交通查询、交通管制、道路施工、突发事件、停车引导、交通天气等一系列便捷出行信息服务。

在安防生活方面，利用物联网等技术普及智慧安防，使安防范围覆盖学校社区、楼宇建筑、银行邮局、机动车辆、公共交通等，为居民提供全方位的立体防护系统。

在旅游体验方面，通过移动客户端为旅行者提供交通预订、旅游攻略、游记分享、电子地图、导航定位、语音解说等系列服务，提升旅游体验，增强城市活力。

第四章 人力资源战略优化

优秀的人才需要适合的环境和机会才能发挥作用，而人力资源战略规划是确保企业拥有优秀人才和发挥作用的重要途径。企业需要通过科学的人力资源规划来吸引、培养和留住具有高素质、高能力、高忠诚度且适合新商业模式的人才，以推动企业的高质量发展。

通过人力资源战略规划，企业可以对组织结构进行优化调整，并将人员合理分配到各个岗位。同时，根据员工的能力和潜力制订培训和晋升计划，提升整体的工作效率和绩效水平，推动企业实现高质量发展。

人力资源战略规划是企业实现可持续发展的关键。在企业不断发展的过程中，科学合理地规划人力资源是实现企业高质量发展的重要途径之一。人力资源规划不仅要关注现阶段的人才需求，还要考虑未来的人才供给和发展趋势，以增强企业的适应能力和竞争力。同时，人力资源规划需要与企业文化建设相结合，形成企业的特色和价值观，以吸引更多志同道合的人才加入企业。

企业的高质量发展需要一个积极向上、有活力的企业文化作为支撑。通过制订人力资源战略规划，可以明确企业的价值观和行为准则，并利用人力资源管理的手段来营造积极向上的企业文化氛围。例如企业通过制订奖励机制、培训计划等方式，能够鼓励员工发挥个人潜力，增强员工的归属感和忠诚度，形成良好的企业文化氛围，从而更好地实现企业的高质量发展。

第一节 人力资源战略概述

一、常见的人力资源战略类型

人力资源战略是根据组织内外部环境确定组织目标，为了确保组织顺利实现战略目标而有计划实施的一系列人力资源管理活动。人力资源战略主要有以下三种类型。

（一）累积型人力资源战略

采取累积型人力资源管理战略的企业应该从长远角度出发，依据实际情况，强调对人才的培训与其潜能的挖掘。这类企业大都采取终身制的用人制度，能够比较公正平等地对待每一位员工。但是相较于其他人力资源战略而言，在采取累积型人力资源管理战略下，员工的职位晋升比例较低，晋升速度相对缓慢，员工薪酬更多取决于员工的工作年限和职位层级。

（二）效用型人力资源战略

效用型人力资源战略是企业从短期发展考虑，最大化激励和利用人力资源的战略。该战略下，企业能为员工提供的培训和晋升机会比较少，人员的岗位也可能会随时根据具体情况而发生改变。尽管我国企业大多实行的是非终身制劳务型的聘任和招募制度，但是员工仍然拥有较多的岗位晋升和聘任机会，薪酬也会更多地取决于员工对组织的贡献程度。

（三）协助型人力资源战略

协助型人力资源战略是介于累积型人力资源战略与效用型人力资源战略之间的一种综合性人力资源战略。其对员工的综合素质有较高的要求，不仅需要他们具备较高的知识和技术水平，还要求他们具备较强的团队协作能力，且每位员工都应该主动参与企业培训。

二、人力资源战略的特征

（一）重要性

人力资源战略对组织具有重要意义。人力资源战略是组织管理人力资源的根本，是提升组织竞争优势的重要途径，更是组织经营成败的根本。

（二）战略性

人力资源战略注重将组织的人力资源管理活动和组织的战略规划进行整合，是一种多元性、持续性、动态的连接，人力资源管理活动已经不再是之前执行者的角色，而是战略规划过程中的参与者、倡导者。

（三）系统性

人力资源战略强调各个人力资源实践项目的内部匹配及协作，把各个实践项目整合为一个人力资源管理系统，并认为该系统在一定程度上影响组织绩效。

（四）目标性

人力资源战略具有明确的目标，通过部署及管理各项人力资源活动，以此来提升组织的核心竞争力，实现组织的战略目标。

三、人力资源战略的形成方法

（一）理性规划法

理性规划法强调，人力资源战略是经过组织正式和理性的决策过程之后形成的。其核心观点是，人力资源战略是在深入分析企业宏观、中观各种影响因素后，由企业领导者根据企业发展战略，制订人力资源战略目标、核心内容及具体方案，以帮助组织实现自身战略目标的过程。并且，人力资源战略要更仔细地考虑弹性管理、员工发展、福利待遇和企业文化等问题，而不再只是简单地预测企业的人力资源需求。

（二）循序渐进法

循序渐进法认为，战略形成体现了组织的政策，是一个非正式性的过程。在此观点下，不同的学者也持不同的观点，由此产生了两种战略形成方法。

1. 相互作用法

该方法认为人力资源战略的形成受到组织战略的影响，影响程度取决于组织导向、领导者的能力及成功实施组织战略的关键性资源的性质。

2. 决定法

这种方法认为，人力资源战略的形成不仅受到管理人员的影响，也受到宏观环境和中观环境的影响，如公平就业、行业规范等。因此，人力资源战略的制订需要综合考虑宏观、中观环境因素，不能只考虑组织战略。

第二节 人力资源战略的制订与实施

一、人力资源战略的制订

（一）人力资源战略制订的原则

人力资源是企业最重要的资源，鉴于其价值性、稀缺性及难以模仿性等特点，为有效控制人力资源战略制订的科学性、合理性及有效性，体现人力资源战略制订的价值取向，人力资源战略的制订应充分考量公司各方面资源的配置情况及支撑业务发展的人力资源需求，使其能行之有效地指导人力资源管理工作的全面开展，从而推动公司战略目标的达成。因此，在以上人力资源战略制订思路的基础上，人力资源战略制订需遵循相应的原则。

1. 系统考量原则

人力资源战略的制订是企业人力资源管理工作的方向指引，因此企业需在企业战略、业务战略的基础上，结合企业人力资源所面临的内外部环境，用全局性的、系统的、整体的理念来进行分析、诊断。

2. 持续性发展原则

作为企业战略的组成部分，人力资源战略的制订不仅应立足于现状分析，更应基于公司战略目标的中长远规划来进行人力资源管理的前瞻性布局，要考量企业短期目标的达成，更需要从长远的、可持续发展的角度来助力最终企业战略目标的实现。

3. 柔性动态化原则

企业外部的环境瞬息万变，同时充满了不可预知性。即便在企业战略制订时已充分对外部环境的变化做了预判，也无法全面与绝对准确地对未来进行设定。因此，人力资源战略的制订要具备一定的弹性空间，需要动态性地根据企业战略的改变及人力资源内外部环境的变化进行调整与改善，与企业的发展阶段保持一致性，以确保其实施的有效性。

4. 务实有效原则

在管理问题上，很多时候没有绝对的好与坏或对与错，只有相对性的"更合适"。因此，在制订人力资源战略时，切忌罔顾企业基本面及内外部环境而盲目追求最优解，导致战略无法实施与落地。应选择契合公司各方面资源配置与基本面的、最适合公司发展需求的战略，有效指引人力资源管理工作的开展。

（二）人力资源开发战略

1. 内部培训讲师

为充分积累、整合内部有效的学习资源，有效传承专业技能与经验，推动学习型组织的形成，企业可着重在内部师资方面从讲师筛选、聘用、考核与激励等环节着手，力求打造一支专业的内部讲师队伍，以满足内部人才培养的需要。企业可通过招募认同企业文化、经验丰富、综合素养较高的符合企业讲师聘用相关条件的内部骨干员工，采用认证评审和分级管理，通过认证获得相应讲师等级，依据等级给予不同课酬奖励。不同级别讲师有不同的年度授课课时数、员工满意度、转化效果及相关备课资料等要求，须达到相应条件后方可晋升为更高等级讲师。同时，对于优秀的内部兼职讲师在年度评优评先、调薪、晋升等方面都将在同等条件下予以优先考量。

2.培训需求有效分析

培训需求分析的有效性是各项培训工作开展的基础，培训需求分析有误或存在偏差会直接影响培训内容的设置与培训效果。因此，企业制订人力资源培养规划及培训项目设计时，均需谨慎、客观、科学地进行培训需求分析。

企业培训需求分析要求从组织层面、岗位层面、员工层面，通过明确培训需求、调查目的确定调查对象，根据不同的调查目的与对象来确定不同的调查方法，制订与之匹配的调查计划来实施培训需求调查。对培训需求调查结果进行培训需求分析，从而制订相应的培训计划。通过对培训需求分析工作各环节的把控来确保企业各层次、各类型培训需求分析的有效性。

3.培训分级管控机制

企业培训体系所涉及的各类型培训，根据其性质，由集团总部及各经营单位分层组织实施。为确保各层级按要求切实、有效地推动相关培训工作的实施，企业可建立培训分级管控机制，后续逐步组织开展。

根据企业要求，集团总部负责组织集团入司培训、后备干部培养及领导力提升培训，各单位根据集团要求负责组织岗前培训、专业提升培训及干部任前培训工作。集团总部建立二级培训管理模式，进一步规范各层级培训要求，加强二级培训监督考核，以确保企业培训体系的落地实施。

4.干部实践培养机制

目前企业对于干部提拔任用时，多为在专业理论性培训的基础上对现岗位工作予以胜任情况的评价。通过此方式提拔的干部，虽有考察期予以过渡性评估判断，但因企业"人情味"过重，往往提拔后的干部即便不能较好地胜任后续工作，依然会因为"不忍心"而保留其提拔后的任命。因此，为避免此种情况，同时为加大企业各层级干部内部培养锻炼力度，拓宽干部教育培养与实践锻炼的渠道，丰富干部阅历，提高干部业务素质和工作能力，努力培养具有系统思维的复合型管理人才，打造具有持续活力与综合管理能力的经营管理团队，在配合其他考核管控机制实施的情况下，企业将实验性地试行干部轮值机制。企业干部轮值机制，即根据企业经营管理及储备干部培养需要，企业安排特定储备干部在其原职务职级不变的情况下，轮流短期兼职性地在特定岗位进行一般为期3~6个月的阶段性轮值历练，其对当值期间该岗位工作绩效负责。一方面为员工提供实践锻炼的平台，另一方面可对拟提拔人员进行实际任职考察，减少干部晋升后不胜任的情况。如该培养方式实施顺利，后续企业可拓宽实践培养的渠道，引入轮岗历练、挂职历练等多种实践培养方式，以便加速企业干部培养成效。

（三）人力资源利用战略

1.权责分配机制

企业逐步倾向于扁平化的管理结构，在组织机构适时调整的同时，需构建明确的岗位责任机制，通过合理的授权来充分调动员工的工作积极性，最大可能地发挥其主观能动性。

（1）岗位手册梳理实施

员工岗位说明书是其工作开展的基础，企业现有岗位手册倾向于员工职责的界定，对于其岗位职权及任职要求等内容定义较为模糊，不利于员工工作开展及后续人才甄选、培训开发、薪酬设计与绩效考核等方面工作的应用。因此，需要按以下工作步骤对岗位手册进行全面梳理。

第一步，组建工作小组。根据此次岗位手册编制目的，组建工作小组，明确此次岗位手册梳理的目标，并制订工作任务计划表，落实相关责任人，着手进行相关信息收集与整理。

第二步，分工收集信息。根据各岗位性质进行分类，有针对性地运用观察法、访谈法、问卷法以及日志法等方式来对各岗位工作基本要素信息、工作职责、工作职权、工作关系、工作条件、任职基本要求、工作经验、工作技能、任职培训及特殊要求等岗位相关信息进行收集。

第三步，信息整理分析。工作小组成员对收集到的信息进行整理与讨论分析，并充分与在岗人员及其上级确认信息的准确性与全面性，对各岗位各类要素信息进行归纳总结。

第四步，编制岗位说明书。在上述基础上编写岗位说明书时，应对原岗位手册弱势的部分，如工作职权、任职要求等相关信息予以充分探讨与确定，明确其具体工作权限、上下级关系及其管辖人数等。

第五步，审核签发实施。编制完成各岗位说明书，形成各部门岗位手册，经项目工作小组相关责任人审核后，交各单位负责人签发实施。

第六步，适时反馈调整。在岗位手册实施后，应就其在招聘配置、培训开发、薪酬设计、绩效管理、职业发展与胜任力模型构建等多方面运用的有效性进行实践性验证，及时予以调整。

（2）目标责任机制落实

在各岗位说明书的基础上，结合企业阶段性工作目标或项目性工作任务，匹配员工绩效管理，在与员工充分沟通的基础上，就工作目标达成一致，并形成阶段"目标责任书"，在目标责任书中明确员工该阶段工作目标、评估标准、信息来源、员工职权、需匹配的资源、目标达成奖励以及未达成的处罚措施等要素。切实落实关键岗位目标责任机制，最大限度地挖掘员工潜能。

2. 绩效管控机制

企业绩效管理的目的是根据企业战略目标，动态地识别、衡量和提高个人与团队绩效。基于企业目前绩效管理实施现状，企业绩效管理体系需要从绩效管理工具、绩效考核周期、计划制订、过程管控、考核评估及结果应用等方面改善、加强绩效管理，以期绩效管理逐渐向便捷、快速、柔性的方向发展，真正将绩效管理工作切实落实到位，充分激发员工效能。

（1）管理工具

各绩效管理责任部门应根据各模块业务及各层级人员工作性质，选取不同的绩效管理工具来确定相应业务模块与层级人员工作业绩目标。各单位的组织考核主要运用平衡计分卡（BSC），职能、业务支持性部门岗位人员采用综合职能指标法（KPI+CPI），营销、生产及基层操作员工等岗位适用关键绩效指标法（KPI）。由于企业主要实行目标管理，因此，为更好地在目标管理上回应敏捷绩效管理的特质，企业可尝试在部分岗位试点引入OKR绩效管理工具，以便更好地促进企业目标的达成。

（2）考核周期

目前企业绩效考核周期除特殊岗位人员外，其他岗位可实行季度或年度绩效考核。这种考核方式虽能在一定程度上节约管理成本，但在目标管控上，存在考核周期太长导致员工懈怠的情况，从而影响任务目标的有效达成。因此，企业要求各单位根据业务性质，能实行月度考核的不能实行季度考核，所有人员日常考核周期最长以季度为周期。减少目标设定周期与反馈周期，更为有效、及时地激励员工，更好地促进其主观能动性的发挥。

（3）计划制订

在考核周期初期，各层级管理人员应与直接下属根据上层分解目标结合直接下属职责协商确立其当期业绩目标与考核指标，书面签订绩效合约。绩效合约应包含指标内容、评分标准与计算方法、目标值、权重及数据来源等信息。各单位应着重强调、反复验证经营性目标的合理性，同时可在绩效指标设置等方面做两项较大的调整，从源头上避免多做少得分、少做多得分以及普遍分数偏高的现象发生。

一是调整约束性指标。在原预期性指标（业绩指标百分制）的基础上，调整约束性指标（关键事件项）。约束性指标不设基本分值，最高扣减20分。不同的岗位、不同的阶段，其约束性指标内容不同、数量不同（存在某些岗位没有约束性指标的可能）。约束性指标包括员工工作态度要求、行为规范及岗位工作必须要达到的要求。且一般情况下均能达到，但若未达成，可能会影响本岗位的目标完成（如前台行为规范类指标）或对企业造成不良影响（如生产部门安全性指标）。

二是指标增设挑战值。业绩性指标应根据其性质有区分地设置目标值与挑战值。目标值根据年度目标分解所得（最高90分），挑战值（最高100分）应在年度目标的基础上提高一定达成难度要求后确定。所有的岗位、任何阶段，其业绩指标均设有目标值。但非所有的岗位，非任何时间，其业绩指标均可设挑战值。同时，在某个阶段可设挑战值的岗位，非所有指标均可设置挑战值。挑战值应根据该阶段岗位目标任务在总经营目标中的战略地位、难易程度确定。

（4）过程管控

企业要求各层级管理人员在绩效管理中需要发挥更大的作用，必须在下属绩效形成过程中予以监督，并对下属提供实现绩效的资源支持与专业指导，将下属在目标计划实施过程中出现的比较严重的问题以及良好的表现等如实记录，以便为实施绩效评估提供客观依据。为改变以往直接领导对下属凭主观印象打分的情况，企业后续可组织建立企业核心绩效考核指标库，明确各项指标计算公式与评价标准，明确数据来源，更多地采用第三方客观记录数据、信息。

（5）考核评估

考核周期结束后，各层级管理人员应在规定时间内根据企业要求完成对下属考核评估与审定。考核时，必须依据客观事实与掌握的数据信息进行评价，同时做好评价记录与绩效反馈。

（6）结果应用

企业充分、合理地运用员工绩效考核数据，进一步明确考核结果应用于团队与个人目标奖金发放、员工薪酬调整、员工职务调整、在岗提升培训、企业培训需求分析、员工职业生涯规划等方面的具体内容，同时在企业股权分配相关文件中，还可明确年度绩效考核结果对于关键岗位人员获取股权配额的影响，以增加各层级人员对于绩效管理工作的重视程度。

（四）人力资源回报战略

1. 薪酬福利管理

根据企业战略需求，为吸引和稳定企业经营管理所需的各型人才，充分发挥薪酬的激励作用，促进企业发展，人力资源部门可根据企业经营理念、管理模式与人力资源战略指导思想，在遵循激励性、竞争性、公平性、经济性、合法性的原则下，从薪酬结构、调整机制及薪酬水平方面对企业薪酬体系进行进一步优化。

（1）薪酬结构

将企业正式员工薪酬结构调整为由固定工资、目标奖、司龄工资、福利补贴、津贴五大部分构成。其中，固定工资包含基本工资与岗级工资，是根据员工所属岗、序列、职级确定；目标奖则是依据各单位年度"目标责任书"、各层级职能职责、年度工作目标以及目标达成状况而设置的奖励；司龄工资若延续历史标准未能起到保留员工的作用，则后续可适时予以调整或取缔；福利补贴与津贴包含交通补贴、餐费补贴、通信补贴、外派津贴等，后续还可根据企业发展阶段及外部环境变化而增加或调整。

薪酬结构方面调整与规范重点主要是目标奖的设置。目前很多企业各类目标奖种类由各单位根据经营业务性质自行设置，多存在奖金总额不均匀、奖金标准不明确、考核标准不清晰等情况。同时，内部员工对于目标奖发放标准不清楚，外部引进目标人选对于目标奖设置不认同，在很大程度上会影响员工的保留及人才引进，违背设置目标奖的初衷。为树立企业正确的目标奖金管理理念，以目标达成结果为导向，激发员工工作热情，引导员工的忠诚度和归属感的提升，充分发挥员工主观能动性，秉持差异化、共同发展、总额控制、结果导向、实用性等原则，进一步规范目标奖的管理办法。

（2）调整机制

在上述薪酬体系结构的基础上，企业薪酬设置较为灵活的调整机制，分为整体调整与个别调整。薪酬整体调整主要是指固定工资标准系数每年根据国家及地方政策和消费增长指数等宏观因素的变化、行业及地区人力资源市场竞争状况、企业总体战略的调整与企业业务发展情况进行调整，全体员工均根据个人工资标准所在的职级职档相应随之调整。薪酬个别调整是指员工因岗位调整、职务晋升或降免职所导致的不定期调整，以及因绩效评估而导致的在职务不变的情况下的职级、薪档的年度定期调整。动态的薪酬调整机制，有助于企业在薪酬体系结构不变的情况下，将员工薪酬与员工岗位价值、素质能力、绩效产出、行为表现有效地结合起来，系统性地联动员工招聘与配置、绩效管理、培训与开发、劳动纪律等人力资源工作，助力人才引进与保留。

2.利益共享机制

员工对于组织发展的贡献回馈不仅仅体现在其固定工资及阶段性的奖金水平上，企业在强调核心岗位员工个人绩效对组织绩效的价值体现的同时，更应注重其对企业的认同与忠诚度的提高。因此，为促使核心员工在工作中更为关注个人绩效对于组织绩效的正向关联度，加强企业对于核心员工保留的市场竞争力，企业应在利润共享与股权分配机制上进行进一步规划。

（1）利润共享机制

在原有的固定工资及年度奖金包的基础上，企业根据各经营单位产值规模、发展阶段、经营目标达成以及后期发展规划等情况，每年在各经营单位年度净利润中提取 5%~15% 的资金来对各经营单位管理团队及核心业务骨干进行奖励。该部分人员所获得奖励与其个人绩效结果、个人绩效对组织绩效的价值体现（职级、该阶段本岗位在组织发展中的战略地位）等因素挂钩。

（2）股权分配机制

企业前期由于阶段性发展缓慢等问题，中断了股权分配机制。分配对象主要是企业中、高管以及关键业务岗位核心人员，根据"岗、人、股"相匹配的原则，可分三个考核年度认购。符合股权认购的员工，其年度认购股权总额将与其个人职级、当年年度绩效考核成绩及在职工龄关联。从政策导向上引导员工不仅仅关注个人阶段目标达成，还应期待承担更多责任，更愿意与企业长期合作，以实现共同发展。

二、人力资源战略的实施

（一）人力资源战略实施的条件

1.企业文化

企业文化是一种精神力量，它能激发员工的工作热情，提高员工的工作效率。在这种情况下，企业文化就是企业的灵魂，是企业发展的动力。因此，企业文化建设不仅是企业管理的重要内容，也是企业经营战略的核心。企业文化建设的目的是实现企业的战略目标，使企业成为一个充满活力的组织，从而为员工提供一个良好的工作环境，激发员工的工作热情，增强团队凝聚力，促进企业发展。企业在发展过程中形成良好的企业文化，具有较强的凝聚力和向心力；企业文化氛围浓厚，具有良好的发展前景，这是吸引人才的基础。一个企业的文化氛围，决定了员工的工作态度和行为方式，从而影响员工的思想观念和价值取向。

2.企业的发展规模

企业的经营规模越大，人力资源管理的难度越大。因为，企业的经营规模越大，就意味着企业的管理成本越高，管理难度越大。同时，企业经营规模越大，就意味着企业的资金需求量越大，资金需求量越大，就意味着企业的管理成本越高，管理难度越大。所以，企业的经营规模越大，管理的难度就越大。这就要求企业必须建立一套科学合理的管理制度，以保证企业的正常运转，能够满足不同层次的人才需求。

3.企业的管理水平

我国目前大部分企业的管理水平较低，人力资源管理的重点应放在提高企业的管理水平上，而不是在人力资源管理方面下功夫。另外，我国现行的人力资源管理制度与国外相比存在一定的差距。同时，由于我国的法律体系尚未健全，对于企业用工管理方面的规定较少，因此，企业在招聘员工时，往往只注重招聘人员的学历、工作经验等硬性条件，忽视了对员工综合素质的考查。对于实施战略性人力资源管理来说，如果没有良好的人力资源管理能力，就无法保证企业的发展。

（二）人力资源战略的宣贯与培训

各层级管理人员对人力资源战略的理解与充分认同是人力资源战略能有效推动的前提条件。人力资源战略在通过公司战略委员会研讨通过后，集团人力资源部门需要组织全体人力资源体系人员、各单位中高层管理人员召开相关工作会议，会议主题主要围绕人力资源战略制订的核心理念、重要举措、变革重点等进行深入宣贯、沟通与培训。各单位人力资源部门需组织有本单位总经理参与的各层级管理人员进行研讨，根据集团总体人力资源战略进一步沟通、落实本单位人力资源规划重点。切实做到全体管理人员在人力资源战略推动上的思想一致性及对战略规划高度的认可度。

（三）组建战略实施工作项目组

在全体管理人员对人力资源战略规划的意识上下统一后，有必要组建人力资源战略实施工作小组。人力资源战略实施工作小组实行二级管控机制：一级为集团人力资源战略工作组，小组成员包括各级单位人力资源部门负责人、各级单位负责人与领导班子成员以及人力资源战略推动的集团人力资源部门相关责任人，该层级工作组主要负责人力资源战略实施的统筹与管控工作；二级为各单位人力资源战略工作组，小组成员包括本单位人力资源部门员工及各层级管理人员，该层级工作组负责集团人力资源战略规划下的各项具体工作的落实与跟进。所有工作组成员涉及小组工作的相关任务，均纳入其绩效考核工作约束项指标，由相关层级人力资源部门进行考核。

（四）人力资源管理体系的优化

在人力资源战略计划推动前，涉及人力资源获取、培训与开发、薪酬管理、绩效管理等相关人力资源管理体系的建设工作需全面展开。在此基础上，需根据公司人力资源战略、企业发展状况及内外部环境，系统化地优化、完善人力资源整体管理体系制度。同时，需适时地、动态化地根据内外部环境变化对人力资源管理体制制度进行持续的更新与完善，以匹配人力资源战略的调整，保障人力资源管理体制制度符合人力资源战略规划的需要。

（五）人力资源战略计划的推动

人力资源战略实施前，相关实施主导部门应根据人力资源战略分解目标、制订详细的工作推动计划，并按计划落实到人，随后展开人力资源战略实施工作。在人力资源管理体系阶段性优化完成后，各层级人力资源工作者应牵头组织各层级管理人员，以公司战略目标为导向，根据人力资源战略规划，全面推动人才引进、培训与开发、薪酬与福利管理、绩效管理以及日常劳动关系维护工作，确保人力资源战略目标的实现，最大效用地助力公司战略目标的达成。

三、人力资源战略选择的原则

（一）与企业战略相符合

企业文化是企业的灵魂和核心竞争力之一，它不仅是企业的价值观念和行为方式的共同体，也是企业发展的基石。建设健康的企业文化是企业人力资源管理的重要组成部分，可提升员工的满意度，增强员工的向心力，提升员工的主观能动性，激发员工的工作热情，促进工作效率的提升。企业文化建设应该以员工为中心，以员工的利益需求为主，注重员工的个人发展和职业规划，为员工提供良好的发展空间和职业发展机会。与此同时，企业还要关心员工的生活品质，提高员工福利待遇，让员工获得满满的幸福感。通过以上措施，可以增强员工的忠诚度和稳定性，进而为企业的健康可持续发展奠定人才基础保障。

1. 注重文化建设的核心价值观念

企业需要根据自身的定位和发展目标，明确和塑造核心价值观念，形成独特的企业文化。企业可以通过宣传和培训等方式，让员工深刻理解和认同企业的核心价值观念，从而形成共同的行为准则和行动指南。

2. 注重文化建设的创新和变革

企业需要不断创新和变革，适应市场和环境的变化，推动企业的发展和进步。企业可以通过引进新技术、新产品和新思维等方式，促进企业文化的创新和变革，提高企业的竞争力和创新能力。

3. 注重文化建设的实践和落地

企业需要将企业文化建设落到实处，贯穿企业的各个方面和环节。企业可以通过制订相应的规章制度，加强文化建设的实施和监督，确保企业文化建设的效果和落地。

（二）立足于员工

人才招聘是企业人力资源管理的重要组成部分之一，它是为企业寻找优秀人才、填补职位空缺、促进企业发展的关键。在当今竞争激烈的市场环境下，招聘优秀的人才对企业的成功至关重要。因此，企业需要制订有效的招聘策略，吸引和留住优秀的人才。在企业人才招聘过程中，应该注重人才的素质和能力，以及员工的个人发展和职业规划。企业可以通过面试、考核等方式，全面了解求职者的能力和素质，从而选择最适合企业的人才。同时，企业应该为员工提供良好的发展空间和职业发展机会，吸引优秀的人才加入企业。

1. 注重招聘程序的公正和透明

企业应该建立公正、透明的招聘程序，避免出现不公平、不合理的现象，保证招聘过程的公正性和合法性。

2. 注重招聘目标的匹配和定位

企业应该根据自身的发展需求，制订与企业战略规划相适应的人才招聘计划和策略，保证招聘的人才真正为企业所需。

3. 注重员工的培养和发展

企业应该为员工提供良好的培训和发展机会，促进员工的职业发展和成长。

（三）适应环境变化

在企业适应市场环境变化的过程中，企业应该注重以下几个方面。

1. 注重市场情况的调研和分析

企业应利用市场调研和竞争分析等方式，全面掌握市场变化和竞争状况，进而制订合理、有效的人力资源管理策略。

2. 注重人力资源管理策略的灵活性和适应性

企业应该制订灵活、可调整的人力资源管理策略，以适应市场环境的变化。例如，对于市场需求发生变化的情况，企业可以及时调整招聘策略，提高员工的适应能力和灵活性。

3. 注重人才的培养和发展

企业应结合实际需求，加强对员工的综合素质的培养，全面提升员工的业务能力与职业素养，以适应市场环境的变化。通过培训和绩效管理等手段，提高员工的工作效率和竞争力，从而为企业的发展奠定坚实的基础。

（四）持续创新

企业人力资源战略是企业在长期和系统性的角度上对人力资源进行管理和优化的战略选择，以实现企业的长期发展目标。在制订人力资源战略时，需要遵循一些重要的原则，持续创新是其中之一。持续创新是企业人力资源管理战略选择中的一个关键原则。在今天快速变化的市场环境下，企业需要不断地创新和改进，以更好地满足市场需求并保持竞争力。因此，企业必须将创新贯穿于人力资源管理的全过程，并实现持续创新。持续创新在企业人力资源管理中的具体实践包括以下几个方面：

首先，企业应该建立创新文化和创新机制，鼓励员工积极参与创新活动，提高员工的创新能力和素质。

其次，企业应该注重人才的引进和培养，并建立完善的人才管理机制，以满足企业不断创新的需求。

再次，企业应该积极运用先进的信息化技术，例如人力资源管理系统等，提高人力资源管理的效率和水平，支持企业的创新发展。

最后，持续创新还需要企业注重市场变化和客户需求的变化，不断改进和完善企业的人力资源管理策略和方案，以适应不断变化的市场环境。同时，企业还应该注重员工的反馈和意见，不断改进和优化人力资源管理方案，实现持续创新和发展。

第三节 人力资源战略优化的保障

一、人力资源素质与能力的提升

（一）人力资源管理者应具备的基本素质与职业能力

1. 关键意识

在新时代的背景下，人力资源管理者应不断提升个人专业技能，满足数智化时代的发展需求，促使企业得到高质量发展。针对这一现状，人力资源管理者应明确数智化的要求，更新职业理念，养成良好的职业态度，培养正确的观念意识。具体包括合法合规意识、政治责任意识、敬业奉献意识。

（1）合法合规意识

人力资源管理者首先应具备合法合规意识，在工作中保持企业内部的公平性，要站在法律和道德的制高点，坚守道德底线，培养原则意识，树立规范标准，对企业中的行为管理要进行科学客观的评价。在数智化的背景下，开展人才引入工作时，可以利用相关技术进行分析，选择最合适企业发展的人才。

其次要树立法律意识，在进行选拔、任免、监督工作时，要不断开阔眼界，发散思维，明确法律底线，构建真实的人力资源环境。

最后企业人力资源管理者也要具备道德意识，并保持公正、公开、公平的原则，尽心尽力地分配资源，为企业员工构建良好的工作环境，促使企业员工的薪酬也能得到提高，不断发展个人职业素养，企业在这一过程中也能取得进步。

（2）政治责任意识

在企业的发展过程中，人力资源管理部门发挥着重要的职能作用，因此要求人力资源管理者要具备良好的政治品格，不断提升个人政治思想意识。在数智化的背景下，人力资源管理者要具备坚定的政治信念，在日常工作中坚定政治立场，忠于党、忠于国家、忠于人民，同时要促使广大员工的利益能够被维护。企业人力资源管理者要有政治大局观，及时了解当今社会的发展需求，工作时要坚持实事求是，开展具体活动时要明确服从国家立场，促使引领社会经济的发展进步。此外，具备职业道德与责任意识也是十分重要的，人力资源管理者能够坚持职业标准、行业标准以及政治标准，工作时要考虑企业的长远利益，在管理人才的过程中也要促使人才和企业能够协同发展，共同进步。

（3）敬业奉献意识

企业人力资源管理者要培养敬业奉献意识，将工作和敬业奉献精神进行结合，爱岗敬业，在数智化时代，人力资源管理者一定要调动自己的工作激情，不断提高工作热情，全身心地投入工作过程中。在开展相关工作活动时，也要以数智化技术为前提，保持严谨的作风，充分利用自己的职权，促使人力资源管理的各项工作都能够被科学合理地完成，可以适当应用云计算、大数据等技术。在行使相应的权利时，人力资源管理者也要发挥自身优势，明确企业国家的社会利益，为企业发展做出相应的努力，为员工谋福利。通过这种方式，能够促使企业内部的各项工作得到稳定有序的发展。

2. 专业知识

企业要明确，开展人力资源管理工作是一项长期性的工作，随着数智化的发展，人力资源管理者也要不断提升自身专业知识储备量，丰富扩展数智化概念，为企业的发展提供不竭动力，要能够灵活运用相关技术，了解国家的法律法规，掌握必要的业务知识等，将数智化技术和企业运营模式进行结合，有效提升企业的决策效率以及质量。

（1）基础理论知识

人力资源管理者要不断丰富理论知识，深入了解数智化技术，在学习人事干部管理理论知识、管理工作的基本原则以及职业宗旨的基础上，了解各项技术，促使企业各个工作环节都能实现数智化。除此之外，也应关注学习其他专业学科知识，做到与时俱进，例如在正常工作中，要熟知人事工作、劳动用具等，也要具备管理学、心理学等相关专业知识，这有助于人力资源管理者了解企业员工的基本情况，并做出判断与评价。另外，人力资源管理者也要明确行业的发展趋势，不断更新知识储备量。在大数据时代的背景下，要掌握现代信息技术，不断完善优化工作模式，提升工作质量以及工作效率。

（2）相关的法律法规

人力资源管理者不仅要明确国家及相关行业的政策制度，在数智化时代，还要重点提升个人知识储备量，将各项技术和具体工作流程相结合，制订明确的工作原则，工作时要坚守底线，确保工作的合法性，这也是考查人力资源管理者管理水平的关键因素。除此之外，企业人力资源管理者也要明确业界规范以及职业道德标准，并且不断提升个人职业素养，在实践中自我约束，积极影响其他员工，在企业中营造守规矩的工作氛围。

3. 实践能力

在数智化的背景下，在企业内部的人力资源管理过程中，一定要提高人力资源管理者的实践能力，不仅要丰富理论知识储备，也要有工作经验支撑。在这一过程中，人力资源管理者要有效提高沟通能力、约束能力以及分析能力，合理利用企业的资源。

（1）沟通表达能力

随着数智化技术的发展，人力资源管理者在开展相应活动时，要重点提升沟通表达能力，人力资源管理者要有必要的文字功底，能用精练的语言介绍数智化技术，使企业员工能够深入地了解与认知，抓住数据信息中的要素，利用文字展示相关信息。

另外，在进行管理工作时，人力资源管理者也要合理分析管理层的人才需求以及数智化时代的发展需求，将企业的真实情况转述给上级，使企业能够明确当下的发展现状。在面对技术层员工时，人力资源管理者要具备共情能力，不断提高谈话水平，使员工对企业的信任度逐渐提升，而员工的心理压力也能在这一过程中逐渐降低，这样可以促进企业人才队伍的构建。

（2）自我约束能力

人才管理部门和招募人才工作、员工管理工作以及人才流动工作有着紧密的联系，这也代表人力资源管理部门在企业发展中占据的重要地位。人力资源管理者要了解数智化技术的优势，提升个人水平，培养自我约束能力，在工作过程中应用相关技术，严格要求自己，抵御社会的不良风气，自觉遵守工作纪律，同时要积极影响他人，为其他员工营造良好的职业环境，保证企业工作能够顺利地开展。

（二）人力素质与能力的提升策略

在当下的企业内部人力资源管理工作中，一定要创新培训方式，这样能使人才质量得到提升，有利于提高员工的职业素质以及工作技能。在数智化的背景下，人力资源管理受到了深远的影响，人力资源管理者要做出相应的改变，除了重视提高实践操作能力以及环境灵敏度外，也要明确云计算、大数据等先进技术的优势，将这类技术和学习培训计划相融合，促使员工不断提升知识储备量，掌握与人工智能理论相关的数据分析方法。除此之外，企业也要重视调整员工薪水的差距，通过这种方式，能在潜移默化中提升员工的素质与能力；同时薪水的差异也表明了员工职业能力的高低，薪酬较低的员工，一定要重点提升自身职业素养以及能力，使自己的薪酬得到提升。另外，企业要保持内部薪酬的公平性，调整薪酬差异，不断调动员工主动性、积极性。

企业员工要明确提升职业素质的重要性，要向优秀人才学习，不断完善自身。根据调查研究显示，在数智化的背景下，员工要重点提升职业素养能力，学习优秀人才的工作经验，同时不断提升个人要求标准，对于自己存在的不足，要及时地调整和改进。通过这种榜样式的方法，能促使员工的职业素质水平得到明显的提高，成为新时代的人力资源管理者。另外，员工要培养素质思维，顺应时代的发展需求。当下的人力资源管理者要适应复杂多变的工作环境，具备数字化逻辑思维，不断丰富自身知识储备量。在日常工作中，企业员工要创新思维模式，培养逻辑意识，积极学习，勇于挑战，运用新方法、新知识解决问题。还要加强实践教学环节，鼓励员工灵活运用所学的技能，不断学习与数据分析相关的理论知识，掌握相应分析工具的使用方法，在日常工作中能够利用先进的技术制作知识图谱，完成学习任务。

二、人力资源专项资金预算

人力资源战略的推动实施势必涉及大量人工成本及管理费用的投入，如在人力资源开展过程中的人才引进渠道开发、人员数量增加、薪酬结构调整与目标奖励的明确发放、培训项目的实施、企业文化活动的开展、外部咨询费用、信息系统建设等。在人力资源多个项目工作推动中，一些公司阶段性的业务发展滞缓、财务资金调配失衡等多方面问题经常导致出现无法调拨资金而中途搁浅的情况。随着后续公司业务提升、大量前期投资性项目投产运行，资金状况可能逐步好转。但为确保人力资源战略规划各项工作能精细化推动、按计划开展，公司可设立专项的人力资源投入资金预算，实行专款专用。

（一）专项资金预算

人力资源部门每年应根据公司年度经营规划、年度人力资源规划编制年度人工成本预算，从员工工资总额、社会保险费用、住房公积金费用、福利费用、员工教育费用、工会经费、招聘解聘费用、劳动保护费用等方面全方位考量。由财务部门设立专人负责人力资源专项资金的调拨与管控。

（二）专项资金调拨

人工成本中法定性、政策性支出，如员工劳动报酬、社会保险费用、公积金以及因解除或终止员工劳动关系的经济补偿、赔偿金等必须按时（合同协议约定）支付。同时，在保障公司各项经营活动正常进行的情况下，优先划拨人工成本中其他非法定性支出专项预算资金，保障人力资源管理各项工作的顺利开展。

（三）独立台账管理

财务部门指定的人力资源专项资金管理专员应就人力资源专项资金建立独立的管理台账，以便对人力资源专项资金进行有效、及时的调拨与管理。

三、人力资源信息系统建设

（一）人力资源信息系统建设的过程

1. 引入综合管理系统

为了更好地实现人力资源信息系统建设效果，相关部门要适当引入综合管理系统，利用综合管控平台来开展多项人力资源信息数据的处理工作。数字化转型下的重要核心工具为综合人力资源管控平台。在搭建该平台时，可对内部员工的培训发展、绩效考核、薪酬福利与员工信息等进行集中管理，使多处管理内容都极具针对性。搭建与使用综合管理平台时，操作人员可利用数字化技术、信息化技术将不同类型的数据信息转变成多个报表，再对报表内部的信息数据进行科学分析，确保数据分析的准确性。在综合管理系统平台实践操作前，企业管理层应明确内部基础需求，再根据先进的数据软件确定设备类型，对系统平台中的各项操作进行合理规范，精准处理人力资源管控中的多方面内容。相关部门在进行人力资源信息系统建设时，要对人力资源管理内容进行科学规范，明确具体的管理内容，再将不同类型的管理任务转化成各项数据指标，传输到综合管理系统平台中，由平台内部的软硬件对相关数据指标进行精准处理，极大提升数据信息处理的准确性。引入综合管理平台系统后，操作人员需在平台内部设置更多程序，对各项数据信息的处理、分析与储存过程进行合理规范，提升多方面数据处理效果，满足当前企业人力资源管理的现实需求。

2. 开展数字化招聘

搭建使用综合管理平台后，企业人力资源信息系统建设应进行合理细化，对各项操作内容进行严格规划，比如开展数字化招聘。数字化转型下的数字化招聘为人力资源信息系统建设的重要内容，可以使人员招聘的过程与处理方式变得更为合理。进行数字化招聘前，要借用信息化技术、数字化技术科学搭建网络招聘平台，在全新网络技术的带动下，高效增加社交媒体渠道，并增设不同类型的招聘网站，有效打破此前招聘过程中时间空间的限制，扩展招聘范围，提升招聘效果。在使用数字化招聘平台前，企业管理层需及时了解与掌握当前不同部门的人员数量、人员工作操作能力、业务需求，再与当前企业内部实际经营状况充分结合，确认不同部门的具体招聘人数，再在网络平台中开展线上招聘活动，使该项招聘更具针对性、有效性。使用数字化招聘平台期间，操作人员可借助平台内部软件详细分析不同工作岗位的具体要求，再将与人员需求相关的关键词传输到该类平台中，适时掌握应聘人员的具体情况，再依照该类人员的综合素质来开展和推动招聘工作，使数字化招聘更具针对性。技术人员在使用数字化招聘平台时，还要恰当引进人才管控系统，集中管理招聘流程中的各项信息数据，确保人才管理与人才筛选工作，无形中提升人力资源内部管理效率。

3. 搭建员工自助服务系统

首先，在人力资源信息系统建设的进程中，操作人员应充分运用数字化和信息化技术，精心构建员工自助服务系统。这一系统的目标是优化员工体验，降低人力资源管理部门的工作负担。通过员工自助服务系统,员工可以自主管理和查询薪酬福利、个人信息,以及在线申请技术培训和假期,能够极大地提升人员管理的便捷性,也能保障人力资源部门的服务质量。

其次,在构建和运行员工自助服务系统的过程中,操作人员需要系统内嵌合适的绩效评估工具和在线培训资源,以引导员工定期访问和使用。这不仅能有效提高人力资源管理的效率和质量,也能为基层员工提供更具体、更有针对性的服务,为激发员工的工作主动性奠定坚实的基础。

再次,使用员工自助服务系统时,应持续关注系统软硬件的运行状态,确保系统内部数据的实时更新和准确性。通过严格规范数据信息的处理过程,可以解决员工管理和工作状态问题。同时,利用先进的数字化和信息化手段,可以严格控制人力资源信息系统中的数据变化,确保数据资源的准确性和整合性。

最后,在完成员工自助服务系统的优化后,相关部门需要密切关注人力资源信息系统内部的数据处理情况。通过将各部门的业务信息整合到信息处理系统中,可以更加科学和规范地处理这些数据,从而进一步提升部门业务数据信息的处理效果。

4. 推动数字化培训

数字化转型还能帮助企业人力资源管控部门开展数字化培训,借助数字化技术与信息化手段,搭建出数字化培训系统与在线培训平台,并在该平台内部提供更为合适的学习资源与培训课程。鉴于企业内部的工作内容与工作类型较多,开展业务培训工作会极大消耗企业精力,而使用在线培训平台后,利用平台内部的多项资源与课程,不仅能改善操作人员的业务能力,还能增强业务培训的科学性。应用数字化培训期间,要将数据分析技术与信息化手段充分结合,对不同业务人员的培训结果进行科学评估,再开展合适的个性化推荐,使企业内部的所有员工都可获得较佳的发展路径。推动搭建数字化培训平台期间,企业管理层要精准观察所有受训人员的具体表现,将培训内容、培训形式进行精准结合,根据业务技能培训的结果来考查员工在该项培训中的学习状态,确保数字化培训平台操作的稳定性、科学性。应用数字化培训平台时,人力资源管理部门还需借助合适的软件设置出所有受训人员的交流沟通渠道,引导相同部门或不同部门的业务人员进行科学交流,增进沟通交流的主动性,满足当前数字化培训工作的基础需求。在完成数字化业务培训后,对受训人员还要进行相应考核,该项考核结果需与员工薪酬相挂钩,将该项结果传输到员工个人信息中,并为此后的薪资发放提供数据参考,增强员工学习工作的主动性,促进数字化培训平台操作管理效果。

5. 加强数据隐私保护

在数字化转型期间，企业人力资源信息系统建设过程中，还要适当关注内部隐私保护与数据安全，对内部关键信息进行科学防护。具体来看，企业人力资源建设信息系统时，需科学处理多种不同类型的业务人员数据，要对该类数据采用适宜的安全措施，对数据信息的应用安全进行科学控制。比如人力资源管理部门采用了专门的数据加密技术，对不同业务人员的数据信息进行科学加密，确保该类数据信息始终处在安全位置上。为提升业务人员信息数据的应用安全，还可根据不同部门的重要程度设置访问权限与访问次数，严格控制人力资源信息系统平台的访问人数，借助对该类数据的精准控制，极大提升业务人员数据信息的使用安全。在运用数据加密技术的过程中，操作人员还要对不同部门的业务数据风险进行科学评估，利用数字化技术与信息化技术，高效分析出不同部门的数据运用风险，在该项举措的持续影响下，数字化转型工作将变得更加自然，员工数据中的隐私与安全都可获得恰当保证。在开展业务人员隐私保护与数据安全工作时，还要将该项工作纳入人力资源信息系统的操作流程中，对不同类型的系统平台进行科学规范，有效解决平台内部出现的数据安全问题，切实保障人力资源部门内部信息数据的应用效果，帮助企业管理层改善业务操作状态。

（二）人力资源信息系统建设的优化方法

1. 规范信息系统建设任务

为提升数字化转型时人力资源信息系统建设效果，相关部门要全面规范信息系统建设任务。建设人力资源信息系统前，要明确人力资源管理中的多项任务，如薪酬、绩效、培训与招聘等，将该类工作内容划分成细小指标，传输到信息系统平台中。操作人员在整合信息系统建设任务时，要了解影响绩效、薪酬、培训与招聘的更多细则，理解各项细则的内在含义，为规范信息系统建设任务打下良好的基础。完成信息系统建设任务设计后，要将其科学地分配到不同部门中，并利用数字化技术与信息化技术详细规范各项任务的实际操作过程，使信息系统建设任务的执行操作变得更为科学。相关部门还要将企业经营目标与信息系统建设任务充分结合，明确经营目标中的各项变化指标，使该项系统建设更具科学性、规范性，能较为准确地完成信息系统建设任务。

2. 加大人员操作监督力度

由于信息化技术与数字化的操作要求较高，在建设执行人力资源信息系统各项内容时，还要加大对人员操作的监督力度，严格控制不同部门数据信息的变化过程，促进人力资源信息系统操作执行的科学性。一方面，相关部门可派遣专业人员来监督检查人力资源信息系统建设操作情况，精准、及时地发现信息系统建设中的问题，在查明引发相关问题的主要原因后，有针对性地解决，极大改善人力资源信息系统建设效果。另一方面，相关部门还可在人力资源信息系统内安装合适的监控装置，精准关注人力资源在招聘、薪酬、绩效与培训中的数据变化过程，严格控制相关数据的变化范围，若相关数据超出变化标准，则监控装置会发出警报信号，操作人员可快速找出产生问题的数据位置，再对该项信息数据进行有效处理。

3.定期更新数据软硬件

优化人力资源信息系统平台期间，还要科学关注系统平台内部软硬件的使用情况，定期更新或更换数据软硬件。数据软硬件会极大影响信息系统平台的操作状态。工作人员在操纵信息系统平台期间，除了要密切关注数据信息的变化状态外，还要定期检查信息系统平台中各项软硬件的使用情况，保证其满足当前信息处理需求。检查数据软硬件的使用状态时，要及时观察该类软硬件的更新程度，只有最新状态下的软硬件才能明确规范更多操作指标，提升数据信息处理效率。操作人员若发现当前数据软硬件的版本较陈旧，应进行适当更新，提升软硬件使用效率。在更新数据软硬件的过程中，需明确当前人力资源数据信息的储存状态，并在软硬件更新后，将原有数据信息储存到全新软件内，增强人力资源信息数据处理效率，达成人力资源数据信息管理目标。

四、人力资源制度体系的完善

（一）优化人力资源制度体系顶层设计

所级人力资源制度体系建设应顺应国家、院党政的路线方针政策牵引，围绕新时期工程建设总体目标战略需求，做到方向一致、举措衔接、进度协调。同时，综合考虑国家企事业单位人事管理制度改革与院所人事管理现状，做好制度体系建设过程中上下衔接、前后照应、内外部协调等问题，建立科学、规范、合理，具有单位文化特色的人力资源管理体系。

首先，以组织战略目标为导向，梳理人力资源管理业务子项，充分发挥制度牵引效能，构建包含人力资源规划、组织与岗位、招聘与配置、绩效与发展、薪酬与福利、人事服务和研究生与引智为主体的"6+1"流程化管理子集。

其次，以业务需求为牵引，收集人力资源管理相关法律法规、条例规章等上层制度文件，为依法依规制度体系建设打下坚实基础，为深入推进全面依法治国提供制度支撑与保障。

最后，以人力资源管理流程梳理为基础，从"6+1"的业务子集到业务操作规范，坚持"主干制度＋专项制度＋操作细则"制度搭建模式，有规划、有计划地推进制度体系建设。以绩效发展板块专业技术职务评聘业务制度建设为例，主干制度即专业技术职务评聘管理办法，针对特殊人才群体设置高层次引进人员高级专业技术职务任职资格评聘管理规定的专项制度，为了便于相关主干制度的落地实施，设置研究工程系列专业技术职务评聘管理实施细则、专业技术职务任职资格量化计分规则、高级专业技术职务任职资格免于量化认定条件、专业技术职务任职资格基本标准条件等操作层面的实施细则。

（二）强化制度建设规范性

以"制度流程化、流程表单化、表单信息化"建设为导向，搭建制度体系建设标准。

1. 体系协调

人力资源管理制度的制定关系到每一位组织成员的切身利益，体系建设应坚持以人为中心，做好制度的上下衔接、前后照应、内外部协调。对于制度起草、讨论、修订、征求意见、审议、发布、执行等各个环节，应按照制度建设管理规范严格执行；同时，兼顾"合法性"与"符合性"。制度建设的前提条件是合法，并结合组织自身特点符合"三大体系"（质量体系建设、安全体系建设、保密体系建设）规范要求，避免不同文件要求冲突或不一致情况发生。

2. 内容结构化

结构化应贯穿制度的立项、起草到发布的全流程管理。一方面，制度建设立项应对其必要性及合法性、合规性做好充分的调研分析，明确建设目标；另一方面，制度内容起草应建立标准化文件规则，以增加体系制度的可读性，制度内容结构应规范统一，包含总则（明确目的、内涵、适用范围、管理原则）、职责分工（明确各部门的权责划分）、主要内容（明确个人相关事项）、附则（明确政策官方解读途径、执行时间等）四大板块。

3. 执行流程化

以提升管理效能为基础，倡导流程共享，配套业务流程梳理，明确接口关系，配合执行表单，做好制度执行的落地实施。

（三）做好战略支撑服务

1. 构建人力资源共享服务

在制度体系建设过程中，以信息化手段为载体，优化业务流程，构建线上人力资源共享服务，在让"数据多跑路，人员少跑路"的同时，为组织战略决策提供数据支撑。

2. 处理好放权与监督的关系

随着近年来"放管服"政策落地的不断深入，以支撑组织战略目标实现为前提，坚持以人为中心，给予基层用人单位足够的人员"管理权限"。如绩效考核、奖励分配、岗位聘任等工作，制订业务主干制度，明确管理要求重点；基层各部门可以结合自身实际，制订实施细则，最大限度激活组织潜能。

3. 实施流程梳理优化行动

以精简业务流程为目标，全面开展流程梳理优化。既要做好历史规章制度下办事流程梳理，简化办事流程，合并重复内容工作表单；又要做好即时规章制度设立过程监督，严格按照制度设立规范要求执行，兼顾协调性、结构化、流程化相关要求。

五、人力资源企业文化的构建

（一）企业文化对人力资源管理的影响

1. 塑造企业核心价值观

企业的核心价值观作为组织文化的核心与精髓，集中体现了企业的基本信仰、价值导向和行为规范。构建并强化正面的企业核心价值观，对于企业文化在人力资源管理中的功能发挥具有至关重要的作用。首先，积极的核心价值观有助于企业形成稳固的文化共同体，从而激发员工强烈的认同感和归属感。其次，明确的核心价值观不仅有助于统一员工的行为决策方向，更能将员工的个人努力与公司整体目标紧密结合，这种一致性对于提升员工自我激励、增强工作绩效具有显著作用。因此，通过精心塑造企业的核心价值观，能够引导员工在日常工作中积极践行，进而营造出积极向上的工作氛围。然而，塑造优秀的企业核心价值观并非一蹴而就，而是一个持续的过程。企业需要持续关注、适时调整并不断完善核心价值观，以确保其与企业的发展方向保持同步。同时，企业还需重视核心价值观的贯彻与落实，要求各级管理人员以身作则，成为践行核心价值观的楷模，引导员工按照核心价值观的要求开展工作。

2. 提升员工归属感

在现代组织管理体系中，提升员工的归属感是一项至关重要的任务。在这一方面，企业文化发挥着举足轻重的作用。

首先，企业文化通过明确并弘扬公司的核心价值观，能够协助员工建立起与组织相一致的价值观念体系，进而强化他们的归属感。以某公司为例，其核心价值观为"团结、创新、服务"，企业文化中持续强调这些价值观的传承与实践，使员工在工作中深刻体会到这些价值的重要性，进而形成与组织之间的情感纽带。

其次，企业文化通过塑造独特的工作氛围和企业形象，同样能够激发员工的归属感。一种强调团队合作的企业文化，能够鼓励员工之间的协作与配合，营造出积极向上的工作氛围。在这样的环境中，员工会感受到自己是团队不可或缺的一部分，其贡献对于整个团队的成功具有至关重要的作用。同时，一种注重奖励与认可的企业文化，能够激励员工更加努力地工作，并使他们感受到自身的价值与成就。通过给予员工适当的奖励与认可，能够使他们感受到自己在组织中的重要性与被需要感。此外，明确且鲜明的公司价值观还能够帮助员工明确工作的意义与目标。当员工能够与公司的价值观产生共鸣，并在工作中践行这些价值观时，他们将更加具有归属感与工作动力。

最后，企业文化还应注重激发员工的参与感。通过多样化的参与活动，能够使员工感受到自己对组织的重要性，从而进一步增强他们的员工归属感。例如，某公司定期举办团队建设活动、员工庆生会等，为员工提供表达意见和想法的平台，使他们感受到自己的参与价值，从而与组织建立更加紧密的联系。

3. 提高人力资源管理效率

在竞争激烈的商业环境中，企业对人力资源管理提出了更高的要求。企业文化在提升人力资源管理效率方面具有重要的作用。第一，企业文化的明确与传播有助于形成统一的管理理念和行为准则，使人力资源管理者能够更好地规划和执行管理策略。第二，企业文化对于员工的激励和凝聚力起到了积极的作用，进而提高了人力资源管理的效率。通过倡导积极向上、勇于担当的价值观，企业可以塑造一种极具凝聚力的工作氛围，让员工产生强烈的归属感和责任感。在这样的文化背景下，员工更愿意投入精力和时间来参与各项人力资源管理活动。第三，企业文化还能够为人力资源管理提供有效的沟通和协作平台，进一步提高工作效率。通过建立开放、透明的沟通机制，企业文化能够鼓励员工主动分享信息、意见和建议，促进团队合作与协作。这种积极的沟通和协作氛围为人力资源管理者提供了更多的机会来获取员工的反馈，使得管理决策更加准确和及时。不仅如此，企业文化还可以通过培养和发展员工的能力和技能，提高人力资源管理的效率。通过引入持续学习和发展的理念，企业文化为员工提供了学习和成长的机会，激发了他们的潜力和创造力。在这种文化氛围中，员工的能力得到了充分的发展，能够更好地适应工作需要，提高工作效率。

（二）企业文化的优化方向

将企业的核心价值观和文化特征包括企业的使命、愿景、价值观及行为准则等方面融入招聘流程中，可以帮助人力资源管理确定候选人是否与企业文化相契合。在招聘流程中，可以采用多种方法来评估候选人对企业文化的认知度。比如，在面试环节中提问与企业文化相关的问题，观察候选人的回答是否与企业价值观相符合，或进行文化匹配测试，以了解候选人对企业文化的理解和认同程度，候选人的反馈和互动也是评估其对企业文化认知度的重要依据。通过企业文化认知度甄选人才，人力资源管理可以确保招聘到的员工与企业的核心价值观和文化特征相一致，有助于建立一个共同的价值观基础，提高员工的归属感和凝聚力。当应聘者在招聘阶段就了解并认同企业文化时，他们更有可能在工作中获得满足感和成就感，从而更有动力留在企业长期发展。

共同愿景是企业文化的核心要素之一，其代表了企业的长期目标、价值观，明确和强调共同愿景，企业能够塑造员工对组织的认同感和主人翁意识，进而促进员工之间的合作和团队精神。要不断在内部传达当前的共同愿景，并确保所有员工都理解和接受这一愿景，通过定期的团队会议、电子邮件通信、内部网站或企业内刊等渠道全方位进行覆盖。可以组织培训，让员工参与讨论和共享他们对共同愿景的理解和看法，并奖励那些积极贡献和践行共同愿景的员工；可以建立开放的沟通渠道、提供支持和培训机会、促进员工间的合作和互助，或组织团队建设活动、社交聚会或志愿者活动等来加强员工之间的联系和互动，以进一步巩固共同愿景的传达和实践。员工的主观能动性在实际工作中的发挥需要建立在个人目标与企业目标统一的基础上，只有当这两个目标相融合时，员工才能对自我价值形成客观认识，并从中培养出责任感和使命感，这种统一为员工提供了充分参与工作的动力。

企业吸引并保留优秀人才的关键，在于构建健全的人才管理机制与职业发展环境。这两大要素在企业的成长壮大过程中发挥着举足轻重的作用。为了保障组织内部的决策公正、资源分配合理，必须实施公平约束。这意味着，在企业的运作中，必须避免对任何个体或群体有所偏袒，确保员工对组织有充分的信任与认同。为了实现这一目标，企业需要制订并实施公平、透明的薪酬体系、晋升机制和绩效评估标准。这不仅有助于减少员工间的不满与冲突，更能增强团队的凝聚力和合作精神。与公平约束相辅相成的是激励机制，它能够充分激发员工的积极性和潜能，推动他们更好地完成工作任务，实现个人成就。激励机制可以表现为多种形式，如设立奖励制度、提供晋升机会以及开展培训与发展项目等。这些措施使员工能够清晰地看到个人努力与组织目标之间的联系，从而激发他们的工作热情，提高工作满意度和忠诚度。这不仅有利于提升员工的个人绩效，还能为组织带来更为卓越的整体业绩。当公平约束和激励机制成为企业文化的核心，将为企业营造一个和谐、积极的工作环境，促进员工关系的健康发展。这种环境不仅有助于吸引和留住优秀人才，还能为企业树立良好的声誉，进而提升其竞争力和长期发展潜力。企业文化的塑造离不开领导层的积极引领和垂范，同时也需要员工的广泛参与和共同努力。只有当公平约束和激励机制深入企业的各个层面和方面，才能真正实现人力资源管理的目标，推动员工的个人成长和组织的持续成功。

第五章 公共服务视角下人力资源规划的优化

第一节 人力资源规划概述

一、人力资源规划的内涵

（一）以组织的战略目标为规划的依据

企业对人力资源的规划是随着组织战略的目标的变化而变化的，所以，组织的战略目标是对人力资源进行规划的基础。

（二）人力资源规划随着组织内外部环境的变化而变化

组织外部环境中政治、经济、社会、技术等一系列因素处于不断变化之中，组织内部环境中的员工队伍本身也处于不断变动之中，这一切都会引起人力资源规划的变化。人力资源规划就是要对人力资源供求状况进行分析预测，以确保组织在近期、中期以及长期对人力资源的需求。然后，制订必要的人力资源政策，确保对人力资源的需求。政策的制订要正确而明晰，涉及内部人员调动补缺、晋升、降级、外聘、开发培训及奖惩等时，要有切实可行的措施保证，保证人力资源规划的实现。

（三）以组织和个人的长期利益为目标

这是指组织的人力资源规划要创造良好的条件，充分发挥组织中每个人的主观能动性，使每个人提高自己的工作效率，从而提高组织效率，使组织的目标得以实现。与此同时，也要切实关心组织中每个人在物质、精神和业务发展方面的需求，并帮助他们在实现组织目标的同时实现个人目标。

（四）人力资源规划具有程序性和可操作性

任何组织的人力资源规划的制订、实施和及时的反馈都起着不可估量的作用。由此可见，人力资源规划是一个过程，是需求和供给平衡的过程，是现状与理想状态差距缩小的过程。

二、人力资源规划的过程

人力资源规划的内容极其丰富且具有多样性，涉猎的范围也相对比较广泛，所以在制订人力资源规划的时候，需要对企业的内部环境、外部环境以及现状有极其充分的认识，要对这些信息进行深入的归纳和总结。现状分析、预测、制订规划以及实施规划是制订人力资源规划的四个步骤。

（一）现有人力资源状况分析

分析企业现有人力资源状况的时候，需要深入了解三个方面的内容：一是行业环境，二是企业外部环境，三是企业的总体战略。要对企业的人力资源状况有基本的认知。企业的组织结构、岗位设置、员工数量、工作压力以及生产要素变动等内容，都包含在需要了解的范围之内。组织内部的人力资源信息也是需要关注的。这里面既包含了员工的个人方面，比如其素质、经验、能力、爱好以及个人追求，也包括了制度方面的内容，比如员工的绩效制度。上述所有信息都是在制订人力资源规划过程中需要用到的理论依据和数据支持。

（二）人力资源的预测

在对企业的运营状况有深刻了解的基础上，还必须对人力成本及实际人力需要量等诸多目标做出全面的分析，然后在此基础上预计公司在该领域未来可能会产生的需求。对人才的供给做出预估是一个难度很大的工作，预估方法的科学性和合理性是保证预估结论准确的前提条件。在重要性方面，内部供应预测通常是优于对外供应预测的。前者主要指的是与雇员的有关信息，包括工作经验、综合素质、职务、学位、年龄等内容，后者主要指的是企业所面临的外部因素，包括大众的就业倾向、劳动力市场现状以及企业所属区域的人口情况。

（三）人力资源规划的制订

人力资源规划决定了人力资源体系是否合理有效。在制订人力资源规划的过程中，很多信息是必须关注的。实践过程中进行人力资源管理的具体方法、任务的具体内容、人力资源战略目标、企业未来的人力资源供需状况、公司的人员流动规划、员工培养方法和职业规划以及公司战略目标的适配度等，都是需要考虑的问题。要确保人力资源规划的完整性，这些细节丰富，有利于提高企业人力资源管理的效果，同时能够让人力资源管理工作和其他管理模块结合得更加紧密。

（四）人力资源规划的实施

企业优化人力资源管理体系的过程，其实就是实践人力资源规划的过程。要对企业的组织机构进行完善，对薪酬制度、招聘制度、绩效考核制度和福利制度中存在的缺陷进行补足。让员工得到更高质量的职业培训，拥有更为广阔的职业发展前景，对管理体系进行进一步的完善。在实践人力资源规划的过程中，要对实践结果和供需预测结果进行对比，通过总体规划和业务规划两种方式，尽可能使企业对人力资源的供给和需求保持相对平衡的状态。人力资源规划和企业发展战略之间要保持方向性上的一致，要对其实时关注，防止二者发生冲突。同时要确保前者能够和人力资源领域的模块设计相契合，确保模块设置是可操作的且具备合理性。另外，要有相应的标准，能够对规划具体的实施效果进行评析，然后在此基础之上对出现的缺陷和错误进行修正。

三、人力资源规划的分类

（一）按规划的内容分

1.人力资源战略发展规划

人力资源战略发展规划是根据企业总体发展战略的目标，对企业人力资源开发和利用的大政方针、政策和策略的规定，是各种人力资源具体计划的核心，是事关全局的关键性规划。

2.人力资源组织人事规划

狭义的组织设计是不包括人力资源供需平衡计划的，实际在广义的人力资源规划中，组织设计涵盖了组织结构设计与调整规划、劳动组织设计与调整规划、人力资源供需平衡计划。前两种规划主要包括部门化组织设计、工作岗位设置、劳动定员定额和科学地组织劳动生产，一旦设计调整好，相对来说会长期保持稳定状态，而第三种则经常需要根据企业内外部环境进行适应性的调整，因而我们可以把前两种规划合称为静态的组织人事规划，而把人力资源供需平衡计划称为动态的组织人事规划，加以区别对待。

3.人力资源管理费用预算

人力资源管理费用预算是企业在一个生产经营周期（一般为一年）内，人力资源全部管理活动预期的费用支出的计划。人力资源规划的根本目的就是通过分权、分责、分利的人力资源管理活动实现人力资源与其他资源的最佳配置，而企业人力资源管理费用预算则是计划期内人力资源及其各种相关的管理活动得以正常运行的资金保证，因此，组织人事规划不能脱离人力资源管理费用预算而独立进行，人力资源管理费用预算在人力资源规划中占有重要地位。

4.人力资源管理制度建设

人力资源管理制度建设是人力资源总规划目标实现的重要保证,包括人力资源管理制度体系建设的程序、制度化管理等内容。

5.人力资源开发规划

人力资源开发规划包括企业全员培训开发规划(员工职业技能的培训计划、员工职业道德的教育计划)、专门人才的培养计划、人员轮换接替计划、员工职业生涯发展规划、企业文化建设等。

6.人力资源系统调整发展规划

规划并非是一成不变的,它是一个动态的开放系统,应对其实施过程及结果进行监督、评估,并重视信息的反馈,不断调整规划,使其更切合实际,更好地促进企业目标的实现。

(二)按规划的期限分

1.中长期规划

一般来说,5年以上的计划可以称为长期规划;中期规划期限在1年以上、5年以下。

2.短期计划

1年及以内,一般按照年度编制。

但是,具体的时限没有统一标准。有的企业将短期规划定为3~6个月,将中期规划定为6个月至2年,长期规划则定为2~5年;而有的企业,即使是短期规划,也都定在10年以上。显然,具体的规划时限应根据组织的性质、规模来定。

(三)按规划的层次分

人力资源规划包括两个层次,即总体规划及各项业务计划。

人力资源的总体规划是有关计划期内人力资源开发利用的总目标、总政策、实施步骤及总的预算安排。

各项业务计划包括配备计划、退休解聘计划、补充计划、使用计划、培训开发计划、职业计划、绩效与薪酬福利计划、劳动关系等计划。

(四)按规划的全局性和长远性不同分

人力资源规划可分为战略性的长期规划、策略性的中期规划和具体作业性的短期计划;也可分为战略计划和战术计划两个方面。

1. 战略计划

人力资源规划的实质是促进企业实现目标，因此它必须具有战略性、前瞻性和目标性，要体现组织的发展要求。同时要注意战略规划稳定性和灵活性的统一。

2. 战术计划

人力资源规划是将企业经营战略和目标转化成人力需求，从企业整体的超前和量化的角度分析和制订人力资源管理的一些具体目标和实施计划。战术计划则是根据公司未来面临的外部人力资源供求的预测，以及公司的发展对人力资源的需求量的预测，制订的具体方案包括招聘、辞退、晋升、培训、工资福利政策、梯队建设和组织变革。

四、人力资源规划的目的和作用

（一）人力资源规划的目的

1. 规划人力发展

人力发展包括人力预测、人力增补及人员培训，这三者紧密联系，不可分割。人力资源规划一方面对人力现状予以分析，以了解人事动态；另一方面，对未来人力需求做一些预测，以便对企业人力的增减进行通盘考虑，再据以制订人员增补和培训计划。所以，人力资源规划是人力发展的基础。

2. 合理运用人力资源

只有少数企业的人力配置完全符合理想的状况。在相当多的企业中，其中一些人的工作负荷过重，而另一些人则工作过于轻松；也许一些人的能力有限，而另一些人则感到能力有余，未能充分利用。人力资源规划可改善人力分配的不平衡状况，进而谋求合理化，使人力资源能配合组织的发展需要。

3. 配合组织发展的需要

任何组织的特性都是不断地追求生存和发展，而生存和发展的主要因素是人力资源的获得与运用，也就是如何适时、适量及适质地使组织获得所需的各类人力资源。现代科学技术日新月异，社会环境变化多端，如何针对这些多变的因素，配合组织发展目标，对人力资源的合理规划甚为重要。

4. 降低用人成本

影响企业结构用人数目的因素很多，如业务、技术革新、机器设备、组织工作制度、工作人员的能力等。人力资源规划可对现有的人力结构做一些分析，并找出影响人力资源有效运用的瓶颈，使人力资源效能充分发挥，降低人力资源在成本中所占的比率。

（二）人力资源规划的作用

1.满足组织总体战略发展的要求

人力资源规划是组织发展战略的重要组成部分，也是实现组织战略目标的重要保证。

2.确保组织生存发展过程中对人力资源的需求

人力资源部门必须分析组织人力资源的需求和供给之间的差距，制订各种规划来满足对人力资源的需求。

3.有利于人力资源管理活动的有序化

人力资源规划是企业人力资源管理工作的基础，它由总体规划和各种业务计划构成，为管理活动（如确定人员的需求量、供给量、调整职务和任务、培训等）提供可靠的信息和依据，进而保证管理活动的有序化。

4.有利于调动员工的积极性和创造性

人力资源管理要求在实现组织目标的同时，要满足员工的个人需要（包括物质需要和精神需要），这样才能激发员工持久的积极性。而只有在人力资源规划的条件下，员工对自己可满足的东西和满足的水平才是可知的。

5.有利于控制人力资源成本

人力资源规划有助于检查和测算出人力资源规划方案的实施成本及其带来的效益，避免企业发展过程中因人力资源浪费而造成的人工成本过高的问题。要通过人力资源规划预测组织人员的变化，调整组织的人员结构，把人工成本控制在合理的水平上，这是组织持续发展不可缺少的环节。

五、人力资源规划的原则

人力资源供给保障问题是人力资源计划中应解决的核心问题。因此，企业人力资源计划要通过一系列科学的预测和分析（包括人员的流入预测，流出预测，人员的内部流动预测，社会人力资源供给状况分析，人员流动的损益分析等），确保企业对所需要的人力资源的满足。只有有效地保证了对企业的人力资源供给，才可能去进行更深层次的人力资源管理与开发。

（一）与内外环境相适应的原则

人力资源规划只有充分地考虑了内、外环境的变化，才能适应需要，真正地做到为企业发展目标服务。内部变化主要指销售的变化、开发的变化，或者说企业发展战略的变化，还有公司员工的流动变化等；外部变化指社会消费市场的变化、政府有关人力资源政策的变化、人才市场的变化等。为了更好地适应这些变化，在人力资源计划中，应该对可能出现的情况做出预测和风险评估，最好能有面对风险的应对策略。

（二）与战略目标相适应的原则

人力资源规划的制订必须依据组织的发展战略、目标，因为人员规划是企业整个发展规划中的重要组成部分，其首要前提就是服从企业整体发展战略的需要，只有这样才能保证企业目标与企业资源的协调发展。

人力资源的总体规划建立在企业总体战略的基础上，总体规划需要明确人力资源管理的职能战略目标、规划的周期、规划的范围，在明确为企业总体规划的同时，建立与之相适应的人力资源文化，从而吸纳、消化、开发人员。

（三）双方都得到长期利益的原则

人力资源规划不仅是面向企业的计划，也是面向员工的计划。企业的发展和员工的发展是互相依托、互相促进的关系。如果只考虑企业的发展需要，而忽视了员工的发展，则会有损企业发展目标的达成。优秀的人力资源规划一定是能够使企业和员工都得到长期利益的计划，一定是能够使企业和员工共同发展的计划。

（四）保持适度流动性的原则

员工队伍的合理流动对企业的稳定健康发展有着不言而喻的作用。员工流动性过低，不利于发挥员工的积极性和创造性；流动性过高，造成人力成本的损耗，使企业生产经营成本增加。

六、人力资源规划的意义

（一）从社会角度看人力资源规划的意义

1. 人力资源规划是社会稳定的保障

从宏观来看，整个社会是一个大的组织，单个的企业或者政府组织都是社会大组织的一个构成单位。社会要稳定，就需要各个构成单位的和谐、稳定、平衡发展。人力资源规划的作用是指导企业组织或者政府组织在战略指导下充分预测组织未来发展对人力资源数量、质量、结构等各方面的要求，分析组织现有人力资源存量和未来在组织内外可获得、可开发的人力资源状况，并且制订行动方案，有计划地获取和开发这些资源。整个社会的人力资源要通过每个组织的人力资源规划来实现合理配置，将个体输送到合适的组织、合适的岗位，这是社会稳定的重要保障。

2.人力资源规划是社会进步的动力

组织为了应对激烈的竞争环境，必须拥有竞争优势，会产生越来越高的人力资源要求。社会环境中的人力资源必须满足组织的要求才可能进入组织，获得自我发展的机会。人力资源规划是组织需求与社会接轨的桥梁，通过人力资源规划工作将组织对人力资源素质的高要求传达给个体，能促进整个社会人力资源素质的提升，为社会进步提供动力。

（二）从组织层面看人力资源规划的意义

1.人力资源规划有利于组织战略、目标、愿景的实现

首先，人力资源规划可以帮助组织识别战略目标。组织在不断变化的社会环境中生存，战略目标不可能一成不变。人才的稀缺性使组织认识到，战略是现实的，不是理想化的，那种需要什么人才就可以找到什么人才的时代已经走远了，在当今社会，必须将"需要什么人才与能够获得什么人才"结合起来，才能形成理性的战略。人力资源规划通过需求预测、供给预测，可以使组织辨别战略、目标、愿景的现实性和科学性。

其次，人力资源规划有助于创造组织实现战略目标的内部环境。组织的内部环境是一个多种资源综合作用的复杂体系，人力资源是其中的一个关键要素。通过人力资源规划进行合理的人员配置、安排、流动，可以实现多种资源的优化配置，促进资源使用效率的提高，为组织战略目标的实现提供一个良好的内部环境。

最后，人力资源规划能为战略目标提供人力资源保障，这是非常显而易见的。只有人力资源数量、质量、结构都支持组织战略目标，且个体目标与组织目标一致的时候，才能确保组织战略的有效达成。人力资源规划工作正好能够保证组织的人力资源与战略的匹配。

2.人力资源规划有利于人力资源管理工作的开展和提升

不管如何定位人力资源规划与人力资源管理之间的关系，人力资源规划都能为人力资源管理各个板块的工作提供背景和目标设定。需要什么样的人、需要多少人、什么时候需要人、什么岗位需要人，这些问题都可以通过人力资源规划解决，而这些问题的答案就是人员招聘与甄选、培训与开发、薪酬管理、绩效考核、职业生涯规划等各板块的工作目标。因此，人力资源规划有利于组织开展有效的人力资源管理活动，并且能够提高这些活动的效率。

（三）从个人角度看人力资源规划的意义

组织层面的人力资源规划也将对个人产生重大影响。人力资源规划可以使个人了解各个组织在各个层面的人力资源的未来需求，即个人的发展需求。这就为个人设定了一个目标，可以指导个人设计自己的职业生涯发展计划，这对提高个人的综合素质，实现个人目标，提高个人的工作质量和生活质量非常有益。

七、企业发展战略与人力资源规划的关系

企业发展战略对人力资源规划的影响较大。企业的战略规划是一个公司未来前进的方向，企业战略包括了经营、预算、市场计划等多个方面，企业发展战略决定着为了实现企业目标而需要采取的具体行动，企业发展战略的制订影响着人力资源规划的制订，企业发展战略目标若发生变化，将会使企业结构、市场经营计划等发生改变，从而导致各部门的总任务发生变化，人力资源规划将会随着公司的调整而做出改变，人力资源规划的制订最终要为企业目标的实现而努力，既要与企业的长期目标一致，也要与企业短期目标一致。

人力资源规划与企业发展战略有着密不可分的关系。企业发展战略有着不同层次和不同时期的目标计划，而人力资源规划的员工数量和质量、员工价值都要和企业发展战略目标相匹配，企业发展战略目标的实现需要人力资源规划做保证，也需要人力资源规划根据企业发展战略目标的不同而做出不同的规划，人力资源规划的质量决定着企业发展战略目标的明确度。企业长期目标的实现需要人力资源规划对人员未来的需求、员工的职业规划、薪酬考核有一个长期的规划，使得每一位员工都要朝着企业的长期目标的实现而努力；企业短期目标的制订，需要人力资源规划进行一个具体且实际的规划，保证每一部门、每个项目部人员的及时供应，确保企业在每个阶段都能达到具体的运营状态，提前安排人员做好准备，确保企业目标的稳步实现。

八、人力资源规划的发展历程

（一）人力资源规划的产生阶段

在 19 世纪 60 年代之前，当时的社会一直处于"卖方"市场，工厂没有相关的人力资源管理制度，也没有形成人力资源规划，后来工厂进一步扩大，开始有专门的人来负责，但是也只是对人的管理，仅仅处理事务性的招聘和解聘工作，对人力资源的规划还未形成。19 世纪末，由于工业技术的革新，流水性作业代替了传统的

生产，机器代替了手工工场，大多数制造业工厂的工人人数大量增加，小规模的经营开始向企业制度改变。虽然技术上取得了进步，但是流水作业管理经营未得到广泛的认可，大部分雇主还通过延长工作时间来提高工作效率，这样导致劳资关系矛盾加大。面对这种形势，泰勒发起科学管理运动，提高了工人对工作满意度，生产也从传统生产向标准化生产转变。由于企业规模的扩大，人力资源管理相继发展起来，早期的人力资源规划更多的是人事管理。在这个阶段，人才还不被看作一种资源，人事管理更多是一种管理活动，主要针对日常工资发放、考勤、办理退休等工作。后来，人力资源规划的员工招聘、选拔、绩效考核等职能逐渐产生，也有了人力资源的需求和供应的预测，并根据人员的变化制订相应的政策。1954 年，彼得·德鲁克在《管理的实践》中首次提出"人力资源"这一概念，人们开始慢慢意识到人力资源对公司发展的重要程度，和其他资源相比，人力资源具有其他资源所没有的素质，即协调能力、融合能力、判断力和想象力；人力资源规划的研究是从人员管理、人员配置、人员提升这些孤立的、具体的问题中发展起来；科技发展迅速，人才更加重要，特别是高级人才，人力资源规划在企业中的影响增大了。19 世纪 70 年代至 90 年代，开始形成人力资源管理的相关措施来保障员工福利，也制订了退休政策等，企业管理者也不断地意识到员工的行为和能力、业绩是企业保持竞争优势的核心。

随着社会的发展，现在人力资源规划在企业的发展中的作用越来越突出，人力资源规划的职能和定义也在不断地完善，现在企业进行人力资源规划的时候，更加综合各个方面的因素并结合公司的发展来考虑。人力资源规划开始受到更多的关注。

（二）人力资源规划的发展阶段

20 世纪 60 年代以后是人力资源发展阶段，由于企业规模的不断扩大以及科学技术的不断提高，人才的需求量大幅度地增加，高级科技人才已经出现供需不平衡的状况。供需矛盾的突出，导致人力资源规划的重要性不断地呈现出来，人力资源规划中目标的确定、人员需求的预测，以及针对供需不平衡的方案提出等方面都显得格外重要，人们根据以前企业的人员情况，对未来企业的发展制订了人力资源的需求方案，在这个过程中，人力资源规划普遍被认为是确定供需情况并根据企业需求情况不断地调整招聘、选拔等方案的过程。20 世纪 70 年代，美国各种法律对企业的雇佣行为进行了限制，并对员工的权益进行了保护。1977 年，美国人力资源战略与规划学会的成立标志着人力资源战略与规划的职能已经产生。1978 年，在亚特兰大召开的第一次人力资源战略与规划学会上，人们对人力资源战略与规划的看法发生了改变，不再认为人力资源战略与规划仅仅是对人员供应和需求的预测，还包括员工的职业发展、工作绩效，人力资源环境等多个方面，人力资源管理的业务范围扩展到组织设计、招聘管理等，从单一的人员管理、配置和提升到各个领域的协调，人力资源管理开始着眼于公司战略的实现。

在这个阶段，传统的人事管理转变为人力资源管理。这一阶段，学者达特尼出版了《改革人力资源管理》，彼得森出版了《人力资源系统管理》，迈克尔·比尔出版了《管理人力资本》；学者王宝石在《人力资源管理》中提出，应根据企业发展策略的要求，有计划地对人力资源进行合理配置，通过企业中员工的招聘、培训、使用、考核、激励、调整等一系列过程，提高人员的积极性，充分发挥公司人员的能力，为公司带来更多的效益，确保企业战略目标的实现。当人力资源的发展上升到一定高度时，就需要规划的出现。学者张丽云在《人力资源管理》中认为，人力资源规划不是一种单独的规划，而是包括升职、培训开发、人员调配等一系列的规划，基本包含了人力资源中所涉及的各项管理工作，并对其进行量化，结合人力和物力的变动，对人员进行相应的调整，促使人和物达到更好的匹配，发挥人和物各自的优势，最终实现规划的目标。叶龙、史振磊提出，劳动力的价值表现为劳动力在生产生活资料维持的价值。人力资源规划价值的范围则要更加宽泛，知识、技能、信息是人力资源规划的核心，构成了人力资源规划价值的主体。张宗虎、王瑞永在《人力资源管理流程设计与工作标准》中提出，人力资源规划不仅要结合公司的目标的实现，还要结合员工个人发展，使公司目标和个人的发展都得到实现，获得一种双赢的局面。戴尔在1984年提出，组织战略对一个公司的人力资源战略有着很大的影响。舒勒于1987年提出，人力资源战略受到规划、配置、评估、报酬和培训与开发的影响，是一种计划和方案。加里·德斯勒在《人力资源管理》中认为，人力资源规划是管理者职责的重要部分，人力资源规划的职责不只在人力资源管理部门中体现，只要是公司的管理者都应该具有人力资源规划的观念，因为获得公司员工的奉献精神是成功的人员管理的基础，而每个阶段的管理者在实践中的情况都有利于对公司员工的奉献精神进行培养。无论是从理论上还是在实践中，都能看到人力资源规划职能的扩展，人力资源规划中表现出来的问题开始逐步得到解决，但是人力资源战略与规划作为一个完整的体系还没有形成。

（三）人力资源规划的成熟阶段

20世纪80年代以来，企业的经营理念发生了很大改变，很多企业实行分权式管理，对辅助性的员工不再需要长期用工形式，更希望是以兼职和短期用工的形式实现。在这样的情况下，短期人员的流动性增大，人力资源规划的重点也发生改变，由主要的人力资源供需向重点培养高层管理人员和人员交接计划，企业改革、人员精减等方面转变。如今，人力资源管理理论被更广泛地运用到实践中，在经济全球化的背景下，形成了国际化人力资源管理，人力资源管理和组织竞争优势已经密切相关，因此人力资源战略与规划的重要性就越来越突出，人力资源将不再只有人力资源管理一个独立的职能，人力资源规划将与企业的战略紧密地联系在一起，以达到企业外部和内部环境的统一。在企业战略目标确定的情况下制订人力资源规划，使得人力资源不仅实现外部和内部的统一，还实现水平和垂直性的统一。人力资源规划在实践中的不断应用，使人力资源管理的理论也层出不穷。戴瓦纳（Devanna）在《人力资源管理：一个战略观》一文中首次提出"战略人力资源管理"的概念，将人力资源管理上升到战略的高度。在《人力资源战略与规划》中，赵曙明认为人力资源战略是一个通过受到内外部因素的影响来制订企业目标，从而通过人力资源管理活动来最终实现人力资源目标的过程。面对不断变化的环境，必须要从根本上由传统的人员事务管理向现代化人力资源管理转变，将人力资源规划和企业的战略紧密地结合在一起，真正发挥人力资源规划的作用。虽然人力资源战略与规划无论从理论上还是实践中都取得了巨大的进步，但是人力资源战略与规划在企业实际运用中还存在着不少问题。企业目标的不清晰，导致人力资源规划不可能有明确的规划。企业外部环境的变化过快，人力资源规划的调整难度会增加，很多企业由于缺乏专业的人力资源规划，不能适应现代化人力资源管理的要求，各部门对企业战略目标认识不够，不能有效配合相关工作。随着全球化进度加快，优秀人才在一家公司中的必要性会越来越凸显，人力资源规划在企业规划中的地位也将会不断提高。

第二节 公共服务视角下事业单位人力资源规划管理

一、事业单位人力资源规划的特点与意义

（一）事业单位人力资源规划的特点

1. 体制特点

我国的事业单位普遍具有政府行政背景和公共服务导向，并有相对稳定的组织结构和岗位设置。事业单位人力资源规划考虑到政府政策导向和机构职能需要，注重与政府战略目标的契合度。

2.人员数量庞大

我国的事业单位涉及教育、医疗、公安、交通等多个领域，人员规模庞大。人力资源规划需要管理大量的人员，并要确保人才合理配置，以满足各个部门的需求。

3.职业规范与能力培养

事业单位往往有相对完善的职业规范和技能要求，例如教育部门的教师资格证、医疗部门的医师执业资格证等。人力资源规划需要关注人员的能力培养和继续专业发展，以确保员工素质与职业要求相匹配。

4.高度注重稳定性和公平性

我国的事业单位人力资源规划注重岗位稳定性和公平性。招聘、晋升和分配等方面，会严格按照规定程序进行，尽量避免利益和权力干预，以确保人事安排的公正性和合理性。

5.考虑公益和效益的平衡

我国事业单位人力资源规划需要平衡公益和效益的关系。一方面，事业单位的目标是提供公共服务，满足社会需求；另一方面，需要考虑资源的有效配置和提高工作效率，以实现可持续发展。

6.政策引导和监管支持

我国政府对事业单位的人力资源规划给予政策引导和监管支持，通过相关法律法规、规章制度等，明确了人力资源规划的要求和标准，推动了事业单位人力资源管理水平的提升。

（二）事业单位人力资源规划的意义

1.有效整合单位内部各项资源

人力资源信息化建设的基本目标就是合理调配人力资源，从而配合其他部门，最大限度发挥各项资源的有效价值，提高部门运营效率。一方面，事业单位的人力资源规划可以有效提高内部资源利用水平，除人力资源管理部门以外的其他部门也需要根据相关的人力资源信息调配资源，尽量减少不必要的资源浪费，并合理调度工作，保障事业单位正常运转。另一方面，加强人力资源规划还可以有效规范事业单位的业务流程，使得各个岗位之间能够有效配合，并清晰划分责任，减少不必要的纷争，为促进事业单位各项资源的整合利用奠定基础。

2.提高人力资源管理绩效

人力资源管理与其他管理工作不同，受人的主观影响较大，因此提高人力资源管理绩效一直都是该工作重点关注的内容。人力资源规划能够有效地提高人力资源管理绩效，最大限度地降低管理成本。一是人力资源规划能够通过对现有人力资源的科学规划来提高人力资源管理效率；二是人力资源规划更加注重人力资源管理整体性，并注重人力资源开发，包括对现有人才的技能提升及潜能激发，从而通过最大限度发挥人力资源作用来提高人力资源管理水平。除此之外，人力资源规划实施过程是一个长久的管理过程，需从事业单位的整体发展角度推出持续性的规划策略，这对事业单位从整体上提升人力资源管理绩效具有积极意义。

二、人力资源规划对组织创新与竞争力的影响分析

（一）人力资源规划对组织创新要素的影响

人力资源规划与组织创新之间存在密切的关系。人力资源规划是指在组织内部对人力资源进行全面、系统的分析和预测，从而合理配置和管理人力资源，实现组织的长远发展和高效运行。而组织创新是指组织在产品、技术、管理等方面引入新思想、新观念和新方法，以获得新的竞争优势和价值。人力资源规划通过合理配置和管理人力资源，为组织提供人才支持和环境支持，促进组织创新能力和竞争力的提升。而组织创新需要人力资源规划提供创新型人才的供给、创新文化的培育和创新项目的支持，以实现组织的创新目标和发展。人力资源规划对组织创新要素具有重要的影响，主要体现在以下几方面。

1.人才结构优化

人力资源规划通过分析组织当前和未来的人才需求，能够帮助组织优化人才结构，即确保组织拥有合适的人才数量和质量。合理配置和培养不同类型和层次的人才，有助于激发创新活力，促进组织创新能力的提升。

2.人才选拔精准

人力资源规划在招聘和选拔过程中，通过明确组织创新要求和职能特点以及建立科学的人才评估和筛选机制，有针对性地选拔具备创新潜力和发展潜力的人才，这样可以提高组织的人才质量，为创新提供有力的支持。

3.人才培养和发展

人力资源规划通过明确组织的创新能力和发展方向，可以制订相应的人才培养和发展计划。培养和激发员工的创新意识、创新能力和创新思维，提供针对性的培训机会，有助于塑造组织的创新文化和创新氛围。

4.制度和政策支持

人力资源规划可以促使组织建立相应的制度和政策，以支持和鼓励创新。例如，

通过激励机制、晋升制度、奖励政策等措施，激发员工的创新热情和积极性，为创新提供相应的保障和支持。

5. 组织文化和价值观塑造

人力资源规划还可以通过组织文化和价值观塑造，促进创新氛围和创新思维的形成。通过强调创新、鼓励试错、倡导学习和开放的价值观，可以激发员工的创新潜能和创造力。

人力资源规划对组织创新要素的影响深远。通过在优化人才结构、人才精准选拔、人才培养和发展、制度和政策支持以及组织文化和价值观塑造等方面的作用，人力资源规划有助于提升组织的创新能力和竞争力，推动组织创新的成功实施。

（二）人力资源规划对组织竞争力要素的影响

人力资源规划对于组织竞争力的提升起着重要的作用。通过合理配置和管理人力资源，培养创新能力，建立有竞争力的文化，制订激励机制以及加强领导力和团队建设，人力资源规划能够帮助组织发挥人才优势、加强创新和提升综合竞争力，从而使组织在市场竞争中取得良好的业绩和经济增长。人力资源规划对组织竞争力要素有着重要的影响，主要体现在以下几方面。

1. 人才优势

人力资源规划通过科学的人才供需分析和匹配，帮助组织拥有高质量的人才。合理的人才配置和培养能够形成组织的人才优势，通过招聘、选拔和培养优秀人才，提升组织的创新能力、专业能力和执行能力，从而提升组织的竞争力。

2. 创新能力

人力资源规划通过确定组织创新的需求和目标，激发员工的创新思维和创造力，提供适当的培训和发展机会，支持员工在工作中提出新的想法，实施创新和改进，从而提升组织的创新能力和竞争力。

3. 组织文化

人力资源规划通过塑造组织文化和价值观，形成具有竞争力的工作环境和氛围。营造鼓励创新、协作和学习的文化，提升员工的积极性和凝聚力，激发他们的潜力，促进创新活动的发生和持续推进。

4. 领导力与团队建设

人力资源规划重视领导力的发展和团队建设。通过培养和发展优秀的领导者，能够引领组织朝着创新和竞争力要求的方向发展。同时，注重团队的构建和发展，培养高效合作的团队，能够更好地实现组织的创新和竞争力提升。

5. 激励与奖励机制

人力资源规划可以制订激励和奖励机制，激发员工的工作动力和积极性。通过设立激励措施、薪酬和晋升制度，能够奖励那些在组织创新中有杰出贡献的员工，帮助组织留住优秀人才，并吸引更多的优秀人才加入。

人力资源规划通过在合理配置和管理人力资源、提升创新能力、塑造有竞争力的组织文化、培养领导力和团队建设、建立激励与奖励机制等方面的影响，对于发挥组织的人才优势，提升创新能力和竞争力，起着关键的作用。

（三）人力资源规划对组织创新和竞争力提升的作用机制

人力资源规划对组织创新和竞争力提升的作用机制主要体现在以下几方面。

1. 人才供给与创新能力

人力资源规划通过对组织的创新需求进行预测和分析，确定并配置合适的人才资源。合理的人才供给可以满足组织各个层面的创新需求，为创新活动提供持续的人力资源支持。这将有助于提高组织的创新能力，推动创新项目的顺利实施，并为组织的竞争力提升提供基础。

2. 培训与发展支持

人力资源规划通过制订培训计划和提供持续学习机会支持组织的创新和竞争力的提升。培训和发展能够帮助员工不断提升创新能力和创新技能水平，使员工具备适应能力和解决问题的能力，为组织的创新活动提供有力的支持。

3. 组织文化与创新氛围

人力资源规划通过塑造组织文化，营造积极的创新氛围。一个鼓励创新、注重学习和持续改进的组织文化能够激发员工的创新热情和潜力，鼓励他们提出新的想法并实施创新举措，促进组织的创新和竞争力的提升。

4. 激励与奖励机制

人力资源规划可以制订激励和奖励机制，以激发员工的积极性和创新动力。通过设立奖励制度、晋升和薪酬福利政策，回报那些对组织创新和竞争力提升有杰出贡献的员工，这样可以增强员工的工作动力，激发他们的创新意识和创新能力。

5. 创新项目管理

人力资源规划涉及项目管理方面的工作，通过科学的选人机制、项目组织和团队建设，能够提高创新项目的执行效率和成功率。具备良好的人力资源规划，可以确保组织针对创新项目提供适当的人力资源，包括专业技术人员、项目管理人员和团队成员，从而有效推动创新活动开展，并提升组织的竞争力。

三、事业单位人力资源规划中存在的问题

（一）优秀人才队伍建设水平有待提升

目前，大多数事业单位在人力资源规划的过程中，虽已意识到优秀人才队伍建设的重要性，但在实际的工作落实中依旧存在以下几点问题。

1. 高层次、高质量人才相对匮乏

人才作为事业单位稳定运行的关键力量，其专业素养和专业技能的高低直接关乎单位各项事务开展的质量和水平。就当前的情况来看，部分事业单位依旧存在高质量专业人才相对紧缺的现象，加上一些招聘条件的限制，无法满足事业单位的实际发展需求，这在一定程度上阻碍了事业单位内部优秀人才队伍的建设进程。

2. 优秀人才培养定位存在偏差

现阶段，有些事业单位虽已建立了完善的考核机制和激励机制，但对高尖端人才、复合型人才、技术型人才的培养机制建设模式依旧处于不断摸索的阶段，这进一步影响了事业单位内部人才队伍建设的整体成效。除此之外，在部分基层事业单位之中，存在人力资源规划较为滞后的现象，不仅没有设置较为系统的绩效管理机制，也没有设计科学的奖惩方案，使得内部一些工作较为出色且专业素养较高的人才没有获得与之对应的奖励，从而降低了该类人才的积极性和主动性。长此以往，势必会对事业单位的建设发展造成一定的不良影响。

（二）人力资源考核指标、评价体系不健全

人力资源规划的有效落实和执行，必须有配套的绩效考核评价机制对其进行监督与控制。但是，受内外部多重因素的影响，一些事业单位存在人力资源考核指标评价体系不健全、考核内容不一致、考核形式单一、考核标准模糊以及考核反馈结果应用不充分等问题，严重影响了人力资源规划的实施效果和应用价值。同时，有些单位基本围绕年度工作完成情况进行考核，整个考核周期过长，加上考核部门在考核过程中极易受到上级领导干预、人情因素以及主观臆断等方面的影响，导致最终的考核不仅难以体现不同岗位职工工作情况的差异性，还无法保证考核评价的公正性和公平性。此外，有些事业单位虽已建立了配套的监督惩罚机制和绩效管理机制，但在实际操作和落实方面还存在着一定的阻碍，难以对各岗位职工进行全方位的量化考核，这在一定程度上增加了人力资源规划的落实难度和执行偏差，不利于保持各岗位职工的工作热情及工作积极性。

（三）岗位说明书不够完善

相较于企业而言，事业单位的人力资源规划所覆盖的范围较广、部门较为特殊，且不同区域内事业单位所承担的工作职能存在较大差异，即使是同一岗位，在实际工作中所承担的任务内容和岗位职责也存在一定区别。其根本原因是当前事业单位岗位说明书不够完善，没有结合区域内事业单位发展现状详细说明岗位内容与岗位规划，导致事业单位人力资源规划只停留在表面，无法优化单位内部的人才结构。

（四）岗位聘用与岗位设置不够科学

首先，受传统管理理念的影响，部分单位忽视了岗位制度改革的本意，使人力资源规划工作的开展受阻。同时，部分事业单位因编制较少，仍存在一人多岗、人岗不匹配等历史遗留问题，致使事业单位内部的管理决策失误问题频频发生。长此以往，势必会对事业单位的长远发展造成一定的阻碍。

其次，有些事业单位内部并没有制订完善的人力资源规划，而是按照统一标准对事业单位进行岗位设置，导致岗位设置不够科学与合理，缺乏明确的界定与限制，很容易产生岗位职责模糊、岗位等级混淆的问题。

最后，在事业单位体制改革的不断推进下，部分事业单位逐渐由原来的"因事设岗"向"因人设岗"转变，虽然在一定程度上暂时缓解了人才挤压问题，却限制了事业单位工作人员未来的职业生涯发展，不仅无形中增大了人力资源规划工作的后续开展难度，还为事业单位岗位设置管理工作埋下了诸多隐患。

四、事业单位人力资源规划实施的主要对策

（一）提升人力资源规划理念

事业单位要加强人力资源规划，首先应该改变落后的人力资源规划观念，树立现代化的管理观念，进而最大限度发挥员工能动性，提高员工为企业创造效益的积极性。一方面，事业单位要重视人力资源规划作用，在人力资源管理过程中通过规划理念来提高人力资源管理效率，充分借鉴现代企业及市场化的人力资源管理理念，吸收一些有助于事业单位人力资源规划实施的先进理念，促进事业单位人力资源规划实施。比如，在人力资源规划过程中，依托"以人为本"原则进行人才开发，分析不同人才的优劣势，并根据人才需求提高人力资源开发效果。另一方面，事业单位还要重视人力资源规划制度的灵活调整。现阶段，我国中央管理部门对于事业单位的人力资源规划提出了要求，各级事业单位要依据党中央的人力资源规划指导思想来对各级部门的人力资源进行有效开发。比如，在制订人力资源规划目标的过程中，

要具体到事业单位职能，同时要及时根据事业单位的职能转变与制度改革来更新人力资源规划理念，从而以适应性更强的人力资源规划理念来提升人力资源管理效率。

（二）优化人力资源结构

人力资源规划强调根据事业单位的发展目标，对事业单位的各项人力资源进行协调，从而实现人力资源的有效配置。人力资源的能动性决定了人力资源规划工作要与时俱进。事业单位的人力资源结构优化工作可以从以下几方面入手。

1. 科学制订人力资源规划

人力资源是事业单位发展的重要资源，事业单位在发展过程中，会根据自身的实际情况来制订人力资源规划，详细地分析职工需求数量和需求结构，从而制订切实可行的措施，确保人力资源规划得以实现。科学合理的人力资源规划是事业单位人力资源结构得以优化的重要保障，在制订人力资源规划过程中，事业单位不应着眼于眼前，而应该具有较好的前瞻性，以长远的发展眼光来准确预测事业单位改革发展的趋势，并进一步对人力资源进行整体规划。在当前人力资源规划过程中，事业单位要重视对高层次创新人才的引进，缓解当前基层事业单位高层次创新型人才总量少及创新能力不足的问题。进一步完善人才引进和培养机制，针对不同人才的特点，制订相应的职业发展路径，加大对科技人员的激励措施，使其在工作中不断创新，健全人才培养机制。尽可能延长高层次尖端人才的工作年限，避免人才浪费现象发生，实现用人成本的节约。

2. 建立人力资源动态管理机制

动态管理机制是人力资源优化的又一关键环节，通过完善的动态管理，建立起人力资源管理的快速反应机制。在注重实效的前提下，及时修正和调整人才引进策略、薪酬制度、绩效考核办法，强调竞争意识和危机意识，做到各个岗位"能上能下，能进能出"，调动人员的积极性，提高单位综合实力。这需要做好两个方面的内容：一方面，在注重个性品质和工作技能的前提下，根据单位工作实际及时做出调整，满足各部门用人需求，合理配置人力资源，使其达到最佳组合状态；另一方面，建立公平合理、标准规范的绩效评估机制，实现薪酬动态化浮动，使优秀人才得到奖励，不能胜任的人员得到惩罚。通过以上措施，事业单位的现有人力资源结构可以得到最大优化，工作效率也可以实现最大化。

3. 制订科学有效的培训策略

针对人力资源，事业单位需要制订科学有效的培训策略，针对人力资源的实际情况及培养的实际需求，制订具体的培训计划，合理设计培训的各个环节，明确具体的培训内容、培训目标、培训方法和手段。针对当前事业单位人力资源的实际情况，确定具体的培训目标，并深入了解事业单位工作人员，制订与人力资源培训需求相符的培训计划。以员工实际需求为出发点，选择具体的培训内容，从而全面提升员工的岗位能力和知识储备。由于员工自身能力存在差异，加之所处岗位不同，因此培训要具有针对性。而且，培训内容要丰富多彩，培训方式要形式多样，科学对培训课程进行设置，可以实现事业单位人力资源结构的优化。

（三）加强事业单位人才队伍建设

目前，部分事业单位在人才梯队建设方面依然沿用传统的人员培养模式，没有充分将事业单位的发展与社会发展方向结合在一起。部分事业单位忽视对青年人才的能力培养，只是单纯将青年人才当作价值创造的工具，没有对员工的岗位履职、文化知识、管理能力等进行全面培养。事业单位由于体制特征，在岗位编制方面具有一定的局限性。由于中高层管理人员岗位相对固定，在很多事业单位中，年轻人成长晋升困难与领导干部队伍老化问题并存。事业单位员工从科员晋升为科长往往需要较长时间，专技人员通过职称考评晋升到中高级职称也需要较长时间，这种晋升发展体制会导致员工看不到自己的职业发展前景，进而丧失工作热情。此外，相较于企业而言，事业单位具有福利待遇好、工作稳定的特点，然而事业单位实行工资总额管控，人员薪资涨幅有限，员工工资待遇不具备竞争力。这些都导致一些核心技术人才从事业单位向薪酬更高、激励机制更灵活的企业流动。

完善的人才队伍发展机制明确了事业单位不同人才的职责以及晋升渠道，从而使得人才在事业单位内部能够积极开展工作，能够提高事业单位内部的凝聚力。如果人才在事业单位内部得不到一个合理的晋升发展空间，那么事业单位各个人员之间将无法进行有效的合作，从而使得事业单位整体人员工作的凝聚力不足。并且事业单位的人才发展机制若没有对人才在事业单位内部的发展过程做明确的设定，那么事业单位内部人才便没有一个明确的奋斗目标，从而使事业单位内部的整体凝聚力降低。而完善的人才队伍发展机制能够使人才的职业发展规划在事业单位内部逐步完成，从而使事业单位人才的工作能动性大大提升，并进一步让事业单位内部的凝聚力提高。

完善的事业单位人才队伍发展机制能够对人才的工作质量进行客观评定，以促进事业单位人才的整体工作效益。事业单位内部健全的人才队伍发展机制对于人才的绩效考核内容有着客观的规定，从而事业单位人才的工作效益能够得到提高。传统事业单位的绩效考核过程具有比较严重的主观性，以致事业单位人才的工作效益无法正确被评估，从而降低解决人才工作问题的积极性。完善的事业单位人才队伍发展机制将人才的工作效益和晋升发展联系在一起，从而能够激励事业单位人才不断提高工作效益。综合来看，完善健全的事业单位内部人才队伍发展机制能够使事业单位人才有明确的发展奋斗目标，从而提高事业单位整体的工作效益。

新时期，为改善事业单位人力资源规划中的现存问题，事业单位必须积极学习优秀企业的管理经验与先进案例，从人才建设的角度出发，切实保证内部人员的供给，如管理人员、专业技术人员、工勤人员等，为事业单位可持续发展奠定强有力的基础。为了促进职工人才队伍建设，事业单位人力资源部门工作人员应该先改变以往的理念，树立科学的人才队伍建设理念。人力资源部门工作人员应在工作中树立人本的观念，结合单位职工的能力及特长情况合理安排岗位，并在工作中和职工加强交流。通过这样的方式，可以充分发挥职工的优势，促进各项工作的高效开展。比如，在工作中可以树立家庭式管理理念，管理者以家人的身份管理职工，可以让职工体会到家庭的氛围，提高职工的工作积极性。此外，单位还需要构建健全的人才评价机制，客观、有效地评价人才，全面发挥其优点，促进人才队伍高质量发展。同时，单位应注重创设良好的工作氛围，利用媒体实施宣传及报道，扩大宣传工作的覆盖范围，定期发布招聘信息，提升单位及工作岗位对人才的吸引力，持续壮大人才队伍。单位还应和有关高校合作，引进优秀的人才，尤其是紧缺的人才，为人才提供优惠政策，鼓励管理及技术人才兼职，提升其综合能力。

人力资源部门应该依据新形势变化情况及要求，利用新的方法及手段，加大对人才的吸引力度，为单位职工人才队伍注入新的活力。人力资源部门应该依据单位实际需求，落实好人力储备和整体调控工作，储备二级或三级人才，合理地实施人才梯队布局，降低人才流失风险，确保单位的稳定发展。

职工对于单位的忠诚度高低关系到职工能否长时间地为事业单位服务，因此在职工人才队伍建设中，应该重视职工的忠诚度培养。一些单位及人力资源部门虽然投入了较多的资源，然而依然存在人才流动性较大的问题，这和职工的忠诚度较低有很大的关系。对此，企业在招聘职工之后应该加强培养，引导其树立正确的价值观，落实好思政工作，将其渗透到管理的各个环节中，运用正确的引导方案，让职工意识到付出和回报之间的关系，加大单位文化建设的力度，发挥出党员的榜样作用，为人才队伍传递正能量。单位还要定期组织职工沟通活动，了解其兴趣和意愿，认真倾听其诉求，优化职工的工作环境，丰富职工业余生活，提升职工的归属感，加强其忠诚度。

人力资源部门应该强化团队间的默契和好感度，让所有职工可以在平日培训或其他活动中学到知识。首先，定期开展单位内的培训，积极组织青年职工参与培训交流活动，为职工提供更多交流和协作的机会。其次，加强部门间的合作，如财务部门、业务部门及企划部门，在大型活动中做好沟通协调，促进工作高效地开展，优化活动效果。再次，各部门要科学地分配人力资源，由企划部门策划活动，同时提出人力需求，之后由人力资源部门实施调度，统筹指挥业务部门职工，促进相关工作的落实。最后，事业单位各部门要进行有效协作，充分发挥各个部门的作用，逐步提升部门间的协作能力以及工作效率，科学调度及分配职工。

当前事业单位改革日益深化，人才作为改革的主体，单位需要注重人才培养，改变培养方式，建设新的人才培养机制，从而起到提升职工的业务能力、加强人才队伍建设、为单位的改革及发展提供保障的作用。首先，事业单位需要运用身边的榜样力量，为其他职工提供正面的学习方向。人才队伍建设要打破传统的培养方式，创新制度，结合职工的具体情况，通过多元化的措施实施教育，提升职工的整体水平以及认知水平，优化管理能力，促进人才队伍建设。其次，单位还要落实国家有关政策，注重人才引进，通过国际交流，拓宽人才引进的途径，提升人才培养成效。事业单位在发展中需要结合自身状况，对工作表现优秀的职工进行奖励，调动其他职工的工作积极性，促使职工积极投入工作中，高效落实相关工作。再次，构建新的工作机制，结合职工的工作能力情况，全面关注其情况及需要，科学地为所有职工分配工作。最后，事业单位可设置专门的奖金，或为人才提供相应的补贴，进而发挥激励作用，确保人才的稳定性。同时，设置有关的人才表彰制度，定期开展人才表彰大会，让职工感受到成就感及归属感，体现出自身的价值，端正工作态度，从而强化人才队伍建设成效，为单位发展提供保障。

健全的机制可以为人才队伍建设提供保障，因此，事业单位应积极地对人力资源管理制度实施优化及创新，不断提升职工的素质水平。事业单位通过运用合理的竞争机制不仅能够调动职工的工作热情，还能确保职工和单位的合法权益，促进单位的改革及发展。在职工薪酬上，应结合实际情况制订多种薪酬制度，包括按任务确定薪酬、按照岗位确定薪酬、按照业绩确定薪酬，将职工工作内容与薪资挂钩，有助于促进各项工作规范、高效地开展。人力资源管理部门要与其他各部门一同构建健全的培训机制，制订具体、科学的培训计划，对人才进行综合培训，提升其业务能力；人才队伍建设还应该构建合理的考核制度，结合职工的工作能力、人际关系等，全面进行评价，得出考核结果，体现出激励的效果。

（四）建立完善的人力资源考核指标评价体系

事业单位想要严格执行人力资源规划工作,必须加快建立以创新价值、专业能力、绩效贡献为导向的人才评价体系,明确人力资源规划中具体的考核指标与评价标准,在国家政策允许的前提下,结合事业单位本身的人力资源管理特点,加强考核监督与绩效反馈工作,充分体现出人力资源规划中考核评价机制的公正性和公平性,以此来获取内部职工的认同感和依赖感。同时,事业单位需要合理运用考核结果,将人力资源规划与考核、培训、薪酬等因素紧密融合,在单位内部开展科学的轮岗机制、岗位调动晋升机制以及招聘选拔机制,从多个维度激发各岗位职工的内在动力、创造力和积极性。另外,事业单位在制订考核指标和评价标准时,人力资源管理部门需加强与其他部门、各岗位员工的沟通和交流,将事业单位的发展目标与员工目标相结合,并针对员工对考核指标评价体系的意见和建议,对相关的考核标准进行改进与完善,切实保障考核的准确与全面。

（五）注重岗位说明书的合理性和落实效果

在事业单位发展的过程中,科学的岗位说明书可以明确事业单位的岗位职责、工作标准、岗位基本条件等因素,有利于指导内部职工的招聘、续聘、考核、晋升、调整岗位和工资分配,达到规范岗位管理的目的。岗位说明书作为事业单位人力资源规划中最基础的文件,是确定薪酬制度、考核标准、培训内容的重要依据。所以,事业单位必须结合本单位的实际情况,制订科学、合理的岗位说明书,注意岗位说明书的合理性和落实效果。首先,事业单位在制订岗位说明时,须秉承"一岗一职"原则,明确不同岗位的具体职责,避免出现岗位交叉、权责不清、互相推诿的情况,在单位内部营造积极向上的良性竞争环境,全面提高单位整体的工作效率。其次,岗位说明书的使用与管理是一个动态过程,必须随着政治经济环境变化和单位工作内容的更新,转变部门职能与岗位职责,并结合实际情况对岗位说明书的内容进行修改,通过建立长效的动态管理机制,保障岗位说明书与实际工作内容的一致性。需要注意的是,岗位说明书至少两年修改一次。

（六）注重岗位聘用与岗位设置的科学性

对于事业单位而言,岗位聘用与岗位设置是人力资源规划中最重要的环节,也是保证人力资源规划有效性的基础和前提。根据中央人才工作会议精神,我国必须立足科学发展大局,了解加快建设人才强国的紧迫性与重要性。并且在我国第一个中长期人才发展规划中,同样明确了新时期的战略目标、总体部署和人才工作指导方针，提出了加强人才队伍建设、创新体制机制、完善重大人才政策以及实施重大人才工程的主要任务，要求各单位必须秉承按需上岗、竞争上岗的原则，统筹岗位设置与岗位聘用，打破岗位终身制的人才管理模式，严格控制"双肩挑"，尤其是特设岗位，必须由上级报人社部门审批。因此，事业单位人力资源规划必须遵循编制内岗位设置原则，合理划分单位内部的岗位数量与编制数量，重点关注内部岗位聘用与岗位设置的科学性，不同性质的事业单位需根据自身需求设置科学、合理的人才结构。

1. 人力资源岗位设置基本条件

事业单位人力资源岗位基本条件包括管理人力资源岗位、专业技术人力资源岗位和工勤技能人力资源岗位基本条件，主要根据人力资源岗位的职责任务和任职条件确定。事业单位三类人力资源岗位的基本任职条件是：遵守宪法和法律；具有良好的品行；具备人力资源岗位所需的专业、能力或技能条件；具备适应人力资源岗位要求的身体条件。

（1）管理人力资源岗位基本条件

职员人力资源岗位一般应具有中专以上文化程度，其中六级以上职员人力资源岗位一般应具有大学专科以上文化程度，四级以上职员人力资源岗位一般应具有大学本科以上文化程度。各等级职员人力资源岗位的基本任职条件是：五级职员人力资源岗位，须在六级职员人力资源岗位上工作满两年以上；六级职员人力资源岗位，须在七级职员人力资源岗位上工作满三年以上；七级、八级职员人力资源岗位，须分别在八级、九级职员人力资源岗位上工作满三年以上；四级职员人力资源岗位，按照国家和省干部人事政策有关规定执行。

（2）专业技术人力资源岗位基本条件

专业技术人力资源岗位基本任职条件，按照现行专业技术职务评聘的有关规定执行。专业技术三级、四级人力资源岗位，原则上应具有正高级专业技术职务资格；五级、六级、七级人力资源岗位，原则上应具有副高级专业技术职务资格；八级、九级、十级人力资源岗位，原则上应具有中级专业技术职务资格；十一级、十二级、十三级人力资源岗位，原则上应具有初级专业技术职务资格。

实行职业资格准入控制的专业技术人力资源岗位的基本任职条件，必须包括准入控制的要求。专业技术高级、中级、初级人力资源岗位以及高级、中级、初级人力资源岗位内部不同等级人力资源岗位的具体任职条件，由主管部门或事业单位，按照相关规定及行业指导意见，根据人力资源岗位的职责任务、专业技术水平要求等因素综合确定。专业技术一级人力资源岗位是国家专设的特级人力资源岗位，其人员的确定按国家有关规定执行。专业技术二级人力资源岗位由省实行总量控制和管理。专业技术三级人力资源岗位由市实行总量控制和管理。我国经济学家刘劲哲、厉以宁、张维迎指出，专业技术三级人力资源岗位的任职必须符合下列条件之一：一是在科学研究和技术开发方面取得重大突破，对当地科学技术发展做出重大贡献，并为当地创造出重大经济效益和社会效益的专业技术人员；二是市内自然科学、工程技术、社会科学等领域或行业的学术技术领军人物，市级以上重点学科、研究室、实验室的学术技术带头人；三是其他为当地经济社会事业发展做出重大贡献，业内公认的专业技术人员。

（3）工勤技能人力资源岗位基本条件

工勤技能人力资源岗位的基本任职条件：一级、二级工勤技能人力资源岗位，须在本工种下一级人力资源岗位工作满五年，并分别通过高级技师、技师技术等级考评；三级、四级工勤技能人力资源岗位，须在本工种下一级人力资源岗位工作满五年，并分别通过高级工、中级工技术等级考核；学徒（培训生）学习期满和新聘工勤技能人员见习、试用期满，并通过初级工技术等级考核，可确定为五级人力资源岗位。

2. 事业单位人力资源岗位聘用

事业单位应按照核准的人力资源岗位设置方案，根据"按需设岗、竞聘上岗、按岗聘用、合同管理"的原则，确定具体人力资源岗位，明确人力资源岗位等级，聘用工作人员，签订聘用合同。聘用人力资源岗位的种类及各等级人力资源岗位的数量要严格控制在人力资源岗位社会保障部门核准的人力资源岗位设置方案范围内。中国教授联盟主席、经济学家刘劲哲教授指出：事业单位选聘工作人员应根据人力资源岗位的职责任务和任职条件，在人力资源岗位有空缺的前提下，根据核准的人力资源岗位设置方案，按照公开招聘、竞聘上岗的有关规定择优聘用。聘用条件一般不得低于国家、省规定的基本条件。对于虽不具备人力资源岗位规定的学历或任职年限但确有真才实学、成绩显著、贡献突出的，人力资源岗位急需且符合破格条件的，可以按照有关规定和程序破格聘用。

事业单位人员原则上不得同时在两类人力资源岗位上任职。因行业特点确需兼任的，且符合兼任人力资源岗位任职条件，并能履行人力资源岗位职责，完成兼任人力资源岗位工作任务的，须按照人力资源岗位管理权限，经核准后方可兼任。各级人力资源岗位社会保障部门、事业单位主管部门和事业单位，要根据国家、省和当地有关规定，使事业单位现有在编在册的正式工作人员，按照现聘职务或人力资源岗位进入相应等级人力资源岗位。已经实行聘用制度并与工作人员签订聘用合同的事业单位，可根据国家、省、市的有关规定，按照核准的人力资源岗位设置方案，对本单位现有在编在册的正式人员确定不同类别、不同等级的人力资源岗位，并变更聘用合同相应的内容。事业单位首次进行人力资源岗位设置和人力资源岗位聘用，人力资源岗位结构比例不得突破现有人员的结构比例。现有人员的结构比例已经超过核准的人力资源岗位结构比例的，应通过自然减员、调出、低聘或解聘的办法，逐步达到核准的人力资源岗位结构比例。尚未达到核准的人力资源岗位结构比例的，应严格控制人力资源岗位聘用数量，根据事业发展要求和人员状况逐年逐步到位。事业单位完成人力资源岗位设置、人力资源岗位聘用并签订聘用合同后，应写出书面工作总结报告，填写"事业单位人力资源岗位聘用情况审核备案表"，经主管部门审核后，报人力资源岗位社会保障部门进行认定。对符合政策规定，完成规范的人力资源岗位设置和人力资源岗位聘用的事业单位，其聘用人员应根据聘用合同载明的人力资源岗位等级确定人力资源岗位工资待遇。

3. 事业单位人力资源岗位设置监督管理

人力资源和社会保障部门是事业单位人力资源岗位设置管理的综合管理部门，负责事业单位人力资源岗位设置的政策指导和监督管理，制订和完善相关政策措施。要加强对事业单位人力资源岗位设置管理工作的政策指导、监督和管理，及时纠正违规行为。事业单位主管部门负责所属事业单位人力资源岗位设置的工作指导、组织实施和监督管理，要严格执行有关政策规定，按照核准的人力资源岗位结构比例，做好所属事业单位人力资源岗位设置管理的组织实施工作。事业单位根据有关政策规定，按照人力资源岗位社会保障部门核准的人力资源岗位总量、结构比例、最高等级等要求，自主设置本单位人力资源岗位的具体工作，并组织实施本单位的人力资源岗位聘用和签订聘用合同等工作。人力资源岗位社会保障部门、事业单位主管部门和事业单位在人力资源岗位设置和人力资源岗位聘用工作中，要严格执行有关政策规定，坚持原则、坚持走群众路线，不得违反规定而突破现有的职务数额，不得突击聘用人员，不得突击调整聘用职务等级。对于违反规定、滥用职权、打击报复、以权谋私的，要追究相应责任。对于不按政策规定进行人力资源岗位设置和人力资源岗位聘用的事业单位，人力资源岗位社会保障部门不予认定人力资源岗位等级、不予审批工资。情节严重的，对相关领导和责任人予以通报批评，并按照人事管理权限给予相应的纪律处分。

第六章 公共服务视角下人力资源的薪酬激励管理

第一节 人力资源薪酬管理概述

一、薪酬与薪酬管理

（一）薪酬

1. 概念

薪酬是指员工向其所在单位提供所需要的劳动而获得的各种形式补偿，是单位支付给员工的劳动报酬。薪酬包括经济性薪酬和非经济性薪酬两大类。

（1）经济性薪酬

经济性薪酬分为直接经济性薪酬和间接经济性薪酬。直接经济性薪酬是单位按照一定的标准以货币形式向员工支付的薪酬。间接经济性薪酬不直接以货币形式发放给员工，但通常可以给员工带来生活上的便利、减少员工额外开支或者免除员工后顾之忧。

（2）非经济性薪酬

非经济性薪酬是指无法用货币等手段来衡量，但会给员工带来心理愉悦效应的一些因素。

2. 功能

（1）保障功能

员工工作的直接目的就是获得薪酬回报，这是企业为员工提供的劳动报酬，可以为员工提供基本生活的物质保障，满足员工的基本生活需要。

（2）激励功能

合理的薪酬能够激励员工为获得更多的薪酬回报而努力工作，激励员工在工作中最大限度地发挥主观能动性，从而为企业创造更大的价值。

（3）增值功能

对于企业而言，最大的目标是实现经营效益最大化，通过员工创造的产品与服务实现价值的转换，其中的一部分价值按照一定的比例，以薪酬的方式分配给员工。一般而言，员工的薪酬水平与其创造的价值增值部分成正比。

3. 影响因素

影响薪酬的因素是多方面的，主要可以分为内部因素和外部因素两种。

（1）内部因素

第一，个人能力。同一岗位，个人知识储备、工作完成效率和专业能力的不同，对企业的贡献程度也会不同。那么，就算是在同一岗位上，员工所体现的价值不一致，企业支付给员工的薪酬的多少也会有所差异。

第二，企业经营状况。企业经营状况良好，盈利能力强，员工的薪酬水平自然水涨船高。相反，如果企业经营状况变差，为了最大限度节约成本，减少支出，员工的薪酬水平会整体下降。

第三，企业的薪酬政策。企业在不同的发展阶段，会采取不一样的薪酬政策。比如，对于处在发展上升期的企业，企业的大部分支出会集中在扩大产能，积累资源上，为企业的下一步发展打牢基础，因此会限制薪酬的支付成本。

（2）外部因素

第一，所在行业的特点。不同行业对员工自身素质、技术能力、工作强度等各方面要求都不一样，不同行业的收益也不一样，这直接导致薪酬水平的差异。

第二，当地的经济发展水平。例如，发达地区，经济实力强、消费水平高、高新企业聚集、社会劳动生产效率高，企业的整体薪酬支付能力强，薪酬水平一般偏高；而欠发达地区，经济实力欠佳，企业的薪酬支付能力普遍一般，薪酬水平也相应偏低。

第三，国家的政策和法规。所有企业的薪酬政策都必须在国家法律、法规的要求下进行。

（二）薪酬管理

1. 概念

薪酬管理指在组织发展战略指导下，对员工薪酬支付原则、薪酬策略、薪酬水平、薪酬结构、薪酬构成进行确定、分配和调整的动态管理过程。

薪酬管理要为实现薪酬管理目标服务，薪酬管理目标是基于人力资源战略设立的，而人力资源战略服从于企业发展战略。

薪酬管理包括薪酬体系设计、薪酬日常管理两个方面。薪酬体系设计主要是薪酬水平设计、薪酬结构设计和薪酬构成设计；薪酬日常管理是由薪酬预算、薪酬支付、薪酬调整组成的循环，这个循环可以称为薪酬成本管理循环。薪酬体系设计是薪酬管理最基础的工作，如果薪酬水平、薪酬结构、薪酬构成等方面有问题，企业薪酬管理不可能达到预定目标。薪酬预算、薪酬支付、薪酬调整工作是薪酬管理的重点工作，应切实加强薪酬日常管理工作，以便实现薪酬管理的目标。薪酬体系建立起来后，应密切关注薪酬日常管理中存在的问题，及时调整公司薪酬策略，调整薪酬水平、薪酬结构以及薪酬构成，以实现效率、公平、合法的薪酬目标，从而保证公司发展战略的实现。

薪酬管理从狭义上讲，是企业工资的微观管理，是企业在国家宏观控制的工资政策允许范围之内，灵活运用各种方法与手段，制订各种激励措施与规章制度，在职工中贯彻按劳分配薪酬差别，即制订公平、公开、公正的薪酬制度。薪酬管理不仅局限在对"劳"的分配，如何通过强化内在薪酬提升员工的满意度，薪酬是人力资源管理中的重要内容。

良好的薪酬制度可以帮助企业更有效地吸引、保留和激励员工，从而起到增强企业竞争优势的作用；同时，薪酬在组织中又是一个非常敏感的话题，它与组织员工的利益密切相关。

2. 主要原则

薪酬管理是企业战略管理的关键组成部分，它关乎员工的积极性、效率和对企业的忠诚度。为了确保薪酬管理的有效性和合理性，我们必须遵循以下四个主要原则。

（1）公平性原则

公平性原则是薪酬管理中的核心和基础。员工通常会将自己的工资与同事或同行业其他公司的工资进行比较。如果他们认为自己的薪酬是公平的，那么他们的工作满意度和生产效率往往会提高。但如果感觉到自己的工作和付出没有得到应有的回报，他们可能会感到不满和挫败。公平性不仅仅是数额，它是员工对他们的工作价值的感知。这就要求企业建立一个公正的薪酬评估和设定系统，确保同样的工作得到同样的报酬，而更高的责任和更复杂的任务会得到更高的报酬。

（2）竞争力原则

在现代商业环境中，为了吸引和保留有才华的员工，企业必须确保其薪酬方案具有竞争力。这意味着企业的薪酬水平应与市场的平均水平或更高的水平相匹配，特别是对关键职位和高需求的技能。通过对同行业、同地区的薪酬状况进行细致的市场调研，企业可以确保其薪酬方案既合理又有竞争力。而这不仅仅是为了吸引新员工，也是为了避免现有的有才华的员工因为更高的薪酬报价而流向竞争对手。

（3）透明性原则

透明性原则强调薪酬制度和策略的清晰度和公开性。员工应当明白他们的薪酬是如何确定的，以及他们可以通过哪些途径提高自己的收入。一个透明的薪酬系统可以增强员工的信任度和归属感，因为他们知道企业是如何确定薪酬的，以及自己在其中的位置。此外，透明性还能减少因误解和错误信息导致的不满和冲突。企业可以通过定期的沟通会议、薪酬结构的公开和为员工提供关于他们个人薪酬的详细信息等方式，确保透明性原则的实施。

（4）灵活性原则

随着商业环境的快速变化和员工需求的多样化，灵活性在薪酬管理中变得越来越重要。灵活的薪酬制度可以迅速适应市场变化，满足员工的个性化需求，并为企业提供策略性的灵活性。这可能涉及提供多种薪酬选项、奖励方案或者个性化的奖励计划。例如，一些员工可能更看重固定的月薪，而另一些员工可能更倾向于业绩奖金或长期的股权激励。灵活性原则鼓励企业不断地审查和调整其薪酬策略，确保它既能满足企业的目标，也能满足员工的期望和需求。

二、薪酬管理理论

（一）全面薪酬理论

20 世纪 80 年代中期，美国率先推广实施全面薪酬。它包括企业支付给员工的经济性薪酬与非经济性薪酬两部分，两者相辅相成，是全面薪酬体系不可或缺的两部分。随着人们精神世界的发展，薪酬体系越来越考虑员工的个性化需求。将自我实现需要和未来发展机会纳入全面薪酬体系，同时，加大对员工的心理需求、个人发展前景与平台的重视，把这些都纳入全面薪酬的范畴。全面薪酬是吸引和留住人才的重要手段，能够使员工的多元化需求最大限度得到满足，从而实现企业与员工的双赢。

（二）绩效薪酬理论

绩效薪酬是 20 世纪企业薪酬实践的一个里程碑，其将绩效和薪酬紧密联系在一起。广义上理解是个人、组织或公司的绩效与薪酬直接挂钩，个人、组织或公司的整体绩效直接决定薪酬的多少；狭义上，薪酬是与员工个人的绩效直接挂钩。绩效薪酬可以有效对员工进行激励和约束，在一定程度上避免干多干少、干好干坏都一样的现象。因此，企业应该建立科学合理的绩效考核与评估机制，有效反映每名员工的工作绩效，并通过薪酬体系与绩效体系挂钩的方式激励员工，通过报酬对干得好的员工进行奖励。

（三）宽带薪酬理论

20 世纪 90 年代，宽带薪酬的理念开始流行，它是在组织内用少数跨度较大的工资范围来代替原有数量较多的工资级别的跨度范围，将原来多个薪酬级别调整为较少的级别。同时，扩大每一个薪酬级别的浮动范围，将原有的多个级别数量和较窄范围的工资结构形成变成只有相对较少的薪酬级别数量和较宽泛的薪酬变动范围，从而形成新的薪酬管理体系和操作系统。宽带薪酬有利于员工更加重视自身能力的提高，以获得更高的报酬；有利于岗位轮换，培养企业所需要的复合型人才；有利于推动工作绩效，促进员工之间开展团队合作，提高工作效率。

三、薪酬管理与企业价值观的关系

建立和完善科学有效的薪酬管理体系，是企业管理者和所有员工最为关注的内容之一。薪酬管理体系对稳定员工队伍、激励员工工作创新的积极性具有重要作用。新时代企业薪酬体系的设计、建立和完善，不能单纯着眼于解决当前的薪酬问题，而要在高质量发展的核心理念和价值观的指导下进行，与高质量发展的价值观相匹配。

（一）薪酬的决定因素要与高质量发展的价值观相匹配

过去，我们是把职级、学历、资历、才能、业绩以及外部社会环境等作为薪酬的决定因素，现在，我们要把产品质量、服务质量和工作质量作为决定薪酬水平的因素。

（二）薪酬差距与高质量发展的价值观相匹配

在当今社会环境下，相对于薪酬的差距，员工更关心的是其公平合理性，也就是说，薪酬的绝对值要让位于相对水平。企业应根据高质量发展的价值观来决定不同层级、不同类别人员之间的收入差距。将薪酬向研发人员、技术工人、营销及售后服务人员等与产品质量和服务有直接关联的人群倾斜。

（三）薪酬结构与高质量发展的价值观相匹配

关于薪酬结构的确定，也要把质量作为主要因素，在基本工资的基础上，把奖金用于激励创新、质量竞争和市场开拓。

（四）薪级薪档的设置与高质量发展的价值观相匹配

对于薪级薪档的设置，要充分考虑企业自身性质和规模。我们提倡的宽带薪酬制度，就是要增加管理人员在质量问题上对薪酬的决定权，强化企业的高质量发展理念。

第二节 薪酬激励模式的发展

一、薪酬激励概述

（一）概念

作为人力资源管理工作中的关键内容，薪酬激励具体可从薪酬与激励两方面加以分析，这一管理理念本身即具有发展的规律性，可由简入繁，赋予该管理理念以更标准化的价值导向。劳动者因劳动支出而得到的各种报酬总和就是薪酬，可从其薪水、酬劳的基本理念加以认知，在企业管理中，这既是员工劳务提供所得的必要回报，也是员工参与企业工作的基本目标，所以薪酬管理一直都是企业人力资源管理工作的核心。企业薪酬管理在发展过程中融入了更多新的理念，因此企业应结合自身生产经营实际状况及价值趋向，制订出按劳分配、奖惩结合、公平公正、均衡发展等各项基础原则，以此规范薪酬管理的具体标准，确保构建起兼顾企业经营管理及员工利益维护的价值导向结构。在现代化人力资源管理工作中，薪酬更多与激励机制相关联，人们对其认知也更加全面，而更契合企业发展、员工需求的薪酬激励机制构建才能促进人力资源管理作用的发挥，提高员工工作的积极性，为企业可持续发展及适应市场环境变动提供更有力的支持。

薪酬激励策略在构筑与发展过程中，必须要将企业战略规划作为核心，实现两者间的高度契合，不仅要为员工提供一些实际报酬，也要重视员工的精神激励，使员工利益与企业发展规划中的目标有更高的趋同性，在更加匹配的经营管理理念的支持下，更有助于实现薪酬激励的实际效用；同时，薪酬激励策略在设计过程中不能与人力资源管理其他工作割裂开，应在各模块的联合应用下保证激励策略的顺利推行，在进行人员选拔、能力培训、工作评价的时候，都需与薪酬激励机制相结合，以实现薪酬管理工作全面性与针对性的兼顾。

（二）作用

薪酬激励是一项尤为重要的人力资源管理策略，它能在维护企业员工个人利益的同时，促进其工作积极性的提升，使员工在工作中更加专注认真，进而培养出高素质人才队伍，在促进企业发展的同时，也能逐渐帮助企业构建核心竞争力，为企业合理应对市场竞争、实现自身可持续发展构筑更坚实的基础。

1. 能够提高员工的主观能动作用

企业发展需要以更加专业、认真、投入的员工作为基础支持，保证直接与间接薪酬体系的合理规划，契合企业实际及员工利益需求才能提高员工的满意度，使其自身发展目标与企业战略规划关联更加紧密，在工作中更加努力，从而为企业发展提供更多的支持。同时，薪酬激励机制的合理构建也能促进员工业务能力建设，以更好的回报促使员工积极参与到工作中，为企业创造更多利润。另外，规范化薪资也是对员工工作能力的肯定，可以此增进员工自信，使其在工作中更具主动性，充分发挥自身优势与潜力，对企业未来建设予以更多的帮助。

2. 能够营造良好的工作环境

工作环境的构建对企业发展具有重要的推动作用，如今的薪酬激励机制更加强调竞争原则，通过不同层级的奖励机制，可遏制平均主义，促进创造性工作价值的发挥。同级别的能力考核较量，能保证员工得到更合理的薪酬，在适度竞争的氛围中，只要员工能够达到既定考核门槛，就能获得承诺的奖励。这样不仅能使员工个人利益得到合理维护，避免出现多劳均得的问题，也能促使员工对企业更加认可，保持工作热情，并在公平竞争氛围的构建中促进更多员工业务能力、工作积极性的提升。

3. 有助于企业的高素质人才队伍建设

薪酬激励策略是企业吸引人、留住人、培养人的必要措施。公平竞争及规划合理的薪酬激励机制，更能使企业在人才招聘中获得更多高素质人才的青睐，并提高企业内部人才队伍的稳定性，降低员工流动率，在人才培养上的支出能够得到更有效的回报，促进企业发展，企业在人才市场上更受关注，能选拔更多的优秀人才，以此形成良性循环，实现企业内部员工素质的不断提升，这有助于增强人才黏合性，为企业的长远发展提供更多丰富的人才支持。同时，良好的薪酬激励机制能增强员工自我能力建设的自觉性，使其在工作中更积极地投身于业务提升与综合能力建设，保持与工作岗位的契合性。

二、薪酬模式

企业薪酬设计一般建立在价值评价的基础上，通过科学合理的评价员工为企业创造的价值来进行价值分配。

（一）薪酬模式的划分

根据3P薪酬理论模型，存在着职位（Position）、个人（Person）、业绩（Performance）三种不同的衡量维度，因而产生了不同的薪酬模式，即以职位（岗位）为基础的薪酬模式、以能力为基础的薪酬模式和以业绩为基础的薪酬模式。当然，多数企业根据实际情况还会采取其他的评价方式，如市场交易价值、员工历史贡献价值以及员工未来发展预期价值。

1. 以职位（岗位）基础的薪酬模式

职位（岗位）薪酬模式，即通过对岗位的职责、劳动强度、劳动条件等因素的测评，按岗位相对价值的高低来决定员工的工资水平，以岗定薪，易岗易薪。公司通常会成立专门的岗位测评小组或聘请咨询公司对内部的所有岗位进行评估，得出每个岗位的薪点，并按薪点数的大小对岗位进行排序、归类，形成岗位工资等级体系。很多企业采用职务工资制度，它实际上是岗位工资的一种特殊形式。因为在对岗位进行测评的因素中，岗位职责是决定性的，而职务体系则在很大程度上反映了岗位职责的大小。通过划分职务等级，对岗位进行了粗线条的划分。职务工资模式大体上反映了不同职务等级的员工为公司创造的相对价值的不同，但对于同一职务级别不同岗位的员工所做的贡献没有明确划分。

2. 以能力为基础的薪酬模式

能力薪酬是指企业根据员工所具备的能力或是任职资格来确定其基本的薪酬水平，对人不对事，其中基于岗位的能力占了岗位薪酬总额的绝大部分；员工能力的高低和薪酬、晋升相挂钩；其设计的假设前提是能力高的一定取得高的绩效，使员工能够认识到高能力会取得高绩效；薪酬随着能力提高而提高，能力最高者，其薪酬也最高；管理者关注的是员工能力价值的增值。以能力为基础的薪酬模式的能力不是一般意义上的能力，而是能够预测的优秀绩效的特定能力组合。该模式是建立在比技能薪酬体系更为广泛的知识、技能、自我认知、人格特征、动机等综合因素基础上的基础薪酬体系。这种能力的薪酬体系特别适合技术型企业和知识型企业，符合企业建立学习型组织的要求。

3. 以绩效为基础的薪酬模式

基于岗位的薪酬模式假设，静态岗位职责的履行必然会带来好的结果，在环境不确定性极大、变革已经成为常规，这种假设成立的条件发生了极大的变化。企业要求员工根据环境变化主动设定目标，挑战过去，只是正确地做事已经不能满足竞争的需要，企业更强调做正确的事，要结果，而不是过程。因此，企业会通过对员工的任务完成情况、工作行为、态度等一系列的考核指标评价来确定其薪酬。伯特咨询认为，其依据可以是企业整体的绩效、部门的整体绩效，也可以是团队或者个人的绩效。具体选择哪个作为绩效付酬的依据，要看岗位的性质。总的来说，要考虑多个绩效结果。绩效付酬导向的员工行为很直接，员工会围绕着绩效目标开展工作，为实现目标会竭尽全力，力求创新。"有效"是员工行为的准则，而不是岗位付酬制度下的保守和规范。实际上，绩效付酬降低了管理成本，提高了产出。基于绩效的薪酬体系在企业中被普遍使用，尤其是市场化程度比较高、竞争比较激烈的行业，这种薪酬模式更为适用。

（二）各种薪酬管理模式之间内在的联系

无论是哪一种薪酬模式，它们的不同只是所关注的侧重点不同，它的最终目的都是尽可能准确地测量、反映员工的绩效，保证分配的公平性，进而促进员工绩效的提升，这一点是相同的。岗位工资关注的是岗位的特征而忽略了人（任职者）的因素；能力工资关注的是任职者的资格，是工作的投入方面；绩效工资关注的是任职者在岗位上的产出。薪酬管理模式的选择依据是它是否可以较为准确地反映员工的实际贡献，以使工资能更准确地反映员工的绩效水平，给员工一种公平的感觉，提升员工的满意度，促进企业整体绩效的提升。

三、企业人力资源管理中薪酬激励模式的意义、原则和应用策略

（一）薪酬激励制度在企业人力资源管理中应用的意义

1. 有助于激发员工的工作积极性

员工往往将薪资作为工作的重要回报，因此，当他们清晰地了解到薪酬与绩效之间的直接联系时，会更加有动力去追求卓越。薪酬激励制度不仅是金钱上的奖励，还是一种公平公正的工作回报方式。员工在感知到自己的付出和成就受到公平评价后，更愿意全情投入工作，积极主动地追求职业目标，这种积极性的提高不仅表现在工作动力上，还涵盖了员工对于自我提升的意愿，他们愿意接受培训、积累经验，以达到更高的绩效水平。

2. 有助于吸引和保留高质量人才

在当今竞争激烈的劳动力市场中，优秀的员工是企业成功的关键因素之一，薪酬激励制度提供了一种强大的吸引力，让企业能够在众多竞争对手中脱颖而出。

首先，通过提供具有竞争力的薪资和福利待遇，企业能够在招聘过程中吸引到高素质的候选人，这种吸引力不仅是因为薪资水平较高，还包括了其他方面的福利，如灵活的工作安排、职业发展机会和员工福利计划。候选人倾向于选择那些能够提供全面福利的企业，这样他们可以更好地平衡工作和生活，实现个人和职业目标。

其次，薪酬激励制度对于保留现有高质量人才也至关重要。一旦企业招聘到了

杰出的员工，就需要采取措施来确保他们留在企业，并持续为企业创造价值。通过定期的薪酬评估和奖励机制，企业可以激励员工保持高水平的绩效，让员工在组织中得到认可和重视。这种认可和奖励不仅是金钱上的，还包括了职业晋升机会、培训发展等方面，它们使员工有动力留在企业并为其长期发展贡献才华。

3. 有助于营造良好的竞争环境

薪酬激励制度有助于营造良好的竞争环境。

首先，薪酬激励制度可以激发员工之间的积极竞争意识。当员工知道薪酬与绩效直接相关时，他们会更加努力工作，追求更好的工作表现，以争取更多的奖励和回报。这种竞争不仅是个体之间的竞争，还可以促使整个团队努力提高绩效，因为团队的绩效也会影响到薪酬分配，这种内部竞争意识激发了员工追求卓越的动力，有助于提高整体团队的绩效水平。

其次，薪酬激励制度有助于防止员工之间的懈怠和满足感。如果没有明确的激励机制，员工可能会陷入舒适区，不再追求更高的绩效水平。然而，通过将薪酬与绩效挂钩，员工被激励并不断改进、学习新技能、提高工作效率，以确保他们的薪酬水平保持竞争力。这种激励机制能够鼓励员工保持高度的自我激励和不断进步的动力。

4. 有助于提升企业的经济效益

薪酬激励制度有助于提升企业的经济效益，其中的重要性不可低估，因为企业的经济效益直接关系到其长期的生存和发展。

首先，薪酬激励制度帮助企业更好地管理成本。通过将薪酬与绩效挂钩，企业可以确保薪资支出与员工的实际贡献成比例，以避免薪资浪费，确保每一分成本都是有意义的投资。同时，薪酬激励制度可以灵活地根据市场情况和业务需求进行调整，以更好地适应变化的环境，保持竞争力。

其次，薪酬激励制度直接影响企业的盈利能力。当员工的绩效提高时，企业不仅可以实现更高的产出，还可以减少因低绩效而导致的浪费和损失，这可以产生更高的利润和经济效益。此外，高绩效员工通常会更长时间地留在企业，减少了招聘和培训成本，为企业节省了人力资源开支。

（二）企业人力资源管理中薪酬激励的原则

1. 引入新的薪酬体系

引入新的薪酬体系是一项关键原则，企业应定期评估和更新其薪酬体系，以确保它与时俱进、适应变化的市场和组织需求。随着时代和行业的发展，传统的薪酬体系可能不再适用，因此，引入新的薪酬体系能够更好地满足员工的期望和激励需求，包括考虑到新的绩效指标、市场竞争情况以及员工的个人发展路径。通过引入新的薪酬体系，企业可以提高员工的满意度，激发他们的工作积极性，从而推动整体绩效提高。

2. 保证内外部的公平性

保证内外部的公平性也是至关重要的原则，内部公平意味着员工在同一组织内部的薪酬分配应该基于其工作职责和绩效水平，确保类似工作的员工获得相似的薪酬待遇。外部公平涉及与市场和竞争对手的薪酬水平保持一致，以确保员工的薪酬具有竞争力。保持内外部的公平性有助于减少员工的不满和矛盾，增强他们对薪酬体系的信任，从而提高员工的忠诚度和工作积极性。这需要企业不断监测市场薪酬情况，进行比较和调整，确保员工薪酬在公平的基础上维持竞争力。

（三）薪酬激励制度在企业人力资源管理中的应用策略

1. 转变人力资源管理理念

在当前竞争激烈的商业环境中，薪酬激励制度在企业人力资源管理中具有关键作用，为了适应现代劳动力市场的变化和员工期望的不断演变，企业需要转变其人力资源管理理念。

首先，企业应将员工视为最重要的资产之一，重视员工的价值观和需求，这意味着要积极倾听员工的声音，了解他们的职业目标、家庭状况和工作期望，以便更个性化地设计薪酬激励方案。

其次，新理念强调弹性和个性化的薪酬体系，允许员工根据个人需求和阶段性变化调整自己的薪酬结构，从而更好地平衡工作与生活，提高工作满意度。

再次，绩效导向的薪酬激励成为重要原则，将薪酬与员工的工作绩效直接挂钩，高绩效员工应该获得更多的奖励，以鼓励员工不断提高工作效率。

最后，新理念强调创新和适应能力，企业应积极采用技术和数据分析来指导薪酬决策，确保薪酬体系具备灵活性和效率。

2. 制订个性化薪酬套餐

传统的一刀切薪酬体系已经不再适用，因为员工在背景、需求和价值观等方面差异巨大。个性化薪酬套餐是一种定制的薪酬模型，根据员工的独特需求和贡献来设计，以提高员工的工作满意度、忠诚度和绩效。

首先，个性化薪酬套餐的核心是根据员工的需求和价值观来调整薪酬元素的。企业可以提供不同类型的薪酬选择，例如基本工资、绩效奖金、股票期权、福利待遇等。员工则根据自己的情况选择其中的一些元素，以满足其当前需求。例如，一位年轻员工可能更看重灵活的工作时间和发展机会，而一位有家庭的员工可能更注重福利待遇和工作稳定性。通过个性化薪酬元素，员工可以更好地平衡工作与生活，并感受到企业的关注和尊重。

其次，个性化薪酬套餐应该与员工的绩效直接挂钩，以激励员工不断提高工作效率。企业可以设定清晰的绩效目标和指标，根据员工的实际表现提供相应的奖励，包括绩效奖金、股权激励或其他激励措施。通过绩效导向的奖励，员工会感到工作的公平性和激励性，从而更有动力去追求卓越。

最后，制订个性化薪酬套餐不仅仅是提供选择，还需要建立有效的沟通和支持机制。企业应该与员工密切合作，了解他们的需求和变化，确保个性化薪酬套餐的实施能够满足员工的期望。此外，员工可能需要教育和培训，以便更好地理解薪酬选择的影响和潜力。个性化薪酬套餐需要建立起持续的沟通和反馈循环，以确保员工在整个过程中得到支持和指导。

3. 完善薪酬激励制度

薪酬激励制度在现代企业中扮演着至关重要的角色，可以激发员工的积极性、提高绩效并吸引优秀人才。然而，随着市场和员工期望的不断演变，完善薪酬激励机制成为企业人力资源管理的一个迫切需求。

首先，为了建立有效的薪酬激励机制，企业需要制订明确的绩效标准和目标，使员工清楚地知道如何评估其绩效并实现奖励，这些标准和目标应与公司的战略目标和价值观相一致，确保员工的行为和成果与企业的长期成功密切相关。透明的绩效标准有助于建立公平性和信任，员工会更愿意努力工作，因为他们明白工作的成果将直接影响他们的薪酬回报。

其次，完善的薪酬激励机制应该包括多样化的奖励方式，以便更好地满足员工的多样化需求。除了基本工资外，可以考虑引入绩效奖金、股权激励、福利待遇等不同类型的奖励。关键是确保奖励机制与员工的绩效直接相关，高绩效员工能够获得更多的奖励，从而激励他们持续提高工作表现。

最后，薪酬激励制度不应是一成不变的，它需要定期审查和调整，以适应不断变化的市场条件和员工需求。企业应建立一个反馈机制，定期与员工交流，了解他们的反馈和建议。企业还应该密切关注市场薪酬趋势，确保薪酬水平具备竞争力。在必要时调整薪酬激励机制，以保持其有效性和吸引力。

4. 丰富薪酬激励模式

传统的薪酬模式通常局限在基本工资和绩效奖金上，但现代员工追求更多样化和有趣的奖励方式。通过丰富薪酬激励模式，企业可以更好地满足员工的需求，提高员工满意度和忠诚度。

首先，除了传统的薪酬方式，企业可以考虑引入非金钱激励措施，如灵活的工作时间、远程工作、员工认可计划、带薪休假、健康和福利待遇等，这些措施可以帮助员工更好地平衡工作与生活，提高工作满意度。员工认可计划和团队活动也可以增强员工的团队精神和参与感。

其次，股权和股票期权计划是一种吸引和激励员工的有效方式。将一部分员工薪酬以股票或股票期权的形式提供后，员工将与企业的利益直接相关，这样可以激励他们为企业的成功而努力工作。这种模式特别适用于初创企业和科技公司，可以吸引高绩效人才并提高员工的忠诚度。

5. 数据分析和反馈机制

数据分析和反馈机制在薪酬激励制度的应用中起到关键作用。

首先，企业可以通过数据分析来评估薪酬激励制度的效果，包括收集员工的绩效数据和薪酬数据，然后分析它们之间的关联性。通过比较不同员工的绩效与薪酬水平，企业可以了解激励制度是否激发了更高的绩效，并识别任何潜在的不平衡或不公平情况。数据分析还可以帮助企业确定哪些方面的薪酬激励制度需要改进和调整，从而更好地满足员工的需求和企业的目标。

其次，建立有效的反馈机制是至关重要的。员工应该有机会提供关于薪酬激励制度的反馈意见，比如通过定期的调查、员工反馈会议、匿名反馈渠道等多种方式来实现。员工的反馈可以涵盖对薪酬激励制度的满意度、提出的建议和担忧等方面。企业应该认真对待员工的反馈，及时回应问题，并采取适当的措施来解决潜在的问题，以确保薪酬激励制度的公平性和有效性。

数据分析和反馈机制的结合有助于企业实现薪酬激励制度的持续改进。通过数据驱动的决策，企业可以更客观地了解制度的表现，而通过员工反馈，可以更深入地理解员工的需求和期望。这种持续的监测和改进过程有助于建立更具竞争力和可持续性的薪酬激励体系，提高员工绩效、忠诚度和满意度，同时有助于企业在市场中取得竞争优势。

6. 注重薪酬审查和调整

薪酬审查和调整涉及定期检查和更新薪酬体系，以确保其与市场趋势、组织战略和员工绩效保持一致，薪酬审查和调整有助于保持薪酬体系的公平性、竞争力和可持续性，从而吸引、激励和保留高素质员工。

首先，企业了解市场上类似岗位的薪酬水平如何变化是至关重要的，通过收集和分析市场数据，确定是否需要对员工的薪酬进行调整。为保持市场竞争力，这种分析可以涵盖特定地理区域、行业或特定职业领域的薪酬趋势。

其次，薪酬审查和调整应与组织的战略目标保持一致。企业需要确保薪酬体系支持和反映组织的长期愿景和价值观，包括考虑到公司的财务状况、市场定位和未来发展计划，以确保薪酬策略与整体业务战略保持一致。

第三节 公共服务视角下人力资源激励机制的完善

一、薪酬激励机制的作用

（一）有利于推动企业与员工共赢

薪酬激励机制的构建能够有效地激发企业员工工作的积极性与能动性，它能够在一定程度上实现对员工工作潜能的激发。这一机制不仅能够让员工从薪酬方面获得足够的效能感，还能够让他们在岗位上实现创新创造，让自身获得更多的效益。而员工的能动性直接与企业的经营效益挂钩，它会给企业带来更多的经济效益。所以企业构建薪酬激励机制能够让企业内部形成一种良性循环的机制，它不仅能够提升员工的能动性，还能够让员工在自己的能力范围内实现创新与升级，推动企业的可持续发展，让企业回馈社会，使社会效益得到提升。由此，便实现了企业与员工的共赢。

（二）有利于推进企业和谐稳定发展

薪酬激励机制的构建能够让企业着眼于员工的长远发展，并在最大限度内实现企业的公平管理，有效制止员工之间的恶性竞争，尽量缓解员工之间的矛盾，构建一个较为稳定的企业人际关系。在这种良性的关系范围内，更有利于实现企业对员工的科学评估，使员工在自己的岗位上通过"多劳多得"的形式取得更多的收益，避免他们出现工作怠慢情况，最大限度地提升企业的经营效率。而以员工实际工作能力及实际薪酬收入的方式来实现对员工的评价，会更加科学，它能够让企业在提拔、提薪时有更为科学、直观的数据作支撑，会最大限度地减少员工之间的矛盾，让员工能够从意识层面认同企业的决策，最终推动企业的和谐、稳定、深远发展。

二、薪酬激励机制的原则

（一）员工能力提高原则

激励机制的作用不仅仅是让员工获得更多的绩效，而且能提高企业对员工个人素质和能力提升的关注。员工作为被激励的对象，他们能够自觉地调动积极性，使他们的工作潜能能够被彻底激发。因此，他们在面对要求更高、更复杂的工作任务时，即使出现技术能力不足、现有理论不够前沿等问题，依旧会不断地提升自己，实现自我学习，掌握更多的工作技巧和业务能力，让自己能够胜任更为复杂的工作，能够对自己未来的职业生涯规划有所畅想。这种激励方式能够从源头上激发员工的能动性，保证工作的效率，使得他们做同一件工作的时候，效率更高，也会避免出现消极的情绪。因此，基于人力资源薪酬管理中的薪酬激励机制构建，就应该展现员工能力提高这一原则，切勿一味地采取单一化的涨工资的方式，这样并不能起到科学的激励作用。

（二）公平、竞争的原则

在构建薪酬激励机制的过程中，企业领导者更应该注重公平、竞争并存。激励并不都是正向的，它有"正激励"和"负激励"之分。因此，在构建薪酬激励机制的时候，领导者就应该打破部门、职位、性别之分，对所有员工一视同仁，要让员工看到公平的激励结果，他们才能够产生积极的情绪，才能够基于现有的岗位去努力地工作，提升自己。在这一过程中，领导者不能将公平理解为将所有的资源平均分配、劳动成果平均分配，否则它依旧是存在着"失衡"现象。适当的"竞争"才能让员工的工作更加努力，不同的工作分配对应不同的薪酬、奖励，这样才能让员工更加努力地工作。以这种方式实施的激励机制，能够让企业中产生"鲶鱼效应"，让每一个人都有生存的紧迫感，这样他们才不会安于现状，才能尽自己最大的努力为企业创造更多的价值。

（三）满足人工成本和企业发展要求原则

薪酬激励机制的建立会大大地增加人工成本的付出，因此，企业在构建这一机制的时候，就应该提前测算它带来的人工成本压力。同时，还要预测自身所付出的人工成本能够为企业提升多少效益。综合成本与效益两个层面，然后科学、合理地设计激励策略。而在这一过程中，企业还应该考虑到自身的发展性质和发展阶段，切勿盲目构建机制，否则很可能起到反作用，加重企业的负担，最终不能实现双赢。

三、薪酬激励机制精细化策略

（一）市场调研策略

1.研究同行业、同地区的薪酬状况

在制订企业的薪酬策略之前，首先需要对市场上的薪酬状况有一个清晰的了解。这意味着企业需要深入研究与自己所在行业、地域相同的其他企业的薪酬情况。通过市场调研，企业可以了解同行业内的平均工资、福利待遇、奖金制度等薪酬组成部分，以及这些待遇背后的计算方式和激励原则。这种调研可以帮助企业确保自己的薪酬待遇不会过低，避免优秀人才的流失；同时，也不会过高，导致不必要的成本浪费。只有当企业对市场有了足够的了解，才能制订出既公平又具有竞争力的薪酬策略。

2.确定企业在市场中的竞争地位

除了了解市场上的薪酬状况外，企业还需要明确自己在整个市场中的位置。这涉及企业品牌的知名度、业务规模、市场份额、技术创新能力等多个方面。一家在市场上有着明确竞争优势的企业，可以为员工提供相对更高的薪酬，以此来吸引和留住顶尖的人才；而对中小企业或新入市场的初创企业来说，可能需要通过其他方式，如快速晋升、丰富的培训机会或更加宽松的工作环境来吸引人才。

（二）绩效考核策略

1.设定明确的考核标准与目标

绩效考核是企业用来评估员工工作表现的重要工具，而明确的考核标准与目标是确保绩效考核公正、透明和有效的前提。企业应该根据各个职位的职责和目标，制订具体、可量化、可达到的绩效目标。这些目标应该与企业的整体战略和目标相一致，并能够为员工提供一个清晰的方向。同时，企业还应该制订公正的评价标准，以确保每个员工都在同样的条件下被评价。这样，员工就能明白自己的工作到底如何以及如何改进，而企业也能确保每个员工都得到了公平的待遇。

2.采用多角度、多维度的考核方式

为了确保绩效考核的全面性和公正性，企业不仅需要从单一的维度（如工作成果或工作态度）来评价员工，还需要从多个角度来观察和评价。这可以包括同事之间的360度评价、客户反馈、上下级评价等。这样的多角度评价可以帮助企业获取更全面、更客观的员工工作表现信息。而多维度的考核方式则意味着企业需要考虑

员工的各种工作表现，如工作成果、工作态度、团队合作能力、创新能力等。这样的考核方式既可以确保企业能够公正地评价每个员工，也可以帮助企业识别出真正的顶尖人才以及需要进一步培训或激励的员工。

（三）差异化薪酬策略

差异化薪酬策略是基于对员工能力和贡献的认知，为他们提供不同等级的薪酬。在当今日益激烈的商业环境中，企业需要确保自己拥有足够的人才储备以应对各种挑战。差异化薪酬策略可以帮助企业识别并激励那些真正为公司创造价值的员工。

1. 根据员工能力、贡献设定薪酬等级

每一个企业内部，员工之间在技能、经验和贡献方面都存在着差异。这些差异应当被认知并公正地反映在薪酬结构中。为此，企业可以设置多个薪酬等级，确保那些具有高技能、丰富经验和卓越绩效的员工获得更高的薪酬。这样不仅能激励员工努力提高自己的专业技能和工作绩效，也是对他们努力和贡献的认可。

2. 为关键岗位与核心员工提供额外的激励

在每个企业中，总有一些关键岗位或核心员工对企业的成功起着决定性的作用。他们可能是企业的技术骨干、市场营销的佼佼者或是管理团队中的关键人物。为这些员工提供额外的激励不仅可以确保他们的忠诚度和工作积极性，还可以鼓励其他员工向他们学习，努力提高自己。这些额外激励可以是更高的薪酬、特殊的奖金或是其他非物质的奖励，如更多的职业发展机会。

（四）长短期激励结合

激励员工的方式有很多，但最为有效的策略是将短期和长期的激励结合起来。这样可以确保员工既能感受到即时的奖励，又能为长远的未来努力。

1. 设定短期的奖金、奖励制度

短期奖励主要是为了激励员工在短时间内完成某些特定的任务或达到预定的目标。这种奖励通常是即时的，能够迅速反馈给员工，增强他们的工作动力。例如，销售团队完成季度销售目标后可以获得的奖金、工程团队在规定时间内完成项目的奖励等。这样的奖励制度可以促使员工集中精力，在短时间内达到更高的工作效率和绩效。

2. 引入长期的股权、期权等激励方式

长期的激励主要是为了留住并激励那些对企业有长远价值的员工。股权、期权等激励方式，不仅能够使员工感受到自己与企业的利益是紧密相连的，还能鼓励他们为企业的长期成功而努力。当员工认为自己是企业的一部分时，他们更容易为企业的长期目标而工作，更加注重企业的持续发展和稳定性。此外，这种激励方式还能有效减少员工流失率，确保企业的核心竞争力稳定。

（五）非物质激励策略

非物质激励是指超越财务奖励或具体的物质利益之外的激励方式。它通常表现为为员工提供更有意义、满足和成就感的工作体验。其重要组成部分包括以下几方面：

1. 培训与发展机会

为员工提供培训和发展的机会是一种强大的非物质激励策略。在当今快速变化的工作环境中，员工希望自己的技能能够与时俱进，以保持对当前和未来工作机会的竞争力。通过为员工提供专业培训、研讨会、工作坊或在线课程，企业不仅可以帮助员工提高自己的能力，还可以展示出对其长期职业发展的承诺。这种投资不仅可以提高员工的满足感和归属感，还可以为公司带来更高的生产率，减少员工流失率，并确保团队具备应对未来挑战的能力。

2. 职业晋升路径

为员工提供明确的职业晋升路径是确保他们长期承诺并积极投入工作的关键。员工希望他们的努力和贡献会被看到，并有可能带来更高的职责和更好的职位机会。清晰、透明的职业晋升路径不仅可以激励员工努力工作，还可以为他们提供一个明确的目标和方向。对于新入职的员工，了解公司提供的成长机会可能是他们选择加入和留在公司的关键因素。而对于资深员工，知道他们的努力和经验会被重视并有可能带来更高的职位和更大的责任，将进一步加强他们对公司的忠诚度。

四、激励机制的调整

在日常的企业运营中，仅仅建立一个薪酬激励机制是不够的，持续的监控与适时的调整更为关键。如同一艘大船在航行过程中需要不断调整方向，企业的激励机制也需要适应不断变化的外部环境和内部需求，保持最佳状态。下面将深入探讨激励机制的监控与调整策略。

（一）定期的薪酬审查与调整

薪酬审查是确保企业薪酬激励机制持续有效的关键手段。定期的审查可以确保公司的薪酬结构在市场、行业和同等规模公司中保持竞争力。企业应该建立一个固定的时间周期进行薪酬审查，如每年或每半年。这个周期应根据企业的实际情况和行业特点来设定。在薪酬审查过程中，需要考虑的因素包括通货膨胀率、行业薪酬标准、企业的财务状况、员工的绩效表现等。定期调整薪酬不仅能吸引和留住人才，还能提高员工的工作积极性和满意度，从而提高整体的工作效率和企业绩效。

（二）采集员工反馈，持续优化激励策略

员工是薪酬激励机制的直接受益者，他们的反馈和意见对激励策略的优化至关重要。采集员工的反馈可以帮助企业了解激励策略在实施过程中的实际效果以及可能存在的问题和不足。为了确保反馈的真实性和有效性，企业可以采用匿名调查、小组讨论、一对一访谈等多种方式。在收集到反馈后，企业应该及时分析、总结，并结合实际情况进行策略调整。

（三）根据市场变化与企业战略调整激励策略

企业的外部环境和内部战略都是不断变化的。市场竞争态势、行业发展趋势、技术进步、政策法规等都可能影响到企业的薪酬激励策略。因此，企业应该紧密关注这些变化，并及时调整激励策略以适应新的情况。例如，如果市场中的竞争对手提高了薪酬标准，为了避免人才流失，企业可能需要相应地调整自己的薪酬结构；或者企业进行了战略调整，某些岗位的重要性可能会提高或降低，这就需要对这些岗位的薪酬进行重新评估和调整。

五、公共部门人力资源薪酬激励机制的完善

（一）公共部门人力资源管理的特点

公共部门人力资源管理，既有一般人力资源管理的共性，也有其独特个性。其主要特点表现如下。

1. 政治性

顾名思义，公共部门以政府为核心，把社会公共利益视为组织目标。可见，公共部门人力资源手握国家和人民赋予的相应公权力，执行国家的法律法规和方针政策，不可避免地带有政治属性，打上政治烙印。在我国经济社会飞速发展的进程中，公共部门人力资源需具备较高的法治理论、政策水平和政治观念。我国公共部门人力资源的政治属性鲜明，这在很大程度上是由"党管干部"的方针决定和影响的，因此，普遍较为重视政治教育和思想建设。

2. 公开性

公共部门之所以姓"公"，就在于它负有的公共责任，主要表现在其重视民主、公平以及正义。而解决公民对政府的信任问题、增强政府的治理效能，离不开与社会发展阶段相适应的"透明化"组织。其中，对外而言，政府在法律允许的范围内，面向公众实行决策、信息和办事"三公开"，包括办公地址、机构名称、内设部门、

职责分工、领导成员、服务项目以及办事程序等；对内而言，则公布培训事项、评优指标、提拔机会、考核结果等。可以说，公共部门的人力资源受到来自组织内外两方面的监控。

3. 品质性

公共部门是为大众提供公共服务、对公众负责的部门，其公务人员所处的角色反映公共部门的权威性；能力素质关乎公众对公共部门的认可度和满意率；行事风格、办事效率折射公共部门的声誉形象。因而，公共部门在招录、培训、选拔、考核、激励等全过程各环节，都应注重塑造公务人员高尚的道德品质，不断培养公共管理者的为民情怀、服务态度和廉洁素养等，使其清清白白做事、干干净净做人，更好地维系公共部门的存在价值。

（二）健全公共部门人力资源激励机制的作用

鉴于人力资源是一种具有高增值性、能动性和时效性的资源，必须持续投入方能维持乃至发挥作用。在公共部门，有效激发人员的行为和动机，使公务人员产生较好的绩效表现和较高的服务质量，致力于朝着组织既定战略目标迈进，可谓势在必行。

1. 适度的激励有利于增强公共部门的凝聚力

通过给予必要的激励，可激活公务人员的主人翁意识，释放内在潜力，使其明晓"智有所用、才有所施、劳有所得、功有所奖、过有所惩"的道理，增强干好工作的使命感和紧迫感，自发地变"要我干"为"我要干"。在此基础上，激励机制可较好地协调所在单位、内设机构和公务人员之间的关系，保证政府的规章制度落到实处，提高人员对单位的向心力、凝聚力。因此，从某种意义上说，能否有效地普遍激励公务人员，直接关系到所在公共部门是否和谐统一、绩效高低甚至是否成长壮大。

2. 适度的激励有利于留住关键核心人才

当今社会，"新基建""5G"等科技热点层出不穷。在这个智慧时代、信息化时代，抢抓机遇并调动资源运作，的确能够创造暂时的效益，而拥有一支专业、拔尖、团结的人才队伍，对公共部门而言则至关重要。换言之，优秀人才是公共部门生存发展的决定性要素，是管根本、利长远的基础条件。那么，能否制订并践行一套科学合理的人才激励措施，发现、挽留、培育和使用人才，再借助环环相扣的推进使得人尽其才，是衡量公共部门是否拥有光明前景的标准之一。

3. 适度的激励有利于实现公共部门战略

众所周知，公共部门制订的战略目标，是其长期愿望及未来状态、组织发展的蓝图或构想，体现出公共部门的价值追求。而达成公共部门的期望和使命，是一个积小胜为大胜的渐进式过程，有赖于源源不断的动力。从社会规律看，到位的激励，是整合部门力量、调控公务人员行为、攻克发展难题、实现长远战略的强大引擎和力量源泉。一旦失去了高效的激励，往往会出现人心涣散、内耗频发的局面，从而背离组织愿景，有碍既定目标的达成。

（三）公共部门人力资源管理激励机制的主要方式

物质激励和精神激励是激励理论中最常见的两种激励方式，两者相结合可以最大程度上激励员工的工作积极性。我国公共部门经常使用的激励措施通常分为三种。

1. 薪酬激励

无论是公共部门还是非公共部门，薪酬都是人们提高生活水平的基本手段，薪酬激励也是最简单、最直接的激励方式。除基本工资以外，公职人员薪酬水平的高低还与部门绩效有关，因此，随着公共部门工资标准的制订和推行，在基本工资大体稳定的前提下，公共部门越来越多地引入了竞争性薪酬激励制度，薪酬激励更多地体现在部门的绩效工资上。合理的薪酬激励可以促使公职人员不断提高工作技能和工作热情，最终实现部门绩效以及薪酬水平的提升。

2. 晋升激励

公共部门晋升激励指的是将公职人员从现有职位晋升到拥有更大权力、承担更多责任、提供更好待遇的更高级别的职位上去。根据马斯洛需求层次理论，自我实现需求是更高层次的需求。如果把薪酬理解为满足生理、安全、归属、尊重等低层次需求的手段，则可以把职务晋升理解为满足自我实现需求的手段。公职人员晋升制度通过明确不同职务和级别的待遇差别，除了满足公职人员的物质需求外，还可以使公职人员获得尊重感和价值感，进而满足其自我实现需求。因此，与薪酬激励相比，晋升激励带有更大的精神属性。但是由于领导性质的职务有数量限制，这种奖励方法具有限制性。在晋升程序中，对公职人员也有许多要求，包括业务条件、工作资历、身体状况等；各个职务晋升的标准也有所不同，包括在基层工作的年限和相应工作经历等。并且，晋升激励是一种隐性激励，因为在晋升程序中，晋升承诺是不合法的。

3. 培训激励

首先，从职业发展来看，公共部门公职人员尤其注重职业发展，对公共部门公职人员进行业务培训和职业规划可以激发其工作动力和积极性。如果公共部门提供一定的职业指导，协助公职人员实现自身职业理想，那么公职人员将会以对职业的忠诚和不断提升业务能力作为回报。

其次，从培训内容来看，其中包含着业务知识、工作技能以及经验总结，公共部门管理者愿意为知识体系丰富、潜力大的员工提供培训机会，这对公职人员来说是提升个人工作能力的重要机会。当前，我国各地公共部门主要通过培训班的方式对公职人员进行培训。

最后，从培训激励的实施方式来看，在培训激励的实施过程中，培训与其他管理环节紧密相连，包括员工评定职称、职务升降、干部选拔、薪酬增减等，公共部门作出人力资源管理决策时往往会参考培训过程及培训结果，这在很大程度上能够增加公职人员参加培训的积极性和学习的主动性。

（四）公共部门人力资源管理激励机制创新对策

1. 优化薪酬设计

薪酬激励是最基本的激励措施，优化薪酬设计，提高公职人员工资待遇，从而满足其对美好生活的愿望，可以促使公职人员以更大的工作热情投身到工作中来，推动其积极提升工作能力，进而推动部门发展。按劳分配是我国社会主义分配制度的基本原则，公共部门也不例外，在薪酬设计中，要杜绝平均主义，岗位工资要充分体现岗位职责、工作业绩、工作能力等；另外，要充分考虑不同职务和级别之间合理的工资差距。此外，可通过各种加班补助以及经费补贴充分调动公职人员的积极性和创新动力，确保薪酬激励的有效性。

首先，推行岗薪匹配制。优化岗位设置，对岗位进行科学性、专业化的分类，明确岗位职责、细化岗位规范，参考业务量、岗位风险及技术要求制订合理的岗位薪酬系数，强化公职人员薪酬的岗位差异性。

其次，强化绩效工资制。加大绩效工资在公职人员薪酬中的占比。信息技术及数字化平台的广泛应用为公共部门为公职人员的绩效定量考核提供了便利，公共部门应细化考核指标，在考核指标的设定上不能一刀切，要充分考虑岗位性质以及岗位之间工作内容上的差异性，尽量做到科学公正。以绩效考核为依据，并建立相应的奖惩制度，杜绝绩效工资上的平均主义。

最后，建立薪酬平衡制。人才是发展的关键，不论是对于企业来说，还是对于公共部门来说，人才的竞争是所有竞争中最根本的竞争。在人才竞争中，公共部门不仅面临部门之间的竞争，还面临着与企业的竞争。从与企业的人才竞争角度来看，为了从社会引进优秀的各行业专业人才，公共部门在薪酬设计上要合理参考企业的薪酬水平。从与部门之间的人才竞争角度来看，公共部门要建立公职人员薪酬比较和调整体系，增加公职人员的薪酬透明度，这也能在一定程度上解决公职人员薪酬的地域差异性，对经济欠发达地区的公职人员发挥更大的激励作用。

2. 加强晋升竞争激励

公共部门要不断完善晋升淘汰机制，通过公平、合理的人才评价体系对公职人员进行考核，从而在公共部门内部形成良性竞争，改变公务员职业是"铁饭碗"的传统观念。

首先，通过考试选拔优秀人才，克服人才选拔的不正之风，或者从其他部门和组织引进优秀人才。其次，按照有关规定对领导岗位进行任期内和任期后的考核评价，把评价结果作为监事行使职权的重要依据。最后，采取职务任期制，设置任期年限，任职到期后必须进行重新考核和选拔，根据最终考核分数进行岗位升降级、连任或罢免。以上措施的最终目的是把竞争引入职务晋升中来，让公职人员感受到来自外部的压力，从而激发学习和工作的积极性，努力提升工作效率，最终提高公共部门的活力。

3. 建立多层次的培训网络

我国公共部门需要建立多层次的培训网络，深化培训内容，丰富培训形式，有效增强培训效果。

（1）深化培训内容，切合实际分岗培训

一方面，公共部门在开展公职人员培训的过程中，需要根据社会经济的发展，结合国内外先进的理论知识，制订合理的培训目标和培训内容，与时俱进，及时更新培训教材。另一方面，要根据公职人员的岗位职能和部门职能，进行针对性的培训，充分运用先进的信息技术丰富培训内容和手段。如果条件允许，可以邀请多方专家和专业机构进行集中培训，以此切实增强培训效果。

（2）丰富培训形式

随着对人才的重视，公职人员培训需求逐年增加，我国公共部门应进一步丰富培训形式，充分利用线上资源和线下资源，建立多元化的培训渠道。这就要求，一方面公共部门要进一步加强信息化建设，打造综合性网络培训平台，充分利用大数据和云计算整合课程资源；另一方面，公共部门要加强党校和干部培训中心的建设，建立线下人才培训基地，统筹科研机构、高校以及培训机构的人才资源，使人才培训更有针对性，更加专业化。

（3）完善培训质量评价体系和成果运用机制

加强对人才培训的绩效评价并总结经验，提升培训质效。具体而言，一是科学设置评价指标，并将其列入公共部门人力资源管理的常态化工作，评价的过程透明公开，评价的结果力求公正。二是建立公职人员培训档案，培训档案要充分运用信息化技术，与数字人事相结合，将培训内容和培训结果电子归档，为绩效考核提供参考。三是强化对培训结果的合理运用，对培训考试中取得优秀成绩的公职人员以及取得相关证书的学习型人才予以额外加分，同时辅以一定的物质奖励；对于培训表现不佳、培训考核成绩不合格的公职人员，应当进行相应处罚，并对其进行思想教育，引导其提高对培训学习的重视，督促其掌握培训内容。

六、激励机制在事业单位的应用

（一）激励机制在事业单位的优化策略

1.改善绩效激励模式

在事业单位人力资源管理中，激励方案是事业单位为提高生产力和生产效率所实施的一种措施，是为了创造满足劳动人员工作需求、生活需求以及生产需求的条件，其能激发劳动人员内在潜力，使劳动人员能够最大程度发挥内在潜力。劳动人员生产、生活以及工作需求主要与劳动报酬有直接关系。英国学者马丁·科雅在事业单位人力资源管理学激励理论中提到，需求、期望、公平对个体具有激励作用，因此激励主要强调满足个人的需求和动机。激励理论认为事业单位员工的工作态度与所获得的绝对报酬有直接的联系，员工在工作过程中不仅看重自己所获得的报酬量，还看重报酬与劳动量彼此之间的协调与平衡，当所有条件满足后，可以有效提高员工的工作积极性，从而提高事业单位生产力水平。具体可从以下几方面着手。

（1）开展科学岗位评价

事业单位激励方案中，可以采用职位分类法对事业单位岗位进行科学评价。职位分类法是将事业单位现有工作岗位的主要构成元素按照工作条件、职责、技能、目标等标准进行分类和分解，根据岗位要素在实际中实现的难易程度赋予相应的分值，并根据最终的评分对事业单位职位进行排序。目前事业单位的主要岗位有部门主管、副主管、专业技术人员、普通技术人员、基层劳动人员等岗位，通过由事业单位人力资源管理人员以及外部专家组成的评价小组对岗位进行打分，根据分值确定等级，为事业单位薪酬体系设定提供依据。

（2）设定薪酬等级

根据岗位评价结果对岗位进行排序，对于评分比较接近的岗位可以归纳为同一个级别，职位分类法评价岗位等级通常分为五个岗位级别，岗位级别越高表示该岗位对于事业单位发展的重要程度越高，并且对事业单位发展的贡献值也就越高，因此事业单位岗位薪酬等级设定可以依照岗位评价结果而定。岗位薪酬等级与岗位评价等级相对应，薪酬等级的设定采用等比级差，也就是每一个薪酬等级之间相差5%，根据当前市场劳动力薪资水平，确定每个岗位薪酬实际金额。这种方式设定的薪酬等级保证了事业单位岗位薪酬分配的公平性，可以有效避免同酬不同工现象的发生。岗位薪酬等级在实际执行时可以参考事业单位员工的年度绩效考核结果，具体应用如下：目前事业单位年度绩效考核结果分为及格、优秀、不及格三个档，如果事业单位员工年度绩效考核结果为及格，则在下个月可以将其薪酬等级提高一个级别，给予相应的薪资报酬；如果事业单位员工年度绩效考核结果为优秀，则在下个月可以将其薪酬等级提高两个级别，并给予相应的薪资报酬；如果事业单位员工年度绩效考核结果为不及格，则在下个月可以将其薪酬等级降低一个级别，如果连续三年该员工年度绩效考核结果均为不及格，则将该员工的薪酬等级降为原有薪酬等级。执行上述薪酬等级方案，对员工有一定的激励作用，即使员工没有职位的提升，也能提高薪酬金额和等级，有利于提高员工做好本职工作的积极性。

（3）采用多元年度考核方式

原有的绩效考核方式具有考核内容单一、考核标准不明确等特点，故提出多元年度考核方式。按照以上标准对事业单位员工年度绩效进行考核，考核内容包括工作效率、专业技能和工作纪律三个方面，体现出事业单位员工的工作态度，根据每项考核内容的分值确定最终的年度考核结果。将员工年度绩效评分按照顺序进行排序，将排在前20名员工列入为优秀员工，对优秀员工给予升职提薪的奖励待遇，对排在最后的10名员工列入为年度考核不及格员工，对这部分员工给予岗位薪酬调低的惩罚。

（4）设立绩效奖金

设立绩效奖金，奖金项目包括卓越贡献奖、优秀个人奖、优秀团队奖、创新奖等，对事业单位发展作出极大贡献的工作人员颁发卓越贡献奖，奖金金额可以设定在1 000~2 000元，以此激励事业单位员工工作积极性；对年度绩效考核结果第一的工作人员给予优秀个人奖，奖金金额可以设定在500~1 000元，以此提高事业单位员工工作态度；对年度绩效考核评为优秀员工比较多的部门给予优秀团队奖，奖金金额可以设定在1 000~2 000元，颁发给获奖部门，由部门主管颁发给个人，以此激发事业单位员工团队精神；对事业单位技术开发、工作方法创新的人员给予创新奖，奖金金额可以设定在500~1 000元，以此鼓励事业单位人员技术创新。通过以上绩效奖金项目的设定，能全面激发事业单位员工潜能，在工作过程中使员工潜能能够最大程度地发挥，促进事业单位不断发展。

2. 完善分配模式

我国事业单位的分配主要是采取工资制度，由国家和地方财政支撑事业单位人员的资金，主要包括工资、福利、保险等。很多事业单位主要以职位高低与任职时间作为主要的分配工资的标准，而没有把贡献程度作为考核的一部分，间接地打击了优秀的新人。很多事业单位也是按照平均主义分配津贴补贴，影响了激励机制功效的发挥，也在一定程度上影响了员工对待工作的积极性和创造性。在经济快速发展的今天，应该以"多劳多得"的准则进行分配，打破平均主义，让事业单位的员工意识到工作的潜在危机，激发对工作的积极性。

3. 不断改进激励方式

作为社会成员，事业单位经过了长期的历史发展，内部具有一定的文化形态，在进行全面改革的同时，不能忽略文化的多样性，要结合本土文化对激励方式进行创新，发展出具有特点的高效率的组织团队。在发展的过程中，也要根据具体情况进行适当的调整，不断改进激励的方式，达到人尽其才，最大程度发挥员工自身具备的潜力。在鼓励个人绩效的同时，也要注重团队协调。在当今社会，团队效应具有很大影响力，因此，要注重团队与个人之间的和谐与平衡。

（二）事业单位员工激励机制实施的保障措施

在发展的一般规律中，任何一项改革和创新都应适应当下的政治和社会环境，事业单位在实施新的员工激励机制之前，应加强对党和国家关于事业单位改革政策的学习、理解和把握，确保改革和创新之处符合现行的大政方针和社会需要，并根据宏观环境的不断变化，及时做好相关准备和对策措施，为新的员工激励机制实施匹配一个恰当的改革氛围。1992年，党的第十四次全国代表大会首次提出了事业单位分类改革目标，拉开了我国事业单位改革的序幕。三十多年来，事业单位在相关的招录方式、编制类型、机构整合等方面已经经历了多次尝试、摸索出了很多经验、取得了较大成果，促使事业单位的改革不断向纵深发展。我国下大力气深化事业单位体制改革的决心信念和任务规划没有改变，实际改革进程也必将愈加深化。事业单位制订并实施新的员工激励机制，加速自身员工管理和体制改革，是顺应当下政治和社会环境的。有了宏观环境的支持和配合，事业单位的优化改革只需稳扎稳打，按照时间节点做好对应的阶段性工作，其员工激励机制的改革创新必将成为现实，并持续高效运转。

1. 坚实的制度保障

制度本身具有稳定性、持久性和规范性的特征，建立一套科学性、操作性很强的制度规范体系，可以为员工激励机制的稳定和实效提供坚实的基础保障。系统的制度是保障员工激励机制良性运转的有效载体，它是为了推动员工激励机制良性运转而进行的一系列规范、程序和原则的设计安排。因而，制度的规划、形成、发展合理与否，直接关系到激励机制的稳定性和实效性，进而影响到整个员工激励机制的运转和作用。中国行政事业单位现行的员工激励机制主要以《中华人民共和国公务员法》（以下简称《公务员法》）作为理论和实践支撑，这部法律在给员工激励机制提供最基本的法律依据时，我们也应该认识到这只是一个共性的依据，缺少对于不同领域、不同级别、不同工作性质的员工激励机制运行和优化的针对性，特别是具体到某一领域、某一单位甚至某一位员工，《公务员法》中的规定就会显得过于笼统和模糊。在这种情况下，事业单位应进一步领会、提炼《公务员法》的理论基础，并广泛汲取省、市、区具体实施办法和政策规定的精神实质，从本单位员工的实际情况出发，综合分析、超前谋划、早日制订出一套完整、科学、适合、长效的员工激励机制运行制度，使新的员工激励机制在运行过程中有法可依、有规可循，并适时向广大干部群众公开，接受职工和社会的监督。刚性的制度约束和广泛的权力监督，才能使新的员工激励机制具备长效的稳定性和公正性，才能让员工在日常工作和生活中感受到身边的公平与正义，进而增进心理上的安全感和组织上的归属感，促使其大胆工作、放手一搏，为组织最终目标的实现不断奋斗，进一步保障员工激励机制的充分作用和良性运转。

2. 稳定的组织保障

在中国的行政事业单位中，组织保障通常是指由上级组织出面，通过一系列的组织或机构调整，为某项工作的顺利开展提供保障。这种保障通常具有较高的可行性和较深的影响力，也是现行最为常见和有效的保障措施之一。目前，事业单位新的员工激励机制还处于探索和尝试阶段，较强的组织支持就成为其顺利开展的重要保障。根据以往改革发展的成功经验和事业单位的实际情况，其组织保障措施可从以下几方面着手完善：

第一，成立事业单位员工激励机制改革优化领导小组，由党组书记任组长，党组副书记和常务副主任任副组长，党政办主任任领导小组办公室主任，其他中层干部任组员。在人员结构上丰富领导小组人员配置，确保领导小组在决策时更加统筹兼顾；在组织结构中自上而下地促进沟通，畅通政令，进一步营造良好的氛围。

第二，总结分析出事业单位现行的员工激励机制出现的各种问题及产生问题的原因，并广泛开展调研，听取干部职工意见建议，形成更为有效、恰当、长效的员工激励机制。

第三，将新的员工激励机制具体措施和制度保障汇总成册，提交领导小组研究讨论，并形成《事业单位员工激励机制优化方案》（征求意见稿）。

第四，提请区委、区人大、区政府等相关部门对《事业单位员工激励机制优化方案》（征求意见稿）进行审定，并提出意见建议。

第五，结合相关部门的意见、建议，进一步完善新的员工激励机制。并在本单位确定两至四个科室为试点，先期对新的员工激励机制进行试运行。

第六，针对新的员工激励机制在试运行过程中表现出的不足和问题，及时进行完善和修订，不断提升其科学性、合理性。

第七，形成最终的员工激励机制优化方案，以领导小组的名义发文通报，并抄送组织、人事和财政部门备案，在全单位正式实施。

通过确定领导机构、规范决策过程、保障运行模式等一系列措施，为新的员工激励机制实施提供较强的组织保障，进一步增强员工激励机制的稳定性和长期性。领导重视、组织得力的管理模式也更加有利于员工接受并认可新的激励机制，促进其初期工作的开展，并上升成为单位组织总体工作计划的重要部分，以保障员工激励机制的有效介入和良性运转。

3. 良好的文化保障

组织文化是指组织在长期的发展过程中所形成的日趋稳定的、独特的价值观，以及以此为核心而成的行为规范、道德准则、群体意识和风俗习惯等的总成。单位的组织文化往往对员工起到潜移默化的作用，其影响力也是持久而深远的。一方面，积极向上、严肃活泼的组织文化会提升员工的思想境界，增强组织的凝聚力；另一方面，消极颓废、固化呆板的组织文化则会削弱员工的积极性和进取心，降低员工对组织的信心和信任，阻碍单位的良性发展。对于事业单位来说，新的员工激励机制的顺利实施，与建立健全组织文化的保障措施是分不开的。具体体现在以下几个方面：

第一，在构成组织文化的不同模块中，组织认可并大力推行的价值理念处于最高的统领地位，它更容易为员工所接受，对促进组织的良性循环、改革发展、提升进步等起着极为重要的作用。

第二，当组织推行的价值观念、制度政策被员工认可并接受之后，就会自然而然地转变为其内在的价值观和行为准则，对员工起到长期的指导和规范作用，对员工价值观的形成、责任感的提升、凝聚力的增强都会产生非常积极的推动作用。

第三，和谐的力量。和谐，无论是在中国源远流长的传统文化之中，还是在当今社会主义核心价值观之内，都被摆上了重要的位置。由此可见，在新的员工激励机制实施过程中，积极向上、和谐共生的人际关系有利于同事之间沟通合作的展开，能进一步为组织吸引员工和稳定员工，是一种重要的激励力量。所以，在激励机制优化改革的实施初期，事业单位必须为其提供足够的文化保障，为员工激励机制的顺利接入提供良好的文化氛围。首先，要明确"人力资源是最大资源"的价值理念，尊重知识、尊重技术、尊重员工，为员工自身价值的发挥创造良好的环境；其次，要树立团队合作精神，无论是一线工作人员还是单位领导层，都应该把彼此视为团队不可或缺的一部分，把个人追求和组织大局结合起来，共同促进单位的健康可持续发展。只有形成了这种和谐、高效、公正、友善的文化氛围，才能使员工在良好的氛围中工作，进而为员工激励机制的有效作用提供匹配的文化保障和运行气氛，促进激励机制正向效应的充分发挥。

第四节 公共服务视角下员工福利管理

一、员工福利概述

在 19 世纪末，工业迅速崛起，德国产业工人人数剧增，然而产业配套政策却没有及时跟上，工人们几乎处于无保护状态，工资微薄，勉强维持生计，一旦家庭遇到疾病或事故则无以为继。时任德国首相俾斯麦开创了社会福利法，他提出加强对工人福利的保障，能有效维护社会和经济的稳定，这是全世界首次以立法的形式来推行工人保障，该法为现代社会福利保险奠定了一定的基础。

（一）福利的定义

从企业管理实际出发，福利分为狭义福利和广义福利。狭义福利就是政策规定的福利费，包含通过员工福利费列支的各类福利项目；广义的福利是将福利作为总体报酬的重要组成部分，是企业为员工供给的除人工工资、绩效、奖金以外的其他补充性、弥补性报酬及服务。《财政部关于企业加强员工福利费财务管理的通知》（财企〔2009〕242 号）从中央企业财务管理制度的角度，定义了狭义的企业福利，对福利做出以下诠释：除工资、社保和企业年金、补充医保及公积金之外的福利待遇付出。

（二）福利的分类

1. 基本工资

一般企业不同层级的员工有严格的薪资标准，同时比较重视薪酬的动态调整，员工的具体表现和业绩情况会直接影响自己的薪资水平。

2. 年终双薪

这是大部分企业进行有效激励的一项重要举措。大多数员工年终会多领一个月的工资，有些关键部门的员工年薪能拿到 15 个月以上的工资。

3. 奖金

奖金分为绩效奖金和季度奖金。奖金发放依据员工个人表现。这有助于激发员工的工作积极性，使企业一直保持一种上进积极的工作氛围。

4. 专项奖励

企业可以设置多个奖项，比如针对企业日常管理运营的建议奖项，还有各种创新方面的专利奖项等。

5. 社会保险

一般为正式员工全部缴纳常规的"五险一金"中的五种保险：养老保险、失业保险、医疗保险、生育保险、工伤保险。其中，工伤保险分为两种情况，一种是突发性质的伤残，比如机械造成的伤残，或者是火灾等；另一种是长期慢性积累的伤残，比如尘肺病或长期接触有害化工材料患上的皮肤病等。

6. 住房公积金

一方面，随着公积金金额的不断增加，员工的住房自我保障意识会不断提高，有更大意愿购买住房，会减轻政府和工作单位的压力；另一方面，稳定而有效的公积金制度也能够增强员工的购买力，从而提升其居住水平和生活条件。

7. 带薪年假

大多数企业按照年假的规定落实，员工每年有七天的带薪年假，而且工龄每增加一年，带薪年假就多一天。休假会让员工有更多的时间休息，缓解工作压力，调整状态，部分部门休假时间更长，可达到 20 天左右。

8. 健康关怀

工作一段时间后，各种工作压力和外部环境会造成很多员工长期处于一种亚健康的状态。一般企业会组织对员工定期进行健康检查，为员工排查身体隐患。同时会增设健身场地器材，让员工自发养成锻炼习惯，既可以减少员工疾病的发病率，使员工保持一种身心健康的状态；又使其有更多的精力投入工作，提升工作效率。

9. 员工俱乐部

员工还可以根据自己的兴趣特长选择各项活动，比如乒乓球、羽毛球、跑步等，丰富员工的业余生活，有助于发挥员工的特长，使企业内同事之间的关系更加和谐，提升员工的幸福感。此外，企业还会组织员工观看电影和参加一些文娱活动，鼓励员工家属参加，使员工在参与企业活动时兼顾家庭，有助于家庭和谐，提升员工的生活质量。

10. 其他

一些企业还会提供生日礼金、软饮料、各种零食和新鲜的水果等。此外，部分企业十分注重员工培训，企业鼓励员工参加培训，对培训课程完成出色的人员给予奖金。员工培训对于提升员工素质、增加企业的核心竞争力有着重大的意义。

（三）主要福利制度

这里主要介绍三种福利制度，目前部分单位在使用，且具有一定代表性，它们分别是弹性福利、企业年金和员工帮助计划。

1. 弹性福利

（1）员工弹性福利概念

弹性福利制度是指企业以"福利菜单"的方式向员工提供福利，又称"自助式福利""菜单式福利"，是指企业确定对每个员工福利的投入（通常用积分形式体现）的前提下，由员工在福利菜单中选择适合自己的福利，即企业对福利菜单上的各个福利项目进行明码标价，而员工可以根据个人偏好，结合自身真实需求以及福利能力，从"菜单"中选取所需福利，形成专属的个性化福利"套餐"。弹性福利制度一方面有效控制了企业福利成本，另一方面又照顾了员工的个性化需求。该制度的建立表明市场经济发展逐渐成熟，以人为本的思想得以体现。但在弹性福利制度实施初期，还是会出现一些问题，如成本高、管控难度加大等。

（2）员工弹性福利的分类

弹性福利制度根据不同行业类别的企业组织架构的特殊性以及所处的经营状态和阶段不同，会逐渐演化成为以下几种实际操作过程：

第一，额外提供选择性福利计划，是指提供在原有福利计划基础之上的其他福利项目供员工选择，或提高原有的福利项目的标准。例如，基础的福利计划包括通信补助、交通补贴等项目，实施额外提供选择型福利计划之后，在执行上述的福利基础之上，以组织员工集体出游、商业保险等方式额外提供给员工选择，员工便可依照自己可支配的限额去认购自己需要的额外福利。

第二，必选加可选型的弹性福利计划。其组成部分由必选项目和可选项目共同组成。必选项目是所有员工都可享受的基本福利，不能随意删减或选择；可选型项目则包括所有员工均可自行选择的项目，所有项目均纳入"弹性选择福利"之中，每一个项目都有相应的购买价格，员工可以根据自身福利标准加以选择，如果超过了自身标准，则差额部分就要折算成现金由员工自付。此种福利计划与额外提供选择型福利计划的不同之处就在于：额外选择型福利计划的核心福利项目与原有的项目完全相同，而额外选择的福利就相当于新增品种；必选加可选型弹性福利计划则相当于要重新设计一套新的福利制度供员工进行选择。

第三，套餐型福利计划，是指由企业制订套餐方案，供企业员工进行自主选择，然而套餐中的福利项目均为固定内容，员工不能对套餐进行自由组合，并且只能选择其中的一款套餐。

第四，自主支付型福利计划，是指每名企业员工均可从自己的税前收入中自行划拨一定数额的款项作为自己的账户额度，并按照此账户中的额度数额，从企业提供的各种福利项目进行购买。此账户中的金额既不能以现金的形式进行兑换，也不可转结至下一周期中使用，如有未使用完的余额，则归企业账户所有。

第五，福利高低同步型计划，是指企业提供几种项目不同、价格不同的福利套餐供员工选择。价格的定位则根据原有的福利基础来定，分为比原有固定福利价值高、比原有福利价值低和与原有福利价值相当三种类型。在此种福利下，员工只有三种类型可供选择：选择与原有价值相当的福利；选择价值较低的福利，而选择价值较低的福利后，企业会将差额部分转化为员工工资收入，但是该工资收入需缴纳个人所得差额税；也可选择价值较高的福利组合，而选择此种组合后，员工对超出部分则需要扣除一定数额的工资作为补偿。

（3）员工弹性福利的有效性

从不同围度考量，弹性福利计划与原有的固定的福利制度相比较，适用性和有效性均较高。弹性福利计划从企业的角度出发具有以下优势：

第一，提升企业在员工心中的形象，增加企业与同行的竞争力，能够吸引优秀的人才。实施弹性福利制度的企业，能够给员工一种关心爱护员工、福利类型新颖、福利项目丰富、与时俱进的体验，这也是福利发展的一种大趋势，弹性福利往往在市场中更具有优势。

第二，有效地改变福利规划人员压力大的情况。让公司的员工参与到福利计划的设计中来，听取员工的意见，给员工自由选择的余地，在满足员工自身需要的同时，也可以减少福利规划人员的心理负担，有效降低员工对福利不满意的情况。

第三，打造更大的企业福利项目空间。在弹性福利的措施下，企业只是为员工提供了新的可供员工选择的福利项目，即使增加再多的项目，员工也只是增加了选择机会，而不是选择项目总量，这样，企业的福利成本并不会加大，而且让企业福利项目得以改善。

第四，成为调节绩效管理的工具。对于业绩不同的员工来说，可以从弹性福利的角度出发，调节员工的福利额度，福利额度与员工业绩成正比，使员工激发出工作积极性。

从员工角度出发，增加福利的有效率。弹性福利"以人为本"的优势就在于其具备针对性和灵活性。随着人们生活水平的提高，员工也在追求个性化和定制化的福利内容，所以弹性福利"有的放矢"的效果在激励和激发员工工作热情方面相对显著。弹性福利制度对于员工来说具有以下优势：

第一，让员工能够充分了解企业的福利制度。弹性福利项目中的沟通机制是让员工更好地了解企业福利制度的一个契机，员工参与福利计划的设计流程，就能够更好地提高员工对企业福利制度的满意度。

第二，满足不同员工对福利的需求。实施弹性福利，企业充分考虑到了员工个体需求不同，并且随着时间的推移，随着生活情况的变化，员工对福利需求也会发生改变，弹性福利就可以根据不同情况提供差异化的福利项目，以满足员工需求。

第三，提高员工自身满足感。弹性福利制度是从员工自身出发，让员工自己选择的福利项目，这样一来，员工对自己选择的福利项目会感觉更满意、更称心。

2.企业年金

中国多层次养老保险制度包括基本养老保险、企业（职业）年金、个人储蓄性养老保险和商业养老保险。其中，企业年金指企业及其职工在参加基本养老保险的基础上，通过集体协商自主建立的补充养老保险制度。《企业年金办法》（以下简称《办法》）是2016年12月20日人力资源和社会保障部第114次部务会审议通过的，2018年2月1日起正式施行。办法明确了企业年金的概念，规定了企业年金缴存比例，对最高额度提出了要求，明确了投资收益及其支付、归属的方式。

企业年金是员工福利制度的重要组成部分。国家鼓励企业建立企业年金。企业年金的建立，一方面有利于完善职工的薪酬体系，展现企业良好文化、增强人才吸引力、稳定员工队伍；另一方面对于职工而言，他们在退休时增加一份养老积累，能够提升其退休后的收入水平和生活水准。企业年金实施时间不长，但通过观察也发现其存在一些问题，一方面是因企业年金账户由个人和企业共同缴纳，即员工参加企业年金后，当期领取的实际薪酬较以前要少；另一方面，养老保险是社会型保险，注重公平，而企业年金作为企业行为，注重效益，员工在职收入差异较大，导致个人年金账户个人缴纳部分差异也大，退休后领取的企业年金又与个人年金账户个人缴纳部分强相关，导致企业年金在领取时差异也会较大。

3. 员工帮助计划

员工帮助计划（Employee Assistance Program，EAP）由美国人发明，最初用于解决员工酗酒、吸毒和不良药物影响带来的心理障碍，也称"心理援助"，是一种心理咨询服务，是由企业向员工及其家属提供的一项咨询服务计划。员工帮助计划具有保密性、对劳资双方负责的特点。EAP 内容包括压力管理、职业心理健康、裁员心理危机、灾难性事件、职业生涯发展、健康生活方式、家庭问题、情感问题、法律纠纷、理财问题、饮食习惯、减肥等各个方面，全面帮助员工解决个人问题。EAP 根据实施时间长短可以分为长期 EAP 和短期 EAP，根据服务提供者不同可以分为内部 EAP 和外部 EAP。EAP 有助于改善组织的环境和气氛，从而提高员工的工作效率和企业的生产效率，但是会增加企业管理成本，而且在没有实施经验以及专业机构指导、帮助下，企业难以实施。

二、员工福利的发展

员工福利制度是伴随着宏观社会经济背景的变迁和企业管理思想的演变而逐步发展和完善的，总体上看，员工福利制度经历了三个发展阶段，从工业化初期部分雇主基于个人道德的施舍行为转变为工业化发展期雇主为缓和劳资关系、提高劳动生产率而采取的人力资源管理手段，再到工业化成熟时期一项以劳动关系为基础的综合性社会经济政策。下面将对这三个时期的历史背景以及员工福利制度的基本特征进行简要回顾和分析。

（一）工业化初期的员工福利制度

工业化初期的一个显著特征是实现了从农业劳动者向工业劳动者的转化，劳动者从农业文明时期的主体逐步演变为工业时代下的"生产要素"。伴随着工作内容与性质的转变，劳动者的收入水平从农业时期依赖于气候因素转变为依赖其劳动关系的稳定性。如果劳动者的劳动关系相对稳定，其收入就比较稳定。但是，在机器大工业的时代，大量未经受过技术培训的劳动者面临着年老、疾病、工伤等因素导致的失业风险。在这个时期，员工福利绝对无法被称作是一项制度，仅仅是部分仁慈企业家的"善举"。

从责任主体的角度看，这个时期的政府完全不介入员工福利的事务，更没有承担起推动员工福利制度建设的责任。企业也并非该时期员工福利制度的责任主体，因为并不是所有的企业都普遍建立起了员工福利制度。这个时期的员工福利制度责任主体只能是部分仁慈的企业家。从员工福利的内容上看，大多只涉及劳动环境优化、劳动时间控制以及基本的劳动保护措施，其目的是防止劳动事故和劳动伤害的出现。从对象上看，这些保护性的员工福利制度也并非针对所有的员工，往往仅针对劳动风险较高甚至是已经遭遇了劳动伤害的员工。这个时期的工人并没有组织起来，也自然谈不上工会对于员工福利制度的推动作用。

（二）工业化发展期的员工福利制度

工业化的发展期意味着从初期的农业社会转型转变为工业化的扩散。伴随着工业化范围的不断扩大和进程的加快，受雇劳动者的数量开始不断增加，相应地，面临工业社会风险的人数也在不断增加。与此同时，伴随着马克思主义等工人阶级运动思想的产生与传播，工人开始自发组成工会，劳资关系从工业化早期的个别劳动关系（即雇员个体与雇主个体之间的关系）向集体劳动关系转变。

伴随着工业化的发展和劳动关系形态的转变，员工福利制度也发生了相应的变化。首先，从责任主体上来看，部分国家的政府开始着手建立法定的员工福利制度，例如德国在19世纪末开始建立社会保险制度。劳资双方在筹资、管理等领域分担责任，具体而言，在法定员工福利，尤其是社会保险制度中，劳资双方往往是平分责任；在非法定福利制度中，雇主则承担了主要的责任。因此，在这个阶段，员工福利已经不再是基于雇主的仁慈之心，而是基于劳资关系的平衡以及政府公权力的规制。其次，从员工福利的内容上看，其体现出从劳动保护向现金给付的转变。这主要是因为随着工业化的发展，劳动保护已经成为企业运营的最低要求，而劳动者的收入风险却依然存在。无论是法定员工福利中的社会保险制度还是补充性的员工福利制度，都是以现金给付为最主要的表现形态。

（三）工业化成熟期的员工福利制度

如果说工业化发展期的员工福利制度主要是企业的内部事务，其目的也是缓和劳资关系、提高对劳动者的激励，从而可以在劳资关系的框架内予以解释和分析的话，那么工业化成熟期的员工福利制度已经在某种程度上超越了劳资关系的范畴，员工福利制度开始成为一种具有综合社会经济效应的制度安排。

在工业化成熟期和向后工业化转型的过程中，劳资关系逐步从对立和制衡转变为妥协与合作。这种转变一方面来自企业社会责任的推广和雇主从简单的自身利益最大化逐步向相关利益群体利益最大化目标的转变，另一方面来自产业转型和人力资本投资理念的兴起。在工业化的成熟期，企业的发展已经不再单纯依靠规模效应和专业化程度，而更加依赖技术创新和管理的有效性，优秀的人力资源则因此成为企业的核心资源。在这样的背景下，企业对于员工福利的投入已经不再是为了缓和劳资关系而做出的被动选择，而是基于人力资本投资和人力资源开发进行的主动出击。与此同时，在全球人口老龄化和新公共管理运动兴起的背景下，政府也从之前直接推动社会保险等法定员工福利制度的建立转变为通过税收优惠等方式间接支持和鼓励员工福利制度的发展。

在这个阶段，员工福利的内容也发生了变化，从此前以现金给付为主转变为现金给付与服务提供相结合。这种转变标志着员工福利设计的思路从基于雇主的供给导向转变为基于雇员的需求导向，员工福利的内容都是为了满足员工不同类型的需求，在表现形式上则体现为培训、带薪假期、家庭照顾等各个领域。不仅如此，该阶段员工福利的可选择性也得到了大幅度提高，弹性福利计划开始兴起。

三、企业员工福利管理对策

（一）转变福利管理观念

首先，现代企业要能够意识到福利是对未来的一项长期投资活动。员工福利的收益形式较多，企业不能只关注短期收益。其次，企业要能够将福利与员工绩效结合起来，激励员工以自己的努力来获得更为丰富的福利待遇，充分激励企业内的优秀员工及核心员工。最后，企业在制订福利计划时，要能够适当拉开层次，要能够充分体现个人价值。这样有助于凝聚人心，增强员工的归属感，激发其工作积极性。企业利用科学的福利待遇来吸引员工，最终获得丰厚的回报。

（二）建立福利创新机制

员工福利机制是企业员工福利管理的基础，其在员工管理中的地位越来越重要。一个好的福利机制不仅能够满足企业员工的福利诉求，提高员工的满意度和归属感，而且有利于提高企业的核心竞争力，体现企业对于员工的人性化管理，放大企业的福利效用。目前很多外企及私企在使用的弹性福利计划应当逐步被引入国有企业中，特别是市场竞争更为激烈的民航企业，改变目前企业"花钱不讨好"的被动局面。所谓弹性福利计划，是结合不同员工本身的发展需求，采取不同内容与形式组成的福利措施。这种弹性福利计划不仅可以切实地站在员工角度为其自身的实际发展提供帮助与支持，还可以满足员工在不同时期内的具体需求。同时，弹性福利计划可以帮助员工更好地挖掘出自身的工作潜能与价值，使其真正地感觉到自己是企业组成的一分子，充分调动其工作与生产积极性，更好地参与企业的管理与日常运营，发挥员工福利的最大效用。弹性福利计划可以按照以下步骤实施。

1. 制订福利计划

企业要根据自身实际，在企业经营状况允许的前提下，通过福利需求调查，了解员工福利诉求，掌握员工"痛点"，为员工提供尽可能丰富的、切实解决员工实际问题的福利产品。在福利计划制订的过程中，要鼓励员工积极参与，这样能使员工在情感上与公司融为一体，更有归属感，进一步提升员工满意度，而且对于最终的福利项目，员工也更容易理解与接受并给予好的评价。

2. 制订差异化的福利分配规则

从员工资历、绩效表现、对公司的贡献度等多个维度进行综合评估，并与福利层级相对应，初步确定员工的福利水平和层级。

3. 引导员工正确使用

引导员工根据自身的福利层级和企业提供的福利产品，结合自己的实际需求进行选择性使用。

4. 福利反馈与持续优化

企业根据自身福利制度的实施状况和员工反馈，对企业福利计划进行不断调整，以适应不断变化的经济发展及个人需求。

总之，员工弹性福利制度是一种高灵活度的制度，因此要求企业在实施过程中要根据企业实际的变化不断调整，灵活应用。

（三）做好福利成本的管控

福利成本在人工成本中的占比近年来有逐步提升的趋势，如果企业不采取有效的控制措施，那么巨大的支付将会影响到企业的市场竞争力。企业必须结合自身的经济状况，将福利成本控制在合理范围内，避免浪费，降低管理成本，提高福利管理效率，节约企业支出。在设计福利计划时，既要考虑企业内部的公平性和激励性，又要考虑外部市场的竞争力。企业要根据自身的发展阶段及承受能力，合理确定在外部市场中的定位。而且，即使要领先，也不一定实施全线领先的员工福利策略，针对员工的诉求痛点进行单点突破，也会收到很好的效果。比如"海底捞"，并没有直接体现在现金支付上，而是对安全（工作安全与稳定性）、情感（归属感）和尊重（自信、成就、被他人尊重）的需要进行投入，这些需要能够直接抓住员工心理痛点，可以带来超乎预期的员工敬业度和忠诚度。此外，要关注对员工福利预期的管理，鼓励员工通过自身努力去获取更高层级福利水平。

企业从投入产出的经济效益角度考虑，构成人工成本重要内容的福利支出作为生产投入的必要性，取决于它为企业带来产出效益。也就是说，一定的福利成本投入应带来一定的产出效益，当企业福利成本增长时，劳动产出也应呈增长趋势，而且这种增长幅度应高于福利成本的增长幅度，才能带来经济效益的提高。因此，对企业福利成本进行管理和调控的实质，既不是要减少企业福利成本的绝对额，因为福利成本的绝对额必然会随着社会的发展不断提高，这是长期趋势；也不是降低职工收入来增加利润，而是要控制总费用的结构，提高增加值，实现企业利润和职工收入双赢。研究福利成本的投入是否合理，就是要在确保企业经济效益和提高企业竞争能力前提下保障职工的合法权益，寻求福利成本投入和产出的"度"，即对福利成本的合理投入量进行最佳控制，从而降低产品成本。所以福利管理的关键在于提高福利支出的有效性，为达到这一点，应该了解福利费用的构成、特点以及各构成部分对员工的不同效用，并在此基础上确定福利成本控制的原则和对策。

根据人力资源成本定义，人力资源成本主要包括以下五类：人力资源取得成本、人力资源开发成本、人力资源使用成本、人力资源保障成本、人力资源离职成本。在上述内容中，属于员工福利开支的是开发成本中的员工培训费用、维持成本中发给和用于员工的生活福利费用和调剂员工工作生活问题的费用、保障成本中的社会保险和补充保险费用等。按照企业的支付意愿程度来划分，上述福利费用也可以分为法定福利和非法定福利。法定福利是指企业按照国家法律规定的、必须提供的员工福利项目，包括养老保险、失业保险、工伤保险、带薪休假、法定节假日休息等各种形式。非法定福利是指企业按照自己的经济能力自主决定是否愿意支付给员工的福利项目，它主要包括商业保险、现金福利、实物福利、服务性福利等形式。法定福利是国家基于社会公正和平等原则而制订的，各项法定保险的缴费基数、缴费比例以及加班费的标准由国家法律来确定。由此可见，它具有刚性变动的特点，企业没有权力对国家的规定加以更改。在企业内部，它履行保障功能，其目的是确保企业员工最基本的福利水平。企业对此进行管理的原则就是在国家法律允许的范围内，调控法定福利总量水平，并通过建立福利成本的总量控制指标体系确保实现。

　　法定福利的刚性、保障性决定了其具有类似固定成本的特点，从而决定了在员工个人工资水平一定的情况下，法定保险的缴费基数——企业工资总额，将取决于员工总人数。这就首先要求企业做好定岗、定编规划，注重在实践中总结劳动定额新水平。其次，仔细分析岗位任职资格要求，结合员工的发展潜力和企业未来的战略发展目标，合理安排工作岗位，根据绩效考核的结果，建立人员退出机制，以便科学地规划员工雇用数量，从而把企业缴纳的法定保险费用总数控制在其能接受的范围之内。最后，企业可以合理地利用法律的规定，减少有关法定福利费用的支出。例如对员工进行分类管理，对于普通员工可以按社保较低标准缴纳，对于高价值员工，在考虑其承受能力的基础上，可以根据员工的工资情况按较高的档次缴交。在加班费的支付上，对于员工在休息日期间的加班，结合企业的实际情况，尽量安排补休或者轮休；也可以在合同中约定工资，按照约定的工资计算加班费。

　　总量控制指标体系是从水平状态考察福利成本，旨在使企业在分配方面更好地兼顾个人、企业、国家的利益关系，保证企业的持续、稳定发展。人力资源成本的水平状态主要是从福利成本的比率指标来考察，通过将实际数值与标准比率、行业平均指标进行对比，找出问题所在，调整相应的开支，从而降低产品价格，提高产品在市场上的竞争力。例如，企业可以建立人均福利成本指标，公式为：人均法定福利成本＝一定时期内法定福利成本总额／同期同口径员工人数，其中员工人数指在本企业工作并由其支付工资的人数。人均法定福利成本指标能反映企业法定福利成本总量，它可以用来分析企业间各种法定福利成本的结构差异，研究法定福利费用开支对各自竞争潜力和用工效率产生的影响，为调整法定福利成本使用方向（例如调整企业加班费用额度）和提高使用效益提供参照。

　　相对于法定福利而言，企业在非法定福利的规定方面具有完全的自主权。在人才资源竞争日益激烈的现代社会中，企业通过设立具有差异化性质的自主福利来吸引、维系人才和激励员工，实现企业的发展目标。从这点意义上说，非法定福利类似于可变成本。企业对非法定福利支出进行管理时，控制福利费用的幅度和注重结构调整的管理是应该把握的要点。首先，自主福利的水平具有内在上升的趋势，因为在一个竞争性的，尤其是一个紧张型的人才市场上，如果某个企业提供某种形式的福利，那么其余的企业实际上也要被迫提供这种福利，这意味着企业人工成本的上升。此时，企业可以建立弹性控制指标体系，考察福利成本的增长状态，了解产品成本和福利成本的主要支出方向，以便及时有效地监督、控制福利费用支出，改善费用的支出结构。其次，注重福利结构的管理。通过福利项目的调整或者福利项目的创新来激发员工的工作积极性，使劳动效率提高的幅度超过福利增长的幅度，达到节约成本的目的。在这方面，为员工设计弹性福利不失为一种比较好的选择。同时，企业对于福利成本的控制和管理已经不是一些简单的事务性工作了，还涉及福利项目的设计、创新、决策、管理以及实施效果的评估、改进。这些工作非常复杂，对管理者专业素质和管理水平的要求越来越高，相应地，企业福利管理的成本开支将会越来越高。为此，企业可以引进福利外包或者组织内部结构优化的策略来加以解决。以福利外包为例，由于人力资源管理外包服务商可以提供专业化、规范化的服务，比不完善制度的企业更具有比较优势，且在运行过程中，可以对同一类型的福利问题进行统一规划，凭借服务于众多企业的经验，博采众长，采用市场上最佳的操作方案与操作体系。外包服务商可以通过多种不同渠道的沟通方式为企业及员工提供迅捷、即时的反馈与服务，凭借网络提供员工自助服务等，实现规模经济效应，高效节约企业成本。此外，由于实行外包，企业可将全部资源用于核心业务，实现结构瘦身，获得竞争优势。

四、公共部门员工福利的发展对策

（一）明确公共部门的福利供给价值理念，理顺制度供给思路

针对我国公共部门职业福利，特别是工资替代型福利管理存在的混乱现象及其所带来的负面社会影响，我们必须从根本的价值层面出发，确立清晰的公共部门职业福利供给价值理念。只有在这样的基础上，我们才能合理定位职业福利制度，进一步理顺管理思路。价值取向作为制度背后的核心精神，其确立对于指导制度建设和实践至关重要。在市场经济环境下，公共部门职业福利的制度设计必须符合市场机制的要求，以充分发挥其效用。

在改革过程中，公共部门职业福利制度逐渐摆脱了"负福利"状态，并遵循着"事务性公务员与私人部门职员同质"的价值取向，这在法规补充型保险福利中尤为明显。因此，随着价值取向的日益明确，公私部门之间的可比较式市场调查福利决定机制成了一个可行的实践模式。法规补充型保险福利的塑造基本上遵循了这一公私部门可比较的路径，同时，对于公共部门的其他福利项目，也需要探索采用可比较式的市场调查决定机制。

为了推进公共部门职业福利制度的规范化，并使其适应市场经济发展的需要，我们可以借鉴私营部门在职业福利方面的经验。具体来说，可以尝试由国家统计部门增强相关统计，或委托专业人力资源调查公司收集职业福利数据，以相同行业、

规模、岗位和业绩的私营部门企业为参照系，对其职业福利供给进行深入分析。在制度管理方面，如职业福利的项目内容、形式、福利水平设置、运行方式、规制方法以及具体实施策略等，可以向这些参照系借鉴，并结合公共部门的特性以及社会风险的应对需求，探索更加丰富的福利实现方式。

基于上述分析，我们可以制订适合公共部门的职业福利内容和水平，并辅以工会的实时监督和修改建议。然而，在选择参照系时，必须确保所选私营部门与公共部门在行业、规模、岗位和业绩等方面具有相同或相似性，以确保所提供的参考有效性。

（二）提升公共部门职业福利的长期规划性，关注社会风险的化解

公共部门确定了与私营部门可比较式的市场调查职业福利决定机制，并不意味着公共部门在福利项目的设置上完全没有自主性，因为私营部门在满足员工福利需要方面也会存在福利制度失灵的问题。应对社会风险的职业福利项目也有从公共部门开始兴起并逐步扩展到全社会的情形。那么，对于公共部门职工普遍需要、国家福利无法及时提供的福利项目，职工可以通过工会或部门内的福利需求调查反映出来，由公共部门通过法定程序确立并提供。这就需要公共部门建立起完善的职业福利运行机制，关注职业福利的社会风险化解功能。

开展福利需求调查，细化职工福利需求。公共部门可借鉴私营部门调查福利需求的手段和方式，构建福利需求调查和互动平台，让员工的福利需求通过正式渠道得到展现。同时福利项目决策部门在了解职工福利需求的基础上，对福利需求与不同人口特征的相关性进行分析，将职工的福利需求细化，针对不同人口特征的群体制订长期福利需求保障规划。最终，结合公共部门的财政预算状况及职业福利的保障性功能定位，对职工的福利需求给予项目内容、实施形式、需求满足程度等方面的反馈。

明确职业福利化解社会风险的功能。我国公共部门职业福利的改革不仅要在旧制度转型适应新的经济社会环境上做出调适，更重要的是在新的社会条件下尝试引入新的制度，满足员工应对社会风险的需要。市场化条件下，我国社会保障制度整体重塑，也引发了新的社会风险，而国家在新的社会风险上还不能及时应对，因而需要职业福利发挥出补充保障的功能。职工的福利需求必定是多样化的，也通常伴随着"短视效应"，公共部门在提供福利项目时，需要结合不同人口特征的群体规划出核心福利项目，这些项目从长期看要能够满足职工应对生命周期风险的需要。因此，法规补充型非货币福利项目就需要补充进入职业福利的提供序列中，但

是在实施方式上可以借鉴私营部门的经验。在社会整体面临家庭—工作矛盾的背景下，公共部门的福利措施也会引导私营部门福利计划的调整，最终为职工提供更好的保障。

（三）实行弹性职业福利计划，关注职工个性化选择的需要

只有在权衡自身面对社会风险的前提下，选择不同的职业福利项目或组合，职工对于职业福利项目的价值认可才会高，职业福利也能在最大程度上发挥风险化解的功能。针对职工实际需要各不相同、不同员工对同一福利计划存在价值认知差异的状况，20世纪70年代以来，增强企业员工个性化选择权力的弹性福利自美国发端，向世界范围扩展。弹性福利计划允许职工在一定福利成本范围内，按照自身需要，对福利项目进行自由组合，最大化发挥福利溢出效应，满足员工需要，因而，能够提高员工对福利的满意度，留住并吸引优秀人才，增强企业竞争力。

为提高职工对于职业福利的满意度，公共部门可尝试弹性福利计划。弹性福利项目不是无限的，而是在掌握员工福利需要及社会发展需要的基础上为员工制订适合本单位的福利清单。一方面，细化员工需要，避免采用"一刀切"的方法提供福利。对员工的人口特征、职位高低、价值取向、兴趣爱好等进行个性化分析，将其划分成不同的特性群体，并建立相应的数据库。针对不同特征群体进行福利项目清单的制订，并逐步充实和完善福利项目内容。另一方面，构建交流平台，员工可在其中展现个人需求，让福利项目更能满足员工的实际需要。

第七章 公共服务视角下人力资源管理中劳动关系管理

第一节 劳动关系管理概述

一、劳动关系管理的概念与原则

（一）劳动关系管理的概念

劳动关系管理涉及劳动者和用人单位之间在劳动过程中建立的社会经济关系。这一管理过程以国家相关的法规政策以及公司的规章制度为依据，旨在明确劳动者和用人单位的权利和义务。劳动关系管理的核心是在劳动合同期限内，按照合同约定，处理双方之间的权利和义务关系。其目的是为企业的业务开展提供一个稳定和谐的环境，并通过实现公司战略目标，达到企业和员工的双赢。规范化的劳动关系管理能够使企业与员工的行为得到规范，权益得到保障，能够维护稳定和谐的劳动关系，促使企业经营稳定运行。劳动关系管理是一个多层次、多维度的过程，涵盖了从制度制订到实施、监督和评估的各个方面，其旨在实现企业和员工之间的和谐共处与共同发展。

（二）劳动关系管理的基本原则

1. 兼顾各方利益的原则

劳动关系管理是以保障组织经营活动有序开展，组织内部劳动关系和谐稳定为目的，所以需要兼顾组织内所有的利益相关者，不能顾此失彼。

2. 以协商为主解决争议的原则

劳动争议的解决途径依次是协商、调解、仲裁和诉讼。企业内部如果发生劳动纠纷，本着及时止损、互利共生的原则，应首先通过协商谈判来处理，不宜采取偏执激进的行动，避免矛盾激化对企业及员工造成不可挽回的损失及伤害。另外，在协商谈判的过程中，双方代表都应做到情绪平和、态度真诚、语气诚恳，只有在和谐积极的环境里，协商解决劳动纠纷才能成功。

3. 以法律为准绳的原则

企业要健康有序经营发展，必须以遵守国家法律为前提，合法经营，才可持续。企业劳动关系管理必须以国家相关法律法规及政策为基本准则，按照劳动法律法规，进行劳动关系管理工作。

4. 以预防为主的原则

雇佣者应增强法律意识，加强组织内部人力资源管理工作，随时掌握公司劳动关系管理工作的运行情况。只有及时关注员工思想动态，加强员工沟通，提前采取有效措施，才能积极预防劳动争议及纠纷。

5. 明确管理责任的原则

雇佣者与劳动者关系是雇主进行日常管理工作中的一个重要方面，应当明确负责这方面工作的责任归属。雇佣者应根据自身情况，设立专门的劳动关系管理部门。

（三）劳动关系管理的目标

1. 追求效率

效率是指通过高效能使用劳动力来实现组织利益最大化，是评价一个企业综合能力的指标。企业中的雇佣者与劳动者之间的关系越稳定，企业运转的效率越高；相反，如果企业内部劳动关系存在冲突与矛盾，企业就需要花更多精力去处理劳动关系带来的诸多问题，导致企业在人力和物力成本上升的同时，经济效益相应会降低。

2. 追求公平

公平是指公正而不偏袒。相关劳动法律法规对劳动用工标准制订了下限及上限，包括：最低工资水平、每周最高工作小时数、劳动条件和安全保护、休息休假标准、社会保险等，体现的就是劳动关系管理的公平性。公平还包括就业无歧视、工资与绩效合理分配、制度执行无差别对待、培训与晋升机会均等，以及员工在工作中各种对公平感受的体验。

3. 追求话语权

话语权是指雇员实际影响公司进行决策的程度和权利范围，是检验员工参与程度的标准。员工寻求在工作过程中的话语权是劳动关系管理的一个重要目标。

4. 追求平衡稳定

企业进行劳动关系管理、政府与社会对劳动关系管理进行干预和调整，主要目的都是维持企业运营的平衡稳定以及社会和谐发展。如果企业劳动关系管理非常有效，不仅会增加员工满意度、幸福感和购买力，还会带动企业和社会不断发展，进而带动国家经济发展。

二、劳动关系管理工作要点

（一）跟进并把握劳动关系管理相关政策及法律法规

在进行劳动关系管理时，企业管理层首先需要针对劳动关系相关的各项国家和地方层级政策及法律法规状况进行跟进，及时地了解最新发布的相关内容，以便结合自身实际的人力资源管理发展现状进行有效调整。只有及时地跟进外部发展环境给劳动关系及其管理带来的崭新变化，企业才可以在劳动关系管理的各项实际工作进行过程中掌握主动权。

（二）结合企业发展现状及其需求进行劳动关系管理

在国家和地方层级劳动关系相关政策及法律法规发布之后，企业管理层应当首先针对自身劳动关系管理工作的发展状况与发展需求进行深入分析，以便更加有效地结合政策及法律法规针对自身劳动关系管理之中不符合当下要求的部分进行优化和调整。与此同时，针对事关员工切身利益的劳动关系管理工作方式做出的调整，企业应当组织工会或员工代表会议进行公布和审议，在征得大多数员工同意之后方可进行调整。而在预防各种劳动纠纷的过程中，企业可以在劳动合同中予以体现，拟定更加有利于劳动关系管理的劳动合同。

（三）面向各岗员工宣传企业内部各项经营管理制度

在企业实际进行劳动关系管理工作时，针对企业内部各项规章及制度进行有效宣传同样属于较为重要的一环。例如，面向各岗员工宣传企业内部各项经营管理制度时，企业可以采取由企业内部各部门管理人员直接面向部门员工进行宣传的方式，或采取创办企业内部经营管理制度相关刊物的方式，或采取不定期邀请内部各部门各岗员工参与员工座谈会的方式，或采取在新员工入职时进行相关入职培训的形式。针对在此过程中员工提出的各项疑问和意见，企业管理层应当委任专人进行有效解答和收集，以备后续调整劳动关系管理工作时进行参考。

（四）调解各岗员工与企业之间在劳动关系上的矛盾

在企业的劳动关系管理之中，最为关键的具体工作内容体现在处理企业及员工之间在劳动关系方面的矛盾与纠纷。在不至于进入诉讼环节的情况下，劳动关系调解通常会采取协商调解的形式。针对企业及员工在劳动关系方面的争执，应当有效地进行协商并在双方达成一定共识之后留存协商协议或协商记录，以备后续查验。在企业及员工之间的矛盾与纠纷得到一定协调解决之后，应当及时地告知工会和法务部门。与此同时，在协商调解未能有效解决其间矛盾冲突的情况下，应当通知法务部门组织仲裁或诉讼予以解决。

第二节 人力资源管理中劳动关系管理现状

一、企业人力资源管理中劳动关系管理的作用

科学的人力资源管理有助于提升企业内部员工的整体工作效能，对企业经济绩效有着直接影响。劳动关系管理作为企业人力资源管理的重要组成部分，如果不能受到足够重视，不仅会导致企业员工的切身利益难以保障，而且不利于企业构建和谐的劳资关系，易造成企业员工流失，进而阻碍企业的健康可持续发展。因此，加强企业人力资源管理中劳动关系的管理具有重要意义。

（一）有利于调动劳动者的积极性

和谐的劳动关系更重视激励机制正向功能与作用的发挥，即通过构筑科学合理的精神激励与物质激励，促使企业劳动者能够获得相应的培训机会、福利报酬与工资待遇等，及时肯定其劳动价值，这对激发其更加积极主动地实现更高、更多的自我价值有至关重要的意义，可以有效引导企业员工以更加饱满的激情投入岗位劳动中，并为企业创造更优、更多的多方效益。

（二）有利于优化企业的生产效益

从宏观视域分析，和谐的劳动关系更具人性化的管理特性，对劳动者的主观能动性与创造性能够给予充分的尊重，有助于最大化激发企业员工的爱岗敬业精神与创造创新精神，自觉将自身发展与企业发展融为一体，能够主动钻研企业发展难题，助使企业不断创新，这对企业生产效益的提升有不可替代的重要作用。

（三）有助于企业避免或减少劳动争议

在企业生产劳动过程中，由于多方面因素的影响，企业和劳动者之间必然存在或多或少的矛盾与劳动争议。如果企业对出现的劳动争议置若罔闻，则极容易造成问题的持续发酵，甚至会诱发严重后果。而和谐劳动关系的构建有益于推动企业和劳动者之间及时、顺畅的交流与沟通，使争议主体的负面情绪得到必要且快速的安抚，从而最大限度降低劳动争议事件对企业产生的消极影响。

（四）有利于提升企业劳动者的归属感和认同感

目前，市场竞争已呈白热化状态。在此背景下，企业要想获得一席之地，必须重视人力资源中的劳动关系管理工作，力争创建和谐的劳动关系。这样才能提高劳动者的忠诚度与认同度，才能吸引越来越多的高能力、高水平人才，才能推动企业可持续健康发展。

二、企业人力资源管理中劳动关系管理存在的问题

（一）薪酬问题

薪酬作为激励员工的重要组成部分，直接关系到员工的生产率、稳定性和满意度，也影响到企业劳资关系的稳定与和谐。但是，当前部分中小企业因受发展规模、发展资金等要素的局限，导致资金更多被投入到了生产、经营、销售等环节，原始资金积累成为企业首要考虑问题，针对员工的薪酬管理、绩效管理等，相对缺乏重视。例如，一方面是绩效考核机制不健全，实际考核缺乏科学性与公正性，绩效反馈渠道不够畅通，在一定程度上造成了员工的工作动力与激情受挫；另一方面是薪酬制度不科学，随意延长劳动时间但不给予加班费的现象较为常见，存在员工的公休假随意被剥夺的情况。另外，员工的成长机会少、发展空间不明朗，部分企业不重视员工培训，造成员工的综合素养提升受限，加之晋升渠道不清晰，滋生了员工的惰性，也加剧了人员流失。

（二）社保问题

社会保险作为企业人力资源劳动关系管理中的一项基础性保障制度，可为企业职工在失业、年老、工伤、生育等情况下提供基础的生活保障，也是企业为职工提供的一项福利。然而，目前部分企业，尤其是一些中小企业，并未按照相关规定为员工按时缴纳保险，其中一些企业即便是缴纳了社会保险，也仅仅是参照最低基础予以缴纳，没有根据员工的实际工作标准进行社会保险缴纳。通常来讲，员工入职30天之内，企业需要为其缴纳社会保险，但部分企业执行不到位。另外，由于一些企业在人员成本管理方面极为严格，导致一人身兼多职的现象屡见不鲜，超负荷工作、无闲暇时间进行自主调整、加班加点问题十分普遍，这对企业员工的身心健康产生了一定影响。

（三）契约问题

市场经济本质上就是契约经济与交换经济。从经济学视角来看，契约是交易双

方为追逐经济利益最大化而构建起来的一种权利与义务关系。契约精神是商业社会的根基性文化，对市场经济的健康运转至关重要。然而，当前部分企业不同程度地缺乏契约精神，如人力资源管理缺乏规范化和制度化，随意性比较大。契约精神的缺失造成企业人力资源管理始终处于较低水平，使得劳动关系颇为紧张等。同时，部分企业具有增速快、历程短、不规范等特征，这也直接导致企业劳动关系协调意识比较淡薄。将核心员工留下就能确保企业发展，这种错误认识不仅压缩了企业的未来发展空间，而且忽略了其他员工合法权益的保障，甚至违反了最基本的劳动契约，违规化与随意化现象在部分企业中存在。核心员工在企业员工中的占比较小，但人力资源管理的是所有员工，如果只注重少数人的利益，而忽略大多数人的权益，则必然会诱发劳动关系矛盾。另外，由于部分企业依然处于资本原始积累阶段，短视行为比较常见，因而并未意识到劳资合作在提升企业经济绩效、可持续发展方面的功能与作用。

（四）信息化问题

随着科学技术的飞速发展，信息技术已渗入各行各业中。企业人力资源劳动关系管理同样如此，充分借助现代化智能手段，积极利用计算机软件系统，自觉搭建信息化管理平台已成为现代化企业增强竞争力的一项重要条件。但结合实际情况发现，当前我国相当一部分企业在劳动关系管理方面，尚未及时跟进时代步伐，对信息化科技的利用意识较为薄弱，人力资源劳动关系管理手段相对滞后，这不利于新时代背景下人力资源的最大价值发挥。因此，紧跟时代发展潮流，不断创新企业人力资源劳动关系管理手段，充分利用信息化大数据技术的功能，实现劳动关系管理质量与成效的双重提升迫在眉睫。

三、劳动关系公共服务的现状、内容设计与供给机制

（一）劳动关系公共服务的现状

从严格意义上说，我国劳动关系公共服务是与劳动关系市场化进程相伴而行的。在此之前，计划经济体制下的劳动关系是行政关系，没有行政管理与公共服务之分。综观改革开放以来我国劳动关系工作，呈现出明显的国家主导特征。政府在推动劳动关系市场化改革的同时，着力保持劳动关系和谐稳定。但从国家主导的措施上分析，最主要的手段自然是立法和行政管理。而公共服务不仅出现较晚，而且地位从属。概括言之，目前我国的劳动关系公共服务主要包括四个方面：一是普法宣传，有鉴于法治在劳动关系工作中的重要性和劳动保障立法的快速发展，各层级

政府开展了持续的普法活动，从"一五""二五"到"三五"，劳动法始终是其中的重要内容；二是配合劳动法律制度的实施，如配合劳动合同制度实施提供劳动合同文本、颁布工资指导线等；三是为部分群体劳动保障权益维护提供法律援助；四是调处劳动争议，如许多地区都将劳动争议调解作为提供劳动关系公共服务的主要内容。

当前我国劳动关系公共服务的问题主要包括：

一是供给总量不足。劳动关系重要而复杂，劳动关系公共服务需求众多而且日益增长，我国的劳动关系公共服务还无法满足实际需要。部分地方税务部门反映，公共服务不足在一定程度上导致市场化服务的垄断，这是当下企业反映人工成本急剧上升的推手之一。

二是供给结构不合理。过多的劳动关系公共服务集中于普法培训和劳动争议调解。

三是力度不合适。公共服务的过度投入，有时事与愿违。以法律援助为例，过低的准入门槛，促进了部分对象的赌博心理，成为劳动争议案件持续增多、久处不决的原因之一。

（二）劳动关系公共服务的内容设计

劳动关系公共服务实践久已有之，但概念仍未定型和普及。从长远发展看，推动形成劳动关系公共服务概念的共识意义重大，不仅有助于提高劳动关系公共服务的社会意识，也有利于劳动关系公共服务的体系化设计，更重要的是，有利于确保政府在劳动关系公共服务中的资源投入。界定劳动关系公共服务内涵，关键在于处理好与就业公共服务、社会保险公共服务的关系。劳动关系公共服务的目标空间是促进劳动关系的规范建立、有序运行、合理调整和矛盾化解，它与就业公共服务和社会保险公共服务之间是相互配合、支援，而不是彼此替代、争夺的关系，它们同为劳动就业和社会保障公共服务的有机组成部分，并且共享劳动就业社会保障基层公共服务平台。

1.劳动关系公共服务的责任主体

公共服务供给主体的多元化发展，并未改变政府作为核心责任主体的地位。纵观全球公共服务的发展历程，从中央政府主导逐步转向地方政府参与已成为一种显著趋势。地方化的公共服务，其根基在于公共服务的本质特性。由于地方政府更接近服务对象，更能深入了解其需求，同时接受更直接的服务评价，从而有助于公共产品的设计更为科学，服务内容和方式的调整更为迅速，以及服务质量的提升。此外，地方政府的积极性得以激发，使得服务更具针对性和特色。地区间的差异性在需求和供给能力上均有所体现，因此，地方化的公共服务鼓励地方政府根据自身条件，结合地方特色，制订合适的公共服务标准和项目。

需要强调的是，公共服务的地方化并不妨碍其均等化目标的实现。均等化，作为公共服务的核心属性，是各国政府追求的共同目标。我国政府在《"十三五"推进基本公共服务均等化规划》中特别强调了基本公共服务的均等化。但均等化并不意味着简单的平均化，而是指底线均等，即在承认地区、城乡、人群差异的基础上，确保所有公民都能享受到基本公共服务的一定标准。这种均等化并不排除地区间的差异。

在劳动关系公共服务领域，由于各地区经济发展水平、产业特点和劳动者构成的不同，其服务需求和供给能力自然存在差异。因此，将劳动关系公共服务的主体责任赋予地方政府是符合实际情况的。然而，随着劳动关系公共服务项目的日益精细化和基本公共服务均等化工作的深入，对于困难地区或部分项目，可以考虑采取地方政府负责、中央财政支持的方式，以促进公共服务的均衡发展。

2. 劳动关系公共服务边界设定的原则

目前我国劳动关系公共服务理论研究相对滞后，导致劳动关系公共服务的内涵虚化。在过去劳动关系公共服务重视不足的情景下，"劳动关系协调"呈现空洞化。但在劳动关系公共服务凸显出来之后，也必须慎防由"供给不足"到"供给泛化"的倾向。确定劳动关系公共服务的边界，必须坚持三个原则。

（1）公共性

劳动关系公共服务虽然是新兴领域，但归根到底还是公共服务的组成部分，不应突破"公共性"的总体要求。贯彻公共性的要求，首先要区分政府与市场的关系，公共服务只是对市场失灵的救济，不是对市场机制的替代。

（2）辅助性

劳动关系是用人单位与劳动者之间的权利义务关系，劳动关系和谐首先取决于主体双方的主动性和积极性，决不能因为政府提供公共服务而弱化主体双方的义务和责任。政府提供劳动关系公共服务只是在劳动关系主体双方履行自身应尽职责基础上的辅助和补充，不是对用人单位和劳动者自身应当履行的职责的包揽。

（3）现实性

劳动关系的复杂性和人民对构建和谐劳动关系日益增长的需求，决定了劳动关系公共服务是长期的任务，但开展劳动关系公共服务需要公共财政的投入。出于对公共服务需求无限性与供给有限性的平衡，现阶段的劳动关系公共服务只能选择当前最为急迫的项目予以安排和实施。

3.劳动关系公共服务项目设计的维度

基于上述原则，我们认为当前情况下，劳动关系公共服务项目可在以下几个方面进行设计。

（1）促进劳动关系调整机制功能的发挥

关于劳动关系调整机制，《中共中央、国务院关于构建和谐劳动关系的意见》（以下简称《意见》）中给出了全面而清晰的规定和阐述，职工基本权益保障机制、劳动关系协调机制、民主管理制度、矛盾调处机制是其核心内容。围绕这些制度内容，劳动关系公共服务应该在前、中、后三个阶段开展工作：前期包括劳动关系形势研判、分析；中期包括各种制度机制落实应用，包括劳动关系双方自主协调劳动关系能力的培养；后期包括矛盾的处理和裂缝的修复。

（2）营造和谐的劳动关系文化和环境

劳动关系文化和环境是构建和谐劳动关系不可缺少的条件和保证。从一定程度上讲，文化融入是劳动关系文化的基因，其影响是长期而深远的。但文化和环境的培养与营造并非用人单位和劳动者双方凭借一己之力可以解决的，需要政府来组织、协调和动员，并纳入公共服务当中。

（3）为劳动法律法规制度的完善奠定基础

面临新时代、大变革，无论是劳动保障法律法规的完善还是制度规则的重构都需要时间成本，都有赖于经验累积。特别是面对当下社会各界高度关注的新就业形态，各方认识不一、态度差异，法律制度规制只能"让子弹再飞一阵子"。但法律制度规制的暂时放飞，并不意味政府只能消极等待。公共服务先行是目前可以实施的策略之一。例如，当前对于平台从业人员，是否按照劳动法律法规予以保护存在较大争议，但对平台从业人员的最低收入、最长工时、社会保障等底线权益予以保障基本没有异议。在此情况下，通过特定的公共服务方式改善平台从业人员的劳动条件，无疑是可以操作的手段。

（4）矫正市场失灵

市场失灵既包括市场不愿介入，也包括市场介入带来的负面效果。就当下而言，越来越多的企业反映招工难和市场化人力资源公司垄断市场价格的行为，其中的原因之一就是公共服务信息不够全面、及时和价位失真，使人力资源公司垄断人力资源成为可能。针对这种情况，及时公布各行业劳动用工指导价等公共服务方式，应当可以在矫正市场失灵方面发挥作用。

（5）救济弱势群体

在我国现阶段，劳动者中的弱势群体主要包括农民工和中高龄劳动者。农民工已经成为我国产业工人队伍的重要组成部分，但农民工劳动关系状况整体并不乐观，甚至连拖欠农民工工资等侵犯农民工基本劳动保障权益的行为都时有发生且长期存在；中高龄劳动者面对快速变化的劳动力市场和不断升级的知识技能要求，在保持劳动关系稳定性方面普遍面临着较大压力。针对弱势群体的劳动关系公共服务应着力于三个方面：一是帮助弱势群体充分利用制度手段；二是帮助改善弱势群体的实际地位；三是提高弱势群体维权和协调能力。其具体方式包括但不限于法治宣传、培训、法律援助、法律咨询等。

（6）配合国家相关经济政策的落实

国家经济政策的调整与落实必然涉及相关产业的劳动关系。以当前扶持小微企业健康发展的政策为例，基于小微企业在促进经济发展和社会就业方面的积极作用，国家连续发文实施了扶持小微企业健康发展的政策。实践中，小微企业数量多、分布散、生存周期相对较短、人员流动相对较快，特别是小微企业的劳动关系管理水平总体落后，专业性机构和人员短缺，其劳动关系问题一直是构建和谐劳动关系的重点、难点所在，同时也是制约小微企业持续健康发展的重要因素。《国务院关于进一步支持小型微型企业健康发展的意见》（国发〔2012〕14号）明确提出"加强对小型微型企业劳动用工的指导与服务"的要求；《国务院关于扶持小型微型企业健康发展的意见》（国发〔2014〕52号）明确提出大力推进小型微型企业公共服务平台建设，加大政府购买服务力度，为小型微型企业免费提供管理指导等公共服务。可见，通过劳动关系服务方式指导小微企业规范劳动用工，也应当是扶持小微企业健康发展的重要内容之一。

4. 劳动关系公共服务项目的确定机制

一个地区或政府在决定公共服务的启动、规模及程度时，必须全面考虑其必要性和可行性。在必要性方面，首先要深入了解并把握公众的真实需求，确保公共服务的提供与公众的实际需求相契合，避免服务供应与需求之间的结构性失衡。在可行性方面，主要考虑财政支持能力以及服务提供的实际可能性。其中，对公众需求的深入收集和细致分析尤为关键。自20世纪六七十年代以来，公民参与公共服务决策已成为一种趋势。民意调查、公开听证、咨询小组以及互联网问询等方式为公民参与提供了有效的渠道。劳动关系公共服务在借鉴这些成熟途径的同时，还需结合其特点。首先，应充分利用协调劳动关系三方会议的平台作用，将相关服务纳入会议的议事规程。其次,应重视企业的作用,通过需求问卷调查等方式收集企业和劳动者在公共服务方面的具体需求。此外,还应发挥互联网就业平台的作用,利用其掌握从业人员信息的优势,及时发现并收集他们在公共服务方面的需求。最后,要注重现代信息技术手段的应用,如网络信箱、互联网问询等,以提高公共服务需求收集的广泛性和效率。

(三)劳动关系公共服务的供给机制

1. 公共服务供给机制的关键问题

公共服务供给机制发展的总体趋势是从政府单一供给向多元供给转变。在这一发展过程中,存在几个关键问题:

第一,公共服务提供者与生产者角色的分离。这使政府从直接生产公共服务中解脱出来,通过外包、补贴、发放凭单、特许经营等方式,委托私营部门或非营利机构生产与提供公共服务,并通过多元主体之间的竞争提升效率。

第二,非营利机构(主要是社会组织)参与提供公共服务。非营利机构参与提供公共服务的优势在于非营利机构的公益目标与政府公共服务目标在某种程度上相契合,能够弥补"市场自由主义"的缺陷;具有较强的回应性,能够增加公民对公共服务需求的表达渠道;资金来源多元,能够动员更多的社会资源参与公共服务。

第三,政府责任的再强调。主要包括以下两方面内容:一方面是重新强调政府的能力构建和责任承担,部分修正"效率为先"的价值追求,从而向公众输送更高质量的公共服务;另一方面是倡导政府和私人供给者之间竞争的混合供给模式,这意味着政府重新参与直接供给,政府参与竞争的主要功能在于设定公共服务的基准价格,确保维持一定的服务质量以及在市场或社会组织供给失控或落空时承担托底责任。

我国当前公共服务供给机制也可视为一种"混合安排、混合生产"模式。2015年政府工作报告明确提出优先采用购买服务方式,将事务性管理服务尽可能交由市场或社会去办的要求。《"十三五"推进基本公共服务均等化规划》也指出,要"充分发挥市场机制作用,支持各类主体平等参与并提供服务,形成扩大供给合力"。

2. 劳动关系公共服务的供给机制类型

我国当前劳动关系公共服务供给机制大体可以归纳为四种类型:

其一,政府直接提供劳动关系公共服务,但需以充足的政府工作人员(主要是劳动保障监察人员)配备为条件。

其二,政府委托社会组织、市场主体(律所、人力资源公司等)甚至个人(具有相关专业知识的人员等）向特定主体提供法律援助、组织开展培训、调解劳动争议等服务，并由政府完全付费。

其三，政府通过发放补贴引导市场和社会组织提供劳动关系公共服务，政府并非完全付费，而是通过补贴发挥杠杆作用，撬动更多社会资源加入公共服务投入。

其四，社会组织基于其公益目标，以其自己动员的资源自主提供劳动关系公共服务，政府在某些情况下通过提供活动场地等方式予以支持。

可以看出，我国当前劳动关系公共服务供给已具有了多元化网络供给的特征。

3. 劳动关系公共服务供给机制的规范和完善

劳动关系公共服务更适宜于采用政府主导下的间接供给方式，即由政府委托或与市场及社会组织合作，提供公共服务。其原因在于，劳动关系协调是一个持续性的过程，劳动关系公共服务的具体目标和内容需要根据现实需求及时调整，具有较高的专业性和及时回应性要求。无论是市场还是社会组织，在满足上述要求方面均具有更加明显的优势。从相关政策文件的要求来看，《意见》明确提出要统一发挥群团力量、企业力量、社会力量的作用，强调社会协同和企业职工参与。可以说，公共服务领域就是各种力量参与构建和谐劳动关系的主要空间。

我们认为，规范和完善劳动关系公共服务供给机制应注意以下几方面内容：其一，加强对参与劳动关系公共服务的各类社会组织培育，为多主体参与竞争创造条件；其二，以不同类型劳动关系公共服务内容的特质及本地政府部门、相关社会组织及相关市场主体的现实状况为主要依据，注重多种公共服务供给方式的综合使用；其三，在一些关键领域，保持一定程度的政府直接供给，以便随时对间接供给劳动关系公共服务发生的失灵、失控予以纠偏或托底保障；其四，针对不同劳动关系公共服务供给方式，分别设置服务供给规则与流程，明确各类参与主体的具体职责与评估考核办法。

第三节 人力资源管理中劳动关系管理对策与保障

一、人力资源管理中的劳动关系管理对策

（一）转变传统的管理观念

在人力资源管理中，企业要与时俱进，解放思想，积极创新，改变传统的劳动

关系管理观念，根据劳动关系管理工作的特征，分析不同因素对劳动关系管理的影响。在劳动关系管理中，要将个体素质、工作能力、成绩都纳入人事劳资管理范畴，要将个体因素和团队因素综合起来，制订长期管理规划，在基础业务管理中明确岗位要求，在核心业务管理中重视绩效考核和薪酬管理，并发挥信息技术的优势，对劳动关系管理的许多事务，包括档案管理、健康管理、安全管理、考核管理、合同管理、离退休职工管理等，进行动态管理，以提高管理成效。

（二）完善劳动关系管理制度

人力资源管理中的劳动关系管理工作复杂而琐碎，只有有法可依、有章可循，才能确保劳动关系管理工作取得理想效果。所以企业在劳动关系管理方面，要提高思想觉悟，从建章立制入手，实现劳动关系管理工作规范化。在劳动用工制度建设中，根据市场价位改制用工形式，就人才引进、培养、聘用等作出明确的规定，用合同对员工进行约束和管理。在签署劳动协议时，要细化合同条款，明确工作内容、职责、薪资待遇、绩效与奖惩制度、晋升要求，降低后期出现劳务纠纷的概率。同时，采取企业现代管理手法，实施绩效考核和奖惩机制。在构建全方位的激励机制时，将精神手段与物质手段结合起来，多管齐下，表彰先进，并采取有效措施优化劳动力结构和人员的层次比例。如引进高素质的专业人才，并拓宽人才晋升空间。这样凡事有法可依、有理有据，可以激发员工的工作热情，为企业发展加油助力。

（三）以提高能力为目的开展培训

如今，人类已经进入了知识经济时代。在知识经济时代，人才是最重要的生产力，也是国家、企业竞争的重点、发展的根本。因此，在人力资源管理中，企业要树立以人为本的管理理念，坚持公平、公正的原则，择优录取可用之才，并给予人才以充分的信任和尊重，营造竞争氛围，为人才展示自我提供机会和舞台。还要完善培训机制，合理设计培训课程，在培训中积极宣传国家的劳动政策，重点进行劳动力职业技能培训，有目的地渗透法制教育、劳动素养教育，让参与培训的人员对劳动关系、人事管理条例有一个明确的认识。与此同时，鼓励员工充分利用闲暇时间参与培训，以提高培训人员的整体素质，增强他们的归属感和认同感。

（四）保障员工合法权益

根据马斯洛需求层次理论可知，人的需求是逐级提升的。因此，在人力资源管理中，根据员工需求进行针对性的管理，是一条成熟的管理经验。因此，企业在满足员工物质需求的同时，还要关注员工的心理需求和精神需求，为他们妥善解决实际问题，从而有效化解人力资源管理中的各种矛盾，增强企业的向心力。如营造和谐用工的氛围，在薪资管理、年终奖发放上，要坚持多劳多得的原则。根据《劳动合同法》规定，坚持劳动合同聘任制，依法签署、变更、解除和终止劳动合同。根据劳动关系管理需要，与其他部门合作建立人事调节机构，完善人事争议调解制度，在出现利益纠纷时，充分考虑职工的诉求，根据协议为他们提出合理化的建议，妥善解决争议，有效化解劳动关系冲突和矛盾。

（五）渗透人本理念，关注员工的全面发展

随着社会的发展与进步，企业劳动关系管理更加强调对人的尊重与关爱。因此，企业在构建劳动关系的过程中，应充分尊重员工，为员工营造更加人性化的发展环境。如完善薪酬机制，制订层次化薪酬管理，满足员工阶段性发展需要。关注员工的安全、尊严与幸福，利用劳动关系提升员工的安全感，让员工在工作中获得尊严，进而形成获取幸福的能力，以提高员工对企业的归属感，并自觉维护劳动关系。

（六）优化人力资源管理措施，打造高素质人才队伍

建立高素质的人才队伍是企业人力资源管理的主要措施。在劳动关系管理过程中，企业应加强对人才的选拔，为员工提供公平的竞争机会。并根据绩效评价，选拔优秀员工，在竞争中形成激励机制。加强对员工的引进工作，尤其是对于兼备特殊技能的员工，根据企业发展需要与员工签订劳动合同，以充分发挥其职业潜能。加强对员工的培养，将职业培训作为完善劳动关系的重要手段，提高员工的职业技能，为员工提供更广阔的发展空间。

（七）完善劳动合同，健全劳动关系管理制度

签订劳动合同是劳动者保护自身利益的重要途径。目前在人才市场中，相较于企业而言，劳动者处于劣势地位，其维权过程十分困难。针对此，在人力资源管理中，企业应依法与员工签订劳动合同，并对双方的权利与义务做出明确规定。对于劳动争议环节做出严格要求，对于签订、续订、变更、终止和解除等各个环节制订出具体的管理规定，以保证劳动关系的平衡，提高员工的安全感与归属感，从而更好地发挥自身潜能。

（八）增强契约精神，构建和谐劳动关系

一方面，企业要强化契约精神，推进契约化建设。譬如，国家要大力监督企业执行劳动合同法规的情况，促使企业养成契约化管理的主动性，将合规合法的员工劳动合同管理、招聘录用管理、岗位管理、关系管理等一系列工作转化为企业人力

资源管理的自觉行为。同时，要高度重视心理契约的建设与维护。心理契约是与书面契约相对应的概念，是指劳资双方在彼此劳动关系存续期间，积极主动承担自身责任与义务的知觉，其在协调劳动关系方面发挥着不可忽视的功能与作用。

另一方面，要建设企业"契约精神档案"。该档案相当于企业"诚信档案"，目的是督促和规范企业经营的契约化，达成和谐的劳动关系。契约精神档案要在劳动监察部门予以备案，以此作为劳动部门监督企业提升劳动关系管理水平的重要参考与依据。

（九）重视信息化建设，搭建公共服务平台

随着互联网科学技术的迅速推进，企业人力资源管理工作要想迈上新台阶，需要围绕企业的实际发展情况，不断强化人力资源管理方面的信息化建设工作，积极搭建人力资源劳动关系管理公共服务平台，为人才招聘、绩效考核、薪酬评定及培训等一系列后续工作奠定扎实基础，增强企业的人力资源劳动信息数据统计水平，并紧扣企业人力资源劳动关系管理需求，精准、快速、便捷地调取有关信息，进而提升劳动关系管理的共享与处理能力。对此，首先，企业可以成立人力资源劳动关系管理信息化建设小组，专门负责劳动关系信息化建设工作；其次，可设立人力资源劳动关系信息化管理直接责任人，对信息化管理平台的具体管理人员予以明确，并设置直管部，且各直管部应安排一名主要负责企业人力资源劳动系统运行和推广管理的人员；最后，企业人力资源部应根据不同项目的实际要求，持续完善劳动关系信息化公共服务平台的功能，最大化发挥信息化技术的价值，尽可能降低人力资源的配置数量，不断提高人力资源劳动关系管理质量与效率，力争推动企业综合效益的显著提升。

（十）发挥企业工会职能，维护员工的合法权益

工会是协调劳动关系的重要组织部门。企业在内部管理中，应根据相关规定成立工会，并选取员工代表组建工作小组，对员工与企业之间形成的劳动关系进行监督与协调，以弥补员工在与企业对峙过程中的劣势，最大限度维护员工的合法权益。

不论从法律的角度还是工会的职责上来说，企业工会在构建企业和谐劳动关系中的作用都是非常关键的。如何在构建和谐劳动关系中找准位置、发挥作用？应该努力做到以下四个方面。

1.加强自身学习，为构建和谐劳动关系寻找法律依据

随着中国市场经济的发展和经济社会转型的加快，社会利益格局发生了深刻变

化，经济社会生活中长期积累下来的深层次矛盾更加显现，一些影响社会公平、和谐、稳定的矛盾与不足更加突出。

构建和谐劳动关系已经成为建设和谐企业的客观要求。企业工会是职工合法权益的代表者和维护者，应当加强学习，充分认识维护职工队伍稳定的重要性、紧迫性，进一步增强大局意识和服务意识，在推动构建和谐企业中找准切入点，进一步增强使命感和责任感，在构建和谐劳动关系中增强工作自觉性、主动性，发挥矛盾双方的桥梁和纽带作用，沟通信息、反映情况、反映要求、源头参与，把构建和谐劳动关系建设工作摆在工会工作的重要议事日程上，纳入工会总体工作目标之中，对构建和谐劳动关系工作进行详细而全面的部署，使之成为维护职工合法权益，实现企业与职工良性互动、真诚合作，共谋发展的有效载体。

首先，工会领导和各级工会干部要认真学习《中华人民共和国劳动法》《劳动合同法》《企业法》《工会法》等法律条文，深刻领会其精神实质，增强法律常识，为全面贯彻国家的法律法规打下基础。

其次，工会干部要提高依法工作的能力，依法理顺和规范本单位的劳动关系，协同劳资等部门对本单位的劳动合同条款逐条进行梳理，及时进行修订、补充。

最后，组织引导职工学习法律知识，真正让职工学法、懂法、守法、执法，减少因不懂法而产生的不必要的矛盾和纠纷，使和谐的劳动关系建立在法律的基础之上。在学习过程中，要使企业与职工达成共识，共谋企业发展、共享企业成果，推动和谐企业又好又快发展。

2. 坚持以人为本，为构建和谐劳动关系奠定坚实基础

构建和谐劳动关系目的是构建和谐企业，推动企业发展。企业发展，以人为本，人是决定因素，各级工会组织要努力满足职工个人的发展需求，把提高职工素质当作一项最大的福利，让职工终身受用。要积极搭建职工展示才华的平台，满足职工成长成才的需求，在职工实现自我价值中构建和谐劳动关系。

（1）搭建职工学习成才的平台

"创建学习型组织、争做知识型职工"已经成为企业和职工的共识，工会组织要以此为突破口，多形式、全方位开展学习成才活动，鼓励职工根据自己的实际情况学习先进理论、学习专业知识、学习他人经验，增强文化底蕴、增强竞争意识、培养合作习惯，不断地提高学历层次、提高技术水平、提高发展能力。

（2）搭建职工岗位成才的平台

工会组织要围绕生产难点、经营管理的重点和经济效益的增长点，在广大职工中深入开展"岗位练兵、技术比武""合理化倡议""节能挖潜"等活动，结合实际在重点工程建设中组织开展以比安全、比工时、比质量为内容的劳动竞赛活动，把安全、质量、效益等内容纳入竞赛中进行考核，激发职工活力，充分调动广大职工的积极性和创造性。

（3）引领职工争做"文化"人

维护职工的文化利益是企业工会的职责所在，参与企业文化活动更是职工所需。传统的职工书法摄影展、合唱比赛、文艺演出、登山等文化娱乐活动依然受到职工的热情期盼。大型文化娱乐活动的开展便于职工发展特长，能够引领广大职工学习先进文化，养成文明的生活方式，保证职工正常工作的顺利进行，使争做"文化人"逐渐成为新时期职工追求的目标之一。

3. 建立长效机制，为构建和谐劳动关系提供有力保证

构建和谐劳动关系，其核心在于切实维护职工的合法权益。而维护权益的基石则在于建立、完善并落实长效的维权机制。与党政部门的协同合作，构建联手维权互动机制，是这一过程中不可或缺的一环。工会组织应深入参与，对涉及职工切身利益的重大议题进行专题调研，形成工会的独特见解和主张，以此代表广大职工参与政策制订，提供宝贵的建议。

职工代表大会制度是这一体系中的重要组成部分，必须将其纳入重要议事日程。我们应注重提高一线职工代表的比例，提升提案的质量，坚持领导人员的述职和民主评议、民主测评，并实行"票决"制度。这些措施旨在规范和完善各级职代会的组织制度和运作程序，确保企业的重大决策及时通报给职工群众，政策出台前征求职工的意见，涉及职工利益的重大事项须经职代会审议通过。企业领导班子成员需定期向职代会述职述廉，职工董事、职工监事则通过职代会民主选举产生，并接受职工群众的监督。

健全厂务公开制度，满足广大职工的知情权，对于构建和谐劳动关系也至关重要。让职工了解企业的安全生产、经营管理及相关事务，满足他们的知情权与参与权，有助于增强职工的主人翁精神，调动他们参与管理的积极性，形成良性互动，从而促进劳动关系的和谐发展。

此外，协商机制的完善同样不容忽视。签订和履行《集体合同》是构建和谐劳动关系的关键环节。工会应坚持平等协商、劳资两利的原则，代表职工与企业行政签订《集体合同》。定期对合同的执行情况进行调研和测评，并与企业行政共同检查合同履行情况，将检查结果进行通报。这样，《集体合同》才能真正成为约束劳资关系的法律文件，切实维护职工的合法权益，保障企业劳动关系的和谐稳定。

4.建立劳动争议预防机制

搞好劳动争议预防是构建和谐劳动关系的有效途径。加强超前防范，就是从企业革新发展所引发劳动关系变化的动态出发，做到从思想上、制度上积极疏导和堵塞发生劳动争议的各种因素，从而使企业劳动争议从被动地受理调解转为主动地避开和减少争议的发生。一是加强法制宣传教育，提高干部职工的法律意识。为从思想上堵塞发生争议的漏洞，应从提高干部职工的法制观念，增强法律意识入手，充分发挥工会宣传阵地的作用，组织劳动争议调解成员和职工法律工作者为职工开展法律咨询活动。通过宣传教育和法律知识竞赛，提高企业领导的依法管理水平，增强职工维护自身合法权益的能力和遵纪守法的自觉性。二是完善规范劳动合同管理，切实做好职工劳动合同续订工作。职工劳动合同期满，企业与职工终止或者续订劳动合同是诱发劳动争议的关键点。企业劳动争议调解委员会要不断完善和规范调解工作制度，严格审批程序，做到依法维护当事人合法权益。依法与职工订立、续订、终止和解除劳动合同，确保本企业劳动关系的稳定和谐。

工会是劳动关系的产物，是调整劳动关系的最重要的社会团体，在调整劳动关系方面有着必不可少的作用。随着社会的发展，工会在构建企业和谐劳动关系中的地位更加重要，作用更为凸显。工会依法履行基本职责，保障职工在劳动关系中的平等地位，实现职工的合法所得，满足职工的物质需要，从而实现和谐的劳动关系。

二、劳动关系管理优化方案实施的保障措施

（一）提升人力资源管理理念

企业最核心的资源是人，也就是劳动者。企业与劳动者既是雇佣关系，更是合作共生关系。"水能载舟，亦能覆舟"深刻地表达了人力资源管理的重要性，劳动关系如果和谐健康规范运行，能给企业带来持续稳定的经济效益。相反，劳动关系管理不规范、员工满意度低，会导致工作积极性及效率降低，甚至引起劳动争议及纠纷，企业经济相应会遭受损失，付出更多成本代价。所以，企业要想规范企业劳动关系管理，首先要提升企业内部人力资源管理理念，运用科学的管理思维及手段去管理员工。将柔性化、人性化的人本管理理念融入科学高效的人力资源管理工作中，既能从制度政策及法律法规方面约束管理员工，又能让员工在心理上信任企业，产生归属感。

（二）打造专业的劳动关系管理团队

劳动关系专员处理的是与员工息息相关的各种工作，包括员工入、转、调、离等手续办理，劳动合同签订，员工诉求解答与反馈，员工关怀等。企业的劳动关系专员就是代表企业与员工做工作相关的任何沟通，如果专员具备较强的专业知识与业务能力，那么处理员工关系的问题就能游刃有余，员工满意度提升，企业的劳动关系才会和谐稳定。所以，企业要做好劳动关系专员的任用，该岗位的员工不仅要具备专业的理论基础知识，更要活学活用，具备"四心"：细心、耐心、热心及爱心。在工作中刚柔并济，既做到原则性问题不妥协，又让员工接受认可，即手段强硬，态度温和。对于员工合理的诉求，给予积极的反馈与解决；但对于不合理的要求，要坚持原则，不予妥协。企业还要对该岗位定期进行专业知识、法律知识及心理学方面的培训，促使劳动关系专员综合能力不断提升，确保企业劳动关系正常运行。

（三）加大培训力度，打造学习型组织

企业要注重给员工提供不断学习、持续进步的机会与环境。首先，企业组织全员进行劳动关系的相关法律法规知识的宣传与培训，做到人人懂法，每个人都能遵纪守法。同时，对于个人合法权益的维护，也能理性认识与对待。其次，对于在劳动关系岗位的员工，除了要进行劳动法律法规的全面培训外，还要对专业理论及基础知识做到定期学习与更新。同时，心理学方面的知识学习也不能忽视，只有关注员工，及时了解员工心理状态，才能理解员工，解决员工诉求与问题。所以，企业应加大培训力度、打造学习型组织、提高全员素质，并对劳动关系岗位定期进行专业知识、法律知识及心理学方面的培训，促使劳动关系专员综合能力不断提升，这样才能确保劳动关系工作规范运作、顺利进行，企业劳动关系不偏不倚，正常运行。

（四）加强企业文化建设

企业文化是企业的形象墙，直观反映的是企业的精神面貌，最能体现企业的核心价值观。一个价值观正面、积极向上的企业，能给员工带来强大的价值认同感。员工只有认同企业，才会心甘情愿地工作，才能创造出最大的工作价值。积极向上、以人为本的企业也会更多关注与寻求员工的职业规划与发展，追求企业利益最大化与员工价值最大化的有效结合。员工给企业创造价值的同时，企业也能为员工提供更优质的发展平台与晋升空间。员工与企业共同进退，企业会更有向心力与凝聚力，劳动关系也会更加和谐稳定发展。

第八章 公共服务视角下人力资源管理绩效考核

第一节 绩效考核概述

一、绩效与绩效考核

（一）绩效

绩效，从管理学的角度，可翻译为"履行""执行""表现""完成"等，可理解为组织期望达到的结果，用来衡量取得的成效、成果等。从经济学的角度，绩效体系往往包含了效率、经济、效果三个方面的含义。贝茨和霍尔顿的观点是"绩效很大程度上是一个多维结构，因测量和观察的角度不同，由此得出的结果也不同"。随着管理学的深入研究和社会经济的快速发展，绩效的含义逐渐深化演变为与组织的管理和功能运行有效相关，组织对投入资源的合理运用，并且重点向考虑组织的工作状态、工作效率以及服务质量倾斜转变。各种各样的因素都会影响对绩效的评价，比如如何选择考核主题、如何选择考核评价指标等。

（二）绩效考核

绩效考核，就是对于工作绩效进行的考核评估，也可称作绩效评估、绩效评价。总体来说，绩效考核分为个人绩效考核和组织绩效考核。对于个人绩效考核，朗格斯纳认为，这是根据实际情况，客观地组织评价个体各方面价值，从而判断其各方面能力的过程；对于组织绩效考核，往往指"政府为满足社会公众需求、提高社会满意度的产物"。现实中，往往对个人层面的绩效考核应用得较多，通过对单位员工在工作态度、工作效率以及产生的工作业绩等方面进行考核评估，来促进激励员工更好地工作、产生更好的工作效果。

（三）事业单位绩效考核

事业单位绩效考核是指事业单位以目标为导向，按照特定的标准模式综合评价职工的政治素养、工作效能、职业道德等情况，并通过沟通、反馈将整个过程串在一起，形成有机整体，用奖惩、教育培训、工资调整、职务调动等来达到奖优罚劣效果的管理活动。

二、绩效管理的流程

绩效管理的过程通常被看作一个循环，这个循环分为五步：绩效计划与指标体系构建、绩效管理的过程控制、绩效考核与评价、绩效反馈与面谈，以及绩效考核结果的应用。

（一）绩效计划与指标体系构建

绩效计划作为绩效管理流程的第一个环节，是绩效合理实施的关键和基础所在，绩效计划制订的科学合理与否，直接影响着绩效管理整体实施效果的好坏。在这个阶段，管理者和员工的共同投入与参与是进行绩效管理的基础，如果是管理者单方面地布置任务、员工单纯接受要求，就变成了传统的管理活动，失去了协作性的意义。有了明确的绩效计划之后，便要根据计划来构建指标体系，指标体系的构建使员工了解企业目前经营的重点，为员工日后工作提供指引。指标体系包括绩效指标和与之相对应的标准。绩效指标是指企业对工作产出进行衡量或评估的那些方面，而绩效标准是指在各个指标上应该分别达到什么样的水平。换句话说，指标解决的是企业需要关注什么才能实现其战略目标；而标准关注的是被评价的对象需要在各个指标上做得怎样或完成多少，绩效指标与绩效标准才是相互对应的。

（二）绩效管理的过程控制

制订绩效计划、构建指标体系之后，被评估者就开始按照计划开展工作。绩效管理不仅要关注最终任务完成情况、目标完成情况、结果或产出，还要关注绩效形成过程。因为，过分地强调结果或产出，会使得企业管理者无法准确获得个体活动信息，从而不能很好地对员工进行指导与帮助，而且更多时候会导致企业的短期行为。绩效形成过程中，管理者要对被评估者的工作进行指导和监督，对发现的问题及时予以解决，并随时根据实际情况对绩效计划进行调整。

绩效沟通是一个双方追踪进展情况、找到影响绩效的障碍以及得到使双方成功所需信息的过程。持续的绩效沟通能保证管理人员和员工共同努力，及时处理出现的问题，修订工作职责，上下级在平等的交往中相互获取信息、增进了解、联络感情，从而保证员工的工作能正常地开展，使绩效实施的过程顺利进行。

（三）绩效考核与评价

工作绩效考核可以根据具体情况和实际需要进行月考核、季考核、半年考核和年度考核。工作绩效考核是一个按事先确定的工作目标及其衡量标准，考察员工实际完成的绩效情况的过程。考核期开始时，签订的绩效合同或协议一般都规定了绩效目标和绩效测量标准。绩效合同一般包括工作目的描述、员工认可的工作目标、绩效衡量标准等。绩效合同是进行绩效考核的依据，绩效考核包括工作结果考核和工作行为评估两个方面。其中，工作结果考核是对考核期内员工工作目标实现程度的测量和评价，一般由员工的直接上级按照绩效合同中的标准，对员工的每一个工作目标完成情况进行等级评定；而工作行为考核，则是针对员工在绩效周期内表现出来的具体的行为态度来进行评估。同时，在绩效实施过程中，收集到的能够说明被评估者绩效表现的数据和事实，可以作为判断被评估者是否达到关键绩效指标要求的证据。

（四）绩效反馈与面谈

绩效管理的过程并不是为绩效考核打出一个分数就结束了，主管人员还需要与员工进行一次甚至多次面对面的交谈，通过绩效反馈与面谈，使员工了解主管对自己的期望、了解自己的绩效、认识自己有待改进的方面，并且员工可以提出自己在完成绩效目标中遇到的困难，请求上级的指导。

（五）绩效考核结果的应用

当绩效考核完成以后，评估结果并不是可以束之高阁、置之不理的，而是要与相应的其他管理环节相衔接。主要有以下几个管理接口。

1. 制订绩效改进计划

绩效改进是绩效管理过程中的一个重要环节。传统绩效考核的目的是通过对员工的工作业绩进行评估，将评估结果作为确定员工薪酬、奖惩、晋升或降级的标准，而现代绩效管理的目的不限如此，员工能力的不断提高以及绩效的持续改进和发展才是其根本目的。绩效考核结果反馈给员工后，有利于他们认识自己的工作成效，发现自己工作过程中的短板所在。绩效沟通给员工带来的这种信息会使可能一直蒙在鼓里的员工真正认识到自己的缺点和优势，从而积极主动地改进工作。所以，绩效改进工作的成功与否，是绩效管理过程是否发挥效用的关键。

2. 组织培训

这是指根据绩效考核的结果分析来对员工进行量身定制的培训。对于难以靠自学或规范自身行为态度就能改进绩效的员工来说，可能真的在知识、技能或能力方面出现了"瓶颈"。因此，企业必须及时认识到这种需求，有针对性地安排一些培训项目，组织员工参加培训或接受再教育，及时弥补员工能力的短板。这样带来的结果是既满足了完成工作任务的需要，又可以使员工享受免费的学习机会，对企业、对员工都是有利的。而培训和再教育也越来越成为吸引优秀员工加盟企业的一项企业为员工提供的福利。

3. 薪酬奖金的分配

企业除了基本工资外，一般都有业绩工资，它是直接与员工个人业绩相挂钩的，这种工资形式在业界很流行，它被形容为"个人奖励与业绩相关的系统，建立在使用各种投入或产出指标来对个体进行某种形式的评估的基础上"。一般来说，绩效评价越高，所得工资越多，这其实是对员工追求高业绩的一种鼓励与肯定。

4. 职务调整

经过多次绩效考核后，员工的业绩始终不见改善，如果确实是员工本身能力不足，不能胜任工作，则管理者将考虑为其调整工作岗位；如果是员工本身态度不端正的问题，经过多次提醒与警告都无济于事，则管理者会考虑将其解雇。这种职务调整在很大程度上是以绩效考核结果为依据的。

5. 员工职业发展开发

根据绩效评价的结果，分别制订员工在培养和发展方面的特定需要，以便最大限度地发展他们的优点，并使其缺点最小化，从而实现提高培训效率，降低培训成本；实现适才适所；在实现组织目标的同时，帮助员工发展和执行他们的职业生涯规划。

6. 人力资源规划

为组织提供总体人力资源质量优劣程度的确切情况，获得所有人员晋升和发展潜力的数据，以便为组织的未来发展制订人力资源规划。

7. 正确处理内部员工关系

坦率公平的绩效评价，为提薪、奖惩、晋升职级、调动、辞退等重要人力资源管理环节提供公平客观的数据，减少人为不确定因素管理的影响，因而能够保持组织内部员工的相互关系是在可靠的基础之上的。

三、绩效考核的方法

（一）360度绩效评估

针对360度绩效评估法而言，其主要包含了自评、他评等，在实际的管理过程中，管理人员要使用多角度、多维度的评价方法综合分析、评估员工的工作，考核的内容则包括了员工的工作态度、工作实绩、工作行为等各方面，在评估完成后，合理地给出一些针对性的建议。360度绩效考核是企业较为常用的一种考评方法，具有公平、公正、公开的特点，考评结果的真实性及有效性较高。应用此方法后，能够进一步促进员工和员工之间、员工与部门之间的交流、沟通，有利于不断强化员工的工作能力。但值得注意的是，受内容复杂、涉及人员较多等因素的影响，在此考核制度下，考核的工作量相对较大，在一定程度上增加了管理人员的工作压力。

1.360度绩效评估法的内容

360度绩效评估法，又称为全方位考核法，是常见的绩效考核方法之一，其特点是评价维度多元化（通常是4或4个以上），适用于对中层以上的人员进行考核。

360度考核法最早由英特尔公司提出并加以实施运用。该方法是指通过员工自己、上司、同事、下属、顾客等不同主体来了解其工作绩效，知晓各方面的意见，清楚自己的长处和短处，来达到提高自己的目的。这种方法的优点是比较全面地进行评估，易于做出比较公正的评价，同时通过反馈可以促进工作能力，也有利于团队建设和沟通。它的缺点是因为来自各方面的评估，工作量比较大；也可能存在非正式组织，影响评价的公正性；还需要员工有一定的知识参与评估。

员工如果想知道别人对自己是怎么评价的，自己的感觉跟别人的评价是否一致，就可以做一个360度考核。这种考核并不是每个员工都必须要做的，一般是工作时间较长的员工和骨干员工。

利用360度考核法进行绩效考评时，需与被考核员工有联系的上级、同级、下级、服务的客户这四组，每组至少选择6个人进行沟通和调查，然后用外部的顾问公司来做分析，出报告交给被考核人。考核的内容主要是跟公司的价值观有关的各项内容。四组人员根据对被考核人的了解来看其符合不符合价值观的相关内容，除了画圈外，再给出被考核人三项最强的方面。分析表是很细的，每一项同级、上级、下级会有不同的评价，通过这些由专门顾问公司分析得到对被考核人的评价结果。被考核人如果发现在任一点上有的组比同级给的评价低，都可以找到这个组的几个人进行沟通，提出"希望帮助我"，大家敞开交换意见。这就起到帮助员工提高的效果。

设计出360度是为了避免在考核中出现人为因素的影响。这种考核是背对背的，只是一种方式，最终结果重在自己的提高。

2.360度考核目的

360度反馈评价的主要目的，应该是服务于员工的发展，而不是对员工进行行政管理，如提升、工资确定或绩效考核等。实践证明，当用于不同的目的时，同一评价者对同一被评价者的评价会不一样；反过来，同样的被评价者对于同样的评价结果也会有不同的反应。当 360 度反馈评价的主要目的是服务于员工的发展时，评价者所做出的评价会更客观和公正，被评价者也更愿意接受评价的结果。当 360 度反馈评价的主要目的是进行行政管理，服务于员工的提升、工资确定等时，评价者就会考虑到个人利益得失，所做的评价相对来说难以客观公正；而被评价者也会怀疑评价者评价的准确性和公正性。因此，当公司把 360 度反馈评价用于对员工的行政管理时，一方面可能会使得评价结果不可靠，甚至不如仅仅由被评价者的上级进行评价；另一方面，被评价者很有可能会质疑评价结果，造成公司人际关系紧张。

究竟是把 360 度反馈评价用于员工的发展，还是对员工的行政管理，取决于公司的高层管理人员。但是我们建议，尽量把 360 度反馈评价用于员工的发展。尤其是当把 360 度反馈评价用于管理人员的发展时，其投资收益比是相当可观的。

这并不是说不能把 360 度反馈评价用于对员工的行政管理。但是在这样做的时候，一定要注意事先向员工如实讲清楚。不要在开始评价的时候，告诉员工评价结果将用于员工的发展，而在评价过程中或者评价之后再告诉员工评价结果将用于对员工的行政管理，这样会使员工对管理层的信任大打折扣。

同时，要调查了解公司内部员工之间的信任程度。如果公司内部员工的互相信任程度比较低，最好不要引进 360 度反馈评价对个体员工进行评价；但公司可以考虑引进 360 度反馈评价对公司的组织文化、组织气氛进行评价，以帮助提高内部员工的信任程度。

（二）平衡计分卡

1. 平衡计分卡的概念

平衡计分卡（BSC）是一种实现战略指导的绩效管理工具，于 20 世纪 90 年代由科普兰和诺顿首次提出。相较于传统的绩效评价体系，平衡计分卡不仅能分析财务指标，还能从财务、客户、内部流程、学习与成长四个维度进行分析。对财务指标与非财务指标进行分析，使得绩效评价更具有全面性，也有利于企业加强战略目标的实施。

企业在开展绩效考核工作的过程中采用平衡计分卡的方式，可进一步提高企业管理的科学性和合理性，有利于内部及外部发展的结合，从而为企业发展环境的改善或科技的创新奠定扎实的基础。同时，在使用此方法时，企业还需合理分析、规划自身的管理运营，并将其落实到战略目标上，促使战略性目标慢慢转化为评估指标。值得注意的是，平衡计分卡具有形式多样等特点，其主要包含了考核指标卡、计分卡和绩效衡量表，使用时往往采用的是图文或表格，该考核制度可进一步详细、具体地反映出员工及其工作状态等，有利于评定企业的发展趋势，确保企业的健康、可持续发展。此外，在此前提下，深入分析企业的运营情况，能够充分体现出平衡计分卡考核制度所发挥的作用，尤其是在实现企业战略目标、统筹等方面最为明显，能够优化企业管理模式，提高企业的整体管理水平。

2. 平衡计分卡的四个维度

（1）财务维度

财务指标是企业绩效评价的重要组成部分，可以体现出企业战略的制订与实施情况是否有利于改善企业利润。其主要从偿债、营运、盈利和发展四大能力进行分析。

（2）客户维度

根据波士顿矩阵可知，无论企业处于哪个发展阶段，都要关注客户群体，因为只有满足了客户需求，企业的财务指标才能得到满足。因此在平衡计分卡中，客户维度也是其重要指标之一。

（3）内部流程维度

内部流程主要侧重企业的时间效力、成本和质量。通过运用平衡计分卡，有利于改善企业内部流程的业务环境，有利于提高企业的业务流程管理水平，从而提高外部群体的忠诚度，使得财务指标得到提升。

（4）学习与成长维度

在知识经济时代里，企业管理者不仅要关注客户群体和企业的内部流程，还需要关注人才招聘与人才培养。因为学习与成长维度是企业长久发展的助燃料，企业应选择与企业发展最为匹配的人才，从而提高企业的核心竞争力。

3. 平衡计分卡的特点

（1）兼顾财务指标与非财务指标

传统企业绩效重视财务指标进行分析，对于非财务指标，例如客户、人才，没有具体的量化。而平衡计分卡在传统绩效的基础上进行完善，不仅对财务指标进行衡量，还对客户、学习与成长、内部流程进行考量。

（2）兼顾长期目标和短期目标

平衡计分卡将企业战略目标进行细分，使得各个层次间实现相互制衡的局面，从而让企业战略目标更具有可实施性。同时，平衡计分卡中，财务指标从盈利能力、营运能力、负债能力与发展能力四方面进行分析。

（3）兼顾动因性指标和结果性指标

为了使企业战略目标更具有可实施性和合理性。平衡计分卡需要创建"实施战略制导"的绩效管理系统。通过平衡计分卡，兼顾企业动因性指标与结果性指标，从而合理建立企业绩效管理体系。

（4）兼顾内部利益相关者和外部群体

在传统的绩效评价体系中，管理者关注股东利益。平衡计分卡同时兼顾了外部群体和内部群体，注重员工的工作满意度。因为内部员工满意度高低和是否重视客户群体对企业营业收入有影响。

（5）兼顾领先指标和滞后指标

传统绩效评价根据财务指标进行分析，不能对市场反馈做出及时调整，具有滞后性。而平衡计分卡从客户、内部流程和学习与成长三个维度进行分析，通过三项领先指标进行分析，使企业兼顾领先指标和滞后指标。

4. 平衡计分卡的优点

第一，战略目标分解，形成具体可测的指标。因为企业战略目标听起来比较抽象，也是一个比较宏观的目标。要如何把它细化、具体化、内化，把它落实到具体的工作行为中？BSC可以解决这个问题。

第二，BSC考虑了财务和非财务的考核因素，也考虑了内部和外部客户，还有短期利益和长期利益的相互结合。

5. 平衡计分卡的缺点

（1）平衡计分卡实施难度大，工作量也大

首先，准确定位公司战略本身就对高层管理者的管理素质要求很高，同时要求各级管理和HR工作者对战略的解码能力要很强。而且平衡计分卡考虑的考核要素很完整，造成工作量很大，实施的专业度也很高。如企业不具备完整规范的管理平台，不具有相关的高素质的管理人员和HR专业人员，则很难推广BSC。

（2）不能有效地考核个人

平衡计分卡本身的目标分解很难分解至个人，它是以岗位为核心的目标分解。个人关键素质要求方面体现得不明显，这会在一定程度上造成岗位职责和素质要求不明确。

（3）平衡计分卡系统庞大，短期内很难体现其对战略的推动作用

因为战略是长期规划的范畴，所以平衡计分卡的实施周期也是相对较长的，应该准确点称其为一个系统工程，因此短期内是很难见到效果的，而且需要调动整个公司的资源。

（三）目标管理法

针对目标管理法而言，其直接影响着企业的规划管理及发展策略，因其目的性、针对性的特点，故主要倾向于对员工完成项目的绩效进行评价、考核，考评的结果直接与员工的奖惩挂钩，故此方法在员工绩效考核中是不可缺少的部分。同时，目标管理法的实施步骤主要为目标的制订、目标的实施、收效反馈、结果评价及奖惩确定，目前已被广泛地应用到了现代企业的人力资源管理工作中，可直接将员工的劳动成果反映出来，能进一步规避营私舞弊、不公等不良现象的出现，提高企业的管理质量。

1. 目标管理的内涵及特征

19 世纪 50 年代，美国著名管理学家德鲁克在其出版的《管理实践》一书中提出了目标管理法的概念。他认为，在决定每个人的工作之前，首先必须确定自己的目标。简言之，它是以目标为导向的。对于企业来讲，只有确立了公司发展的战略目标，才能为实现这一目标而进行计划的探讨，才能进行政策落实，进行岗位职责划分。所谓的目标管理，首先是确定组织的总体战略目标，随后将整体的目标分解为各个部门以及员工的具体目标。在目标管理体系之中，德鲁克认为，每个人都能够通过自身的实际工作以及目标来评价自身的绩效，从而为自身后续的改善提供一定的经验借鉴，发挥其优势，纠正其不足。目标管理理论可以说是一种管理过程，它要求上下级管理者共同协商，根据企业的具体任务和总体目标，确定各个层次的具体职责和目标。企业有必要将这些既定的目标作为绩效考核的基础，对员工的绩效进行考核。其优势在于明确分工的具体任务，有利于发挥出员工的主观能动性。

2. 目标管理的原则、内容和程序

对于目标管理法来说，最为基本的原则就是：首先是以人为核心，充分尊重下属员工；其次是将责任和全体员工有机结合，让各个员工明确自身的责任，找准自身的工作目标以及岗位定位，并给予员工在执行相应责任时所需要的权力；再次需要强调员工参与，在制订员工的绩效目标的时候，需要和员工进行充分沟通，从而让员工能够对自身的目标有足够的认识，从而增加员工的工作动力；最后需要做到信息共享，对于企业当前的绩效管理现状以及对于绩效管理评估的各项问题，都必须对全体员工进行开放。

3. 企业实行目标管理法的注意事项

任何一个企业在运用目标管理法对自身进行考核的时候，都需要注意以下六点事项：

第一，在制订目标的时候，要让员工能够充分参与其中，并且制订的目标需要清楚明确，使用的目标制订语言表述需要浅显易懂，最大程度表述清楚员工所需要完成的任务。

第二，目标需要能够具象化。对于所需要达成的目标，需要能够用更加详细的数字或者具体需要达到的效果进行表述。

第三，制订的目标要便于考核。考核是绩效管理的重要组成部分，管理人员对于目标的完成程度要具备把控力。

第四，目标需要具备挑战性。在制订目标的时候，需要结合员工的个人能力，制订具备挑战性的目标，以此来激发员工的工作热情。

第五，制订的目标需要有优先次序。对于同样岗位的目标，制订时需要制订多个梯度的目标，并且目标之间要列出重要程度。

第六，在目标实现的过程中，需要对员工具有充分的信任感。只有适当地对员工进行授权，让员工能够对自我目标进行控制，才能够最大限度地完成工作目标。

通过以上描述，我们可以发现目标管理的实质是通过制订相应的目标来激发员工的工作热情，加强其自我的管理能力，充分发挥员工自身的创造力，从而使员工目标和企业目标统一，实现双赢的目的。以目标管理法为基础建立起来的绩效管理体系能够让全体员工的工作努力朝着同一个方向进行，以此来达到管理并改善个人绩效以及管理绩效的目的。

（四）关键绩效指标法

关键绩效指标法（KPI）是在结合企业的战略目标的基础上，对企业的战略目标进行层层分解，指出其中关键成功要素。该方法其实是为了衡量企业员工关键量化绩效指标。

对于关键绩效指标法而言，在对其进行使用的过程中，需要按照 SMART 原则执行，而在这当中，S（Specific）代表着具体，也就是说绩效管理体系需要对其做出细化处理，而不能够进行模糊形式的表达；M（Measurable）的意思是指衡量，主要是对得到的数据进行量化处理，以此来得出绩效的高低；A（Attainable）表示这些是可以实现的，其中主要原因是对于绩效管理体系来说，制订的各项指标既不能太高也不能太低，必须是在自身能力承受范围之内的；R（Relevant）则代表与之相关的存在，主要是讲绩效管理体系指标制订需要与本身工作有着一定的联系；T（Time-bound）则代表着会受到时间上的限制，也就是说所制订的指标需要在规定时间当中予以完成。

关键绩效指标法能够帮助企业将整体战略目标划分为各小型目标以及经营业绩的实现。一方面，企业在发展上可以将制订的战略目标给层层分解，但前提是保证战略目标不会发生变化，如果没有改变就可以将其分解到各个部门，然后按照指定要求将其分配到各个岗位员工身上。另一方面，公司工作人员能够利用KPI考核来了解自身业绩情况。

1. KPI 的优点

首先，KPI目标明确，有利于公司战略目标的实现。一方面，组织通过分解战略找出关键成功领域，然后确定关键成功要素，最后通过对关键成功要素的分解得到关键绩效指标，这个过程有助于在组织系统内形成一致的行动导向，从而助推组织战略目标的实现。另一方面，组织通过使关键绩效指标体系与组织战略保持动态一致性，确保在组织环境或战略发生转变时，关键绩效指标会相应地进行调整，以适应组织战略的新重点，确保组织战略对绩效管理系统的动态化牵引，这有利于提升绩效管理系统的适应性和操作性。

其次，推行基于关键绩效指标的绩效管理，有利于组织绩效与个人绩效的协调一致。个人关键绩效指标是通过对组织关键绩效指标的层层分解而获得的，员工努力达成个人绩效目标就是助推组织绩效实现的过程，也是助推组织战略目标实现的过程。因此，关键绩效指标不仅有利于确保个人绩效与组织绩效保持一致，还有利于实现组织与员工的共赢。

最后，推行基于关键绩效指标的绩效管理，有助于组织抓住关键工作。关键绩效指标强调目标明确、重点突出、以少带多。关键绩效指标一般可以避免由于指标庞杂、工作重点不明确而使关键工作受忽视或执行不到位的现象发生。

2. KPI 的缺点

虽然关键绩效指标为管理者提供了一个新的思路和途径，为以后绩效管理思想和工具的发展提供了一个新的平台，受到了理论界和实践界的肯定与认可，但随着管理实践的不断深入，关键绩效指标也暴露出某些不足和问题，其问题和不足主要体现在以下几个方面。

（1）关键绩效指标的战略导向性不明确

关键绩效指标强调战略导向，但是具体的"战略"指的到底是公司战略、竞争战略，还是职能战略，这在关键绩效指标里面并没有明确指出；虽然绝大多数人将这里的战略理解为竞争战略，但是关键绩效指标同样没有提供可供选择的战略基本模板。另外，关键绩效指标没有关注组织的使命、核心价值观和愿景，因此这种战略导向不够全面，也缺乏战略检验和调整的根本标准。组织在面对不确定性环境的时候，或在战略需要调整和修正的过程中，使用关键绩效指标的局限性尤为明显。

（2）关键成功领域相对独立，各个领域之间缺少明确的逻辑关系

关键成功领域是根据战略的需求确定的、对战略有贡献的相对独立的领域，这就忽略了领域间横向的协同和合作，使之相互之间没有逻辑关系，并直接导致了关键绩效指标间缺乏逻辑关系。在管理实践中，关键成功领域没有数量的限制，不同的设计者可能提出不同的关键成功领域，进而导出不同的关键绩效指标。

（3）关键绩效指标对绩效管理系统的牵引方向不明确

各关键绩效指标之间相对独立并且缺乏明确的因果关系，这可能导致关键绩效指标对员工行为的牵引方向不一致。关键绩效指标对资源配置的导向作用不明确，或指标间相互冲突，容易导致不同部门和不同员工在完成各自绩效指标的过程中，对有限的资源进行争夺或重复地使用资源，从而造成不必要的消耗和损失。

（4）关键绩效指标过多关注结果，忽视了对过程的监控

科学高效的绩效管理系统不仅需要关注最终的结果，还需要对实现路径进行全面的关注，以便在过程中加强监控和管理，从而保障组织获得持续稳定的高绩效。

KPI可以为管理活动带来很多帮助。然而KPI却不是万能的，它在很多情况下并不适用，甚至可能起到反作用。亚马逊kindle的市场部副总裁于洪就曾经表示：用KPI管理"牛人"无效！对于已经工作几十年的人，让他认可领导者个人本身和公司价值观、文化，他才有可能跟你战斗到底。另外，在国内，KPI更适用于企业规模较大、机制完善、企业文化完备、员工职业素养较高的企业。KPI的运行对企业的数据、流程、文化、人员要求都比较高，中小企业如果盲目使用KPI很容易导致虎头蛇尾、制度混乱的局面出现。

现在企业的绩效已经不是靠单纯的一个工具或某一个模式可以实现的，必须是和薪酬结合在一起的全新的科学的绩效体系。因此，对于企业而言，当务之急是学习科学的薪酬绩效体系和培养挖掘专业的执行人员。

3. KPI在企业业绩考核应用中存在的问题

（1）KPI绩效考核结果、考核过程公开透明度不高

KPI绩效考核法主要依据考核部门指定的量化细则，对员工的各项行为以及行为结果依据量化细则进行评估量化，以一定的分值为满分，依次对没有达到标准的项进行扣分，但是，员工只负责向绩效考核标准行动，对于绩效结果的评估却无权干涉，决定权在考核人员手中。虽然绩效考核结果会进行公布，但绩效考核的过程

缺失透明性，这就会造成员工对绩效考核结果存在疑问，对企业管理产生怀疑心理，导致员工人心涣散、不思进取，对企业的发展、自身的前途丧失信心，逐渐使企业缺乏动力，阻碍企业的发展。如果 KPI 绩效考核结果、评估过程不透明，对于与考核人员私下接触密切或者与考核人员关系良好的员工，考核人员在考核过程中可能会失去公允性，缺乏理性客观的判断，存在徇私舞弊的现象，使考核结果失去公平性，损害其他员工的利益，也损害了企业的利益。

（2）KPI 绩效考核目标单一，不能全面评估员工的综合能力

KPI 是关键绩效考核，这就使考核方向会局限于一个方向，格局太过集中，考核内容单一，与人发展的多面性不符，难免在具体实施中与预想效果产生偏差。至于关键性绩效之外的业务工作，员工忙于应对 KPI 考核业绩，会忽略其他方面的业务，造成企业整体业务水平发展不平衡。在 KPI 绩效考核过程中，有企业部分业绩下滑、管理水平降低的可能性。所以，KPI 绩效考核法要统筹兼顾，在考核量化方面综合员工的整体能力以及企业发展目标，制订全面但又具有重点的考核计划方案，避免以偏概全，误导企业发展目标规划，否定员工其他绩效能力，阻碍员工的全面发展与企业整体实力提升。

（3）KPI 绩效考核方向与企业战略目标有差距

企业战略目标的制订，需要明确企业的优势及劣势，而 KPI 绩效考核可以有效帮助企业进行评估以及规划，掌握企业运行的大致状况，帮助决策部门制订有针对性的决策方案。KPI 绩效考核不应局限于特定的方向范围，考核部门在出台 KPI 考核方案之前，应该与企业其他部门进行充分的沟通、协商、调研，先确定大体的考核方向，再依据现实状况进行调整，需要涉及企业的方方面面。例如员工参与预期、考核结果奖惩措施以及与企业发展战略配合作用等。

4. 提高 KPI 在企业绩效考核中的应用性

（1）提高 KPI 绩效考核过程透明度，评估过程要公开透明

KPI 绩效考核机制是针对某一具体方面进行考核，主要参与人员为企业员工，考核对象也为企业员工，所以企业员工在 KPI 绩效考核中需要扮演两种角色。一种是考核方案执行者。员工以考核内容以及量化细则为行动准则，参照考核方案，员工自行制订行动计划，改进工作行为，以达到 KPI 绩效考核的合格标准。员工执行考核方案，有助于激发自身工作能力和动力。KPI 奖惩机制是员工提升绩效的最大动力，所以员工必须落实 KPI 绩效考核的方案。另一种是考核方案的被考核者，也是奖惩制度实行的重要原因，KPI 绩效考核机制具有一定的残酷性，对于绩效不理

想的员工采取辞退、降岗降级的处分，在提高员工业务能力的同时，也提高了企业员工的竞争力，一方面使企业实力有所提升，另一方面增加了员工的工作压力。

此外，相比于考核过程，员工更注重绩效考核结果，所以考核部门应当考虑到员工这一层面，在绩效结果考核过程中，考核部门除了应当保持公平公正的工作原则外，还应当将这一过程展现给员工，增加考核过程的透明度，增加员工的参与度，提升绩效考核结果的公认性，打消员工对结果的疑虑。

（2）提升KPI绩效考核的综合性，避免单一

KPI绩效考核具有突出重点的特点，在考核方向上极易走向局限性。考核部门应当认识到这一点，并给予足够的重视，改进KPI考核工作中存在的问题，给员工在KPI考核之外的能力以足够的发展空间，开发员工的工作潜能。考核方案应当体现综合性，但是在综合之中又必须做到考核有方向、有目的、有重点，避免考核方案出现以偏概全的现象，得到企业退步、员工能力下降的反结果。避免单一考核是KPI绩效考核方案的重中之重，以单一化的标准衡量员工的业务能力在本质上是错误的，一般企业的员工多数是一人具备多种能力，员工承担多个任务，所以，对于同一个员工的考核应考虑员工工作的复杂性，兼顾多个方面，照顾到员工能力的差别性。考核方案可以划分等级，依据等级考核员工的各项能力，有利于企业对员工进行合理的归位，给予员工充分发挥价值的机会。

以KPI在电力企业项目经理工作素质考核为例，在KPI考核中，既应该包括项目经理正确适度授权能力、统筹协调能力以及运筹帷幄能力这类项目经理权力使用能力的考核，还应该包括工作影响号召力、与员工协调能力等与下属的关系处理能力。避免单一的对经理能力的考核，避免经理"有才无德"，不能处理好员工的关系，使良好的决策不能得到有效实施。

（3）确定KPI绩效考核方向性，向企业战略发展方向靠拢

KPI绩效考核应树立为企业战略方向提供依据的理念，通过绩效考核为决策部门提供数据，依据员工状态、能力适时调整员工工作能力以及业务水平。

绩效考核这一行为具有目的性，既考核员工工作能力，又考核企业发展成果，前一目的是对于员工工作能力的考查，可以激励员工的工作动力和指明其奋斗方向；后一目的又是为企业的发展现状进行评估，确定企业发展的方向，发现以及解决企业现阶段发展状况中存在的问题，及时调整员工工作方向以及员工工作程度，减轻员工工作压力。企业战略发展方向应当以KPI考核数据为依据，为优化改进目标提供参考。

KPI 绩效考核在企业中有着举足轻重的作用，KPI 绩效考核结果关乎企业和员工的发展前途，有助于企业发展前景的规划。应当注意的是，KPI 绩效考核具有一定的局限性，考核部门要尽力避免局限性，改进、优化考核方案，员工应当积极配合企业开展绩效考核工作，积极表现自己，提升自身业务能力。

第二节 公共服务视角下事业单位人力资源绩效考核研究

一、绩效考核对事业单位人力资源管理的意义

（一）为事业单位人才聘用提供参考

事业单位承担着社会公共服务的重要职能，它面向的服务对象是社会大众，因此事业单位的发展水平与其社会价值的发挥紧密相关。为了更好地执行社会公共服务职能，事业单位需要不断引进专业化的人才，从而更好地为社会大众服务。事业单位在人员招聘方面一般都会设置一段时间的试用期，而绩效考核能够测评员工在该段时期内的工作表现，可作为相关管理人员分析和评估员工是否符合岗位需求的重要参考依据。根据岗位实际工作情况，事业单位可设置综合性的考核指标，如岗位工作内容、工作难度、工作强度，以及员工的环境适应能力和人际交往能力等，这些都是评估员工是否符合岗位需求的重要因素。通过考核结果分析员工是否完成了上述指标，即可综合评定员工与岗位的适应情况，以及员工在该岗位上是否具有发展潜力等。

（二）促进事业单位人员合理分配

绩效考核有利于事业单位把握人员情况，结合岗位需求，合理分配人员和相应的工作职责，同时可为事业单位内部人员的职位晋升提供重要参考。事业单位通过制订科学的绩效考核制度以及公平合理的考核指标，即可将内部员工的工作表现、工作能力及职业素养等全面地反映在绩效考核结果中。相关管理人员综合分析事业单位内部各个工作岗位的实际需求，结合人员的工作表现和综合素质，从而合理地安排与岗位工作需求匹配的人员，实现了人力资源的合理调配。与此同时，员工可在自己的能力范围内和相适应的工作岗位上充分发挥自身的价值，有利于促进员工的自我提升与发展。

（三）有利于制订科学合理的工资标准

就绩效考核工作而言，其主要在于考核员工的工作表现，绩效考核应与员工的切身利益联系起来，如薪酬标准、职位晋升等，以便更好地发挥作用。事业单位实施绩效考核，应遵循按劳分配的原则，使绩效考核结果充分体现在员工的工资水平上，这样不仅有利于对员工起到约束作用，同时有利于激发员工的工作动力，提升工作质量和效率。在事业单位人力资源管理工作中，可运用绩效考核结果作为工资标准制订的重要参考依据，同时作为员工月工资水平增加或减少的基础性评定条件，从而真正地实现按劳分配和多劳多得，帮助事业单位制订更加科学合理的工资标准。

（四）激发事业单位人员的工作积极性

绩效考核是事业单位人力资源管理部门指定人员薪酬标准的基础性依据，将绩效考核结果与员工的自身利益联系起来，能够有效地调动员工的工作积极性。事业单位作为政府部门的重要职能延伸，在人力资源管理理念方面受到政府部门管理机制的影响，因此事业单位工作岗位成为人们眼中的"铁饭碗"。在这种思想认知的作用下，员工很容易产生怠惰心理，不利于事业单位的发展。而绩效考核很好地解决了这一问题，人力资源管理部门参考员工的绩效考核结果制订相应的薪酬制度，实行匹配的奖惩机制，实现多劳多得、不劳不得的薪酬分配，员工需要通过高质量和高效率的工作成果以换取一定的福利薪酬。因此，事业单位应引入人力资源绩效考核机制，通过相应的奖惩，以调动事业单位工作人员自我学习、努力工作的积极性，从而帮助事业单位提升人力资源管理效率。

二、事业单位人力资源管理中绩效考核存在的不足

（一）考核体系不完善，评定准确度不足

现有的绩效考核体系可能过于简单，导致在评估员工的工作表现和能力时缺乏全面性和准确性。这种简单化的考核体系往往忽视了员工在其他方面的贡献和能力。单一指标无法全面反映员工的多方面表现。简单的考核指标难以体现员工的潜力和成长。员工的能力和表现通常是动态变化的，而不完善的考核体系可能无法捕捉到员工的成长和进步。缺乏对员工个体差异的全面了解，可能使考核结果偏离实际，导致评定准确度不足。简单化的考核体系容易导致评价结果的片面性。过度依赖定量指标可能忽视了员工在道德品质、领导力、创新能力等方面的发展和贡献。这种片面性评价可能会影响员工对考核的认可度，甚至引发员工对考核公正性的质疑，降低员工对绩效考核制度的积极性和参与度。

（二）缺乏员工反馈机制，影响员工满意度

员工往往只是被动接受考核，在绩效评估中缺乏真正参与和反馈的机会。这种被动性可能源于考核过程中的单向沟通，通常是由上级对员工进行评估和打分，员工很少有机会在考核中表达自己的观点和看法。这种局面影响了评价的公正性，因为只有上级的观点和评估标准可能无法完全准确地反映员工的全面表现。缺乏参与和反馈机会也直接影响了员工的满意度。当员工感觉自己无法参与考核过程，无法表达自己的看法和想法，往往会对考核制度产生不信任和不满。他们可能认为考核结果不公正，或者觉得自己的努力和贡献没有得到充分认可，从而降低了对绩效考核的认可度和积极性。在一些情况下，员工没有机会进行自我评估，无法对自己的表现和成长有清晰的认知，从而无法参与到绩效评估的过程中。

（三）过度依赖定量指标，存在片面性

依赖定量指标容易忽略员工的创新能力和解决问题的能力。在一些行业，尤其是创意产业和高科技领域，员工的创新和解决问题的能力对于组织的竞争力和发展至关重要。然而，这些能力往往难以用简单的定量指标来衡量，需要综合考虑员工的创新思维、独立解决问题的能力和团队合作。过度依赖定量指标可能忽视员工的学习和发展。在一个不断变化和发展的社会中，员工的学习能力和持续发展对于组织的适应性和创新能力至关重要。

然而，这些方面的贡献难以用简单的数字指标来量化，需要更为综合的评估方法。为解决这一问题，绩效考核应当综合考虑定量和定性指标，并采用多维度的评估方法。除了定量指标外，还应引入定性指标和行为评估，如员工的团队合作、创新能力、学习进步等。创新能力是现代企业所追求的重要素质之一。在快速变化的市场环境中，创新能力决定了企业是否能够适应变革和发展壮大。通过引入创新能力的定性指标，可以评估员工在解决问题、提出创意和推动创新方面的能力和潜力。

（四）绩效考核形式科学性不高

绩效考核形式科学性不高表现为两点。一是绩效考核目标不清晰，导致绩效考核工作难以进行。例如，一些事业单位仅仅在绩效考核制度中说明了考核的内容，而没有明确的考核程序，使绩效考核工作表现出一定的盲目性。二是绩效考核方法缺乏科学性。当前，大部分事业单位的绩效考核方法是由员工填写年终考核单，再由绩效考核人员划分出优秀、合格或不合格人员，从而确定最终的绩效考核结果。虽然该方法看似公平，但实际结果却不能真实反映员工的工作成效。事业单位应将

发展人才、为社会提供良好的服务作为绩效考核工作的重要依据，事业单位领导者要明确人力资源管理目标，制订标准化的考核体系，实现对绩效考核的正确指导。此外，事业单位员工要树立一种务实的绩效考核观念，绩效考核的目标和主体关系到绩效考核结果的公平和公正，要使员工意识到真实的绩效考核结果不仅能树立良好的形象，还能提高事业单位的综合效益。只有通过构建以绩效为主导的组织文化，才能使事业单位的绩效考核不会成为一种形式化工作。

（五）评价标准的主观性较强

主管或评审者的个人偏好会对绩效评价产生重大影响。不同主管或评审者可能对员工的表现有不同的看法和偏好，导致不同的员工在相同的绩效水平下获得不同的评价结果，这种不一致性会让员工感到不公平和挫败，降低其对绩效考核制度的信任度。主观性较强的评价标准可能导致个人偏见的介入，例如性别、年龄、种族或其他因素会影响评审者的判断，这种歧视性的评价不仅对员工个人产生负面影响，也会损害组织的声誉和职业道德。主观性较强的评价标准也导致"恶意评价"的问题。某些主管会出于个人动机，有意降低员工的评价分数，以限制其升职机会或薪水涨幅，这种行为不仅会损害员工的职业发展，还会导致人才流失问题。如果员工的绩效评价受到主观因素的干扰，那么奖励、晋升和培训机会也可能会被不合理地分配，这将影响员工的职业发展和团队的绩效。

三、事业单位人力资源绩效考核策略

（一）创新人力资源管理理念

在事业单位发展过程中，绩效考核扮演着至关重要的角色。为了更好地引导和提高绩效考核效果，必须不断创新人力资源管理理念。

一是必须树立"以人为本"的管理思想，将人力资源视为最宝贵的资产，合理配置、发掘和利用人才的潜力，这样既能提升人才的价值，提高人力资源运作水平，还能促进员工的持续发展和能力提高。

二是要坚持开放自主的管理思想，建立长期的发展战略，实现员工的教育、开发和培养。绩效考核工作过程中应充分考虑员工的差异，采取相应奖励措施，鼓励员工实现自我管理和提升。创新管理理念不仅对促进绩效考核工作更加有效，还与事业单位的发展同步，能够营造良好工作环境，提高员工的工作水平。

（二）建立科学的激励机制

绩效考核旨在规范员工工作行为，激发工作潜力，为公众提供更优质的服务。有效的激励机制可以激发员工的积极性，因此需要创新考核内容和激励机制。在制订激励机制时，不仅要注意物质激励，还要注意精神激励，两者相结合才能起到更好的激励作用。在给予员工丰富物质奖励，提供更多人文关怀的同时，还要满足员工工作和发展需求，以提高其工作积极性，释放其潜能，营造积极向上的工作氛围。为了确保绩效考核结果的公平性，要细致考核员工的品德、能力、纪律、绩效、廉洁等各个方面。事业单位可根据工作性质设计有效的绩效考核指标，定量评估员工表现，鼓励技术创新和工作优化，推动单位创新发展。员工也可依据绩效考核要求，优化工作内容，提高工作质量，全面提高综合素质，以便获得更好的绩效考核结果。这种方法不仅能够提高人力资源管理质量，还能促进事业单位内部形成和谐向上的工作氛围。

（三）加强绩效考核灵活度和应用性

在绩效考核工作中，提高灵活性和应用性可以使员工更愿意参加绩效考核，从而保证人力资源管理工作的有效性。例如，在制订绩效考核目标时，可以收集员工的意见和建议，了解他们的需求，既可以解决绩效考核工作中存在的单一、局限和思维僵化的问题，又可以适应事业单位的发展需求，并培养员工的责任感。在此基础上，还要注重绩效考核结果的运用，使其具有实际意义，从而为人力资源管理工作提供科学的参考。绩效考核结果要与员工的利益挂钩，实现员工发展和单位发展紧密结合，从而使绩效考核的功能和价值得到最大限度的体现。同时，根据绩效考核结果，对人力资源管理存在的问题进行分析和改善，从而提高事业单位的人力资源管理效能。

（四）定期调查员工满意度

为了有效征求员工的意见和建议，事业单位应建立开放的沟通渠道，例如，定期组织员工座谈会、开展问卷调查、设立意见箱或在线反馈平台等。在这些渠道，要保证员工可以自由表达观点，确保反馈的真实性和保密性。组织应该向员工提供充足的信息，使他们对绩效考核制度有全面的了解。透明的信息共享可以避免员工对制度不了解或产生误解，从而增加他们对参与评价的积极性。除了定期主动收集员工的意见和建议外，还可以通过鼓励积极反馈来增加员工的参与度。例如，可以设立奖励机制，鼓励员工提出有建设性的意见和改进建议。员工对绩效考核制度的意见和期望可能各不相同。事业单位应该综合考虑各种不同的意见和建议，避免只听取特定群体的声音，确保制度的公正性和适用性。收集到员工的反馈后，组织应及时进行分析和总结，找出问题和改进的方向。然后，组织应积极采取措施，对绩效考核制度进行相应的改进和调整，向员工展示他们的反馈是被重视的。在长期的管理过程中，培养员工反馈文化是至关重要的。组织应该鼓励员工对各种问题提出建议，并展示对反馈的接纳和回应，以建立信任和共赢的企业文化。

（五）引入多角度评价

采用多方参与的评价方式，采用绩效考核的多角度评价方法，旨在让员工接受来自不同角度的反馈，以提高评价的客观性和全面性。在这种评价方式中，员工不仅会收到上级对其工作表现的评估，还会得到来自同事和下属的评价意见。多角度评价的参与者通常包括上级领导、同事、下属以及员工自己。他们会根据自己与被评价员工的工作接触和观察，对员工的工作表现、沟通能力、团队合作、领导潜力等方面进行评估。这种综合性的评价方式可以帮助员工全面了解自己在工作中的表现，发现自身的优势和不足之处。

多角度评价的主要优点在于增加了评价的客观性和准确性。由于来自不同角度的反馈，评价结果更加全面，减少了单一视角导致的片面性。同时，多角度评价也有助于企业发现员工在工作中可能忽视的问题，如团队合作能力、沟通技巧等，为员工个人的职业发展提供有价值的指导。

多角度评价也存在一些挑战。首先，评价的参与者需要保持客观和公正，避免个人情感或偏见影响评价结果。其次，员工可能对来自同事和下属的反馈感到担忧或不适，可能产生阻碍信息的披露。最后，在实施360度评价时，需要建立信任和开放的氛围，确保员工能够真实反映自己的工作表现和需求。综合而言，多角度评价作为一种多方参与的绩效评估方法，有助于提高评价的客观性和全面性。在结合良好的沟通和信任机制的前提下，它可以成为事业单位人力资源管理中的有效工具，促进员工个人发展和组织整体绩效的提升。

（六）智能化、数字化绩效考核

在当今信息技术高度发达的时代，利用先进的信息技术手段，建立智能化、数字化的绩效考核系统成为事业单位人力资源管理的重要趋势。这样的系统可以借助计算机技术、大数据分析、人工智能等先进技术，实现对绩效考核过程的全面自动化和智能化管理，从而提高考核的效率和科学性。智能化、数字化的绩效考核系统能够实现快速数据收集和处理。通过自动化的数据采集，系统可以及时记录员工的工作绩效数据、项目进展和任务完成情况。这样不仅减轻了员工和管理人员的烦琐工作负担，还能够保证数据的准确性和实时性，为决策提供更有力的支持。利用大数据分析技术，智能化的绩效考核系统可以进行全面深入的数据挖掘和分析。通过收集大量的绩效数据和员工背景信息，系统可以运用数据挖掘算法和模型，深入分析员工的绩效表现和潜力。这样不仅可以准确评估员工的工作能力和贡献，还可以预测员工的职业发展和潜在问题，为组织的人才管理和优化提供科学的依据。智能化、数字化的绩效考核系统可以实现个性化评估和反馈。通过建立个性化评估模型，系统可以根据员工的不同职责、岗位和特长，量身定制适合的绩效评估指标和标准。同时，系统也能够自动生成个性化的评估报告和反馈，向员工展示其工作表现和发展需求，帮助员工更好地认识自己的优势和需要改进之处。

（七）完善监督管理制度

一是制订绩效考核工作的管理策略，建立健全的监督管理制度，从而使绩效考核工作的有效性与可行性得到全面的发挥。

二是事业单位要确保绩效考核的公平公正，必须制订一套规范的规章制度，对员工的工作行为进行严格的管理，对人才综合素质、专业知识等进行精确的评价。只有如此，才能吸纳更多的优秀人才，促进人力资源管理工作的发展。

（八）丰富绩效考核形式

要提升人力资源管理水平，就必须丰富事业单位的绩效考核形式。要确定事业单位发展目标，运用创新的人力资源管理方法，把员工的工作热情激发出来。在人力资源管理工作中，运用KPI对员工的业绩进行评估，使得绩效考核结果更为公正，也更能适应事业单位发展的需要。应持续加大技术投入，借鉴先进的管理理念，持续提升考核工作的水平。具体来讲，可以采用以下四种绩效考核形式：

1. 采用量化绩效考核表

该形式就是对员工的整体工作进行综合评价，将其评价结果分为个人指标和共同指标两种，目的在于保证绩效考核结果的准确性，从而促进人力资源管理水平的提升。

2. 采用客观评价

该形式就是要对员工实际工作业绩和工作的复杂程度进行全面的评价，从而更好地激励员工设定清晰的工作目标，提升员工职业素质和工作水平。

3. 采用重大事件评价

员工对重要的、有代表性事件的处理能力可以被当作评价的一个指标。在此基础上，对有关员工的工作进行较为客观的评价，并将主观因素的影响排除在外，从而对员工的工作业绩做出精确的评价。

4. 采用关联矩阵

采用该形式就是要对各个绩效考核要素进行区别，再利用计算机技术，依据员工的职责和工作状况，对有关数据进行分析和加工，以降低人为干扰，增加绩效考核的公平性。

第九章 公共服务视角下新经济环境中人力资源的开发管理

第一节 数字经济时代的人力资源管理

一、数字经济时代的特征

数字经济是一个内涵较为宽泛的概念，只要是通过数据引导资源发挥作用，推动经济发展都被纳入其范畴内。从技术层面讲，其包含人工智能、大数据、物联网等新兴技术；从应用层面来讲，新制造、新零售都是数字经济的典型代表。数字经济时代具有发展迅速、渗透力强以及不确定性与可持续性并存的特点。

（一）发展迅速

由于数字经济的发展依托于互联网技术，在互联网技术的不断更新与完善的背景下，数字经济发展非常迅速，这也成为数字经济时代最为显著的特征。在互联网技术高速发展与广泛应用的背景下，数字经济的基础设施建设不断完善，这也将社会经济与互联网紧密联系在一起，人们可通过互联网快速获取各种数据信息。由于互联网技术本身打破了时间与空间的限制，数字经济时代同样不受时空局限，进而形成新的商机，在一定程度上推动了经济业态与商业模式的创新。

（二）渗透力强

数字经济时代下，实体经济与数字经济深度融合，大数据已成为推动社会经济发展的关键性要素。在信息技术广泛应用背景下，数字经济的渗透性进一步增强，信息服务也从单一的商业客户互联网服务向多个领域互联网服务渗透，推动了跨界融合与跨行业发展。

（三）不确定性与可持续性并存

数字技术的广泛应用，给人们的生活、工作带来了诸多便利，同时也给社会发展带来了诸多不确定性。另外，互联网技术的发展使得供需双方在网络中直接对接，不仅有效降低了生产与交易成本，也对资源进行了有效整合，为实现经济可持续发展奠定了坚实的基础。

二、数字经济时代人力资源管理的变化

随着数字经济的发展，人与组织之间的关系不再局限于传统的雇佣关系，而是逐渐演变为互利共生关系，组织价值和个体价值的概念也随之发生变化，这使得人力资源管理中的选育用留也发生了改变。

（一）选的变化

在传统的人力资源管理体系中，选人主要体现在招聘和岗位配置方面，其目的是通过对潜在人力资源的识别和测评，将人力资源吸纳入组织内部，以保障人力资源与职位任职条件相匹配。而在数字经济时代，企业希望通过塑造开放、多元、包容的人力资源生态来确保对外部变化的快速响应，因此选人不仅仅是简单将人纳入组织内部，也不仅仅是追求人与岗位任职条件的匹配，而是追求人力资源与客户需求的快速匹配，人力资源管理的范围不局限于组织内部，而是开始延伸到组织外部，招聘职能和配置职能转变为人才供应链管理和建设。

（二）育的变化

传统的人力资源管理体系是通过人力资源与职位的匹配来保证组织的高效率的，所以人力资源的专业化成为组织运行效率提高的关键，对人力资源的培育也主要体现在专业知识和专业能力的提升，方式相对单一。而在数字经济时代，人与组织之间关系的转变要求员工能够主动响应和实现客户需求，以促进个体和组织的发展。这使企业对人才能力的要求也越来越复合化。

（三）用的变化

传统的人力资源管理用人主要表现在工作分配、考核评估以及激励环节，以职位作为最小管理单元，根据岗位职责分解组织目标和分配工作任务，对员工的履职情况进行绩效考核评估和激励。而在数字经济时代，很多时候员工与顾客之间会产生直接联系，顾客价值的实现过程成为内部分工的重要依据，基于员工岗位履职状况的绩效评价模式不再适用，越来越多的企业绩效管理的工作和核心由 KPI 转变为了 OKR 模式。

（四）留的变化

传统的人力资源管理模式在留住人才时主要采用的是提升待遇、加深感情和提供职业晋升通道等方式，具体表现为升职加薪、通过企业文化建设加深员工与企业的感情等。但随着数字经济时代的到来，人与组织关系发生变化，员工的需求层次变得更加复杂，留人的问题关键在于能否真正达到双赢、能否持续互利共生。

第二节 人力资源开发与其在社会经济发展中的作用

目前，我国经济发展呈现出地区不均衡的状况。根据地形与方位来划分，我国西部地区发展十分缓慢，中部地区发展较为缓慢，而东部地区发展则较为迅速。我国正处于经济发展方式转变的阶段，需要区域经济发展来带动整体经济发展，因此，区域经济发展对我国经济发展的作用巨大，我们要在推动区域经济发展的同时，努力推动各区域的协调互动、共同发展，进而提高我国整体经济发展水平。然而，当前我国各地区的经济发展状况差距较为明显，这就导致人才集中在经济较为发达的地区，而人力资源的差距又进一步拉大了各地区经济水平的差距，造成了恶性循环。因此，要想促进区域经济发展，首先要促进人力资源开发。目前，我国人力资源存在的最大问题就是数量大、质量低，由于人力资源的质量不高，因此高数量的人力资源只能创造低数量的价值，呈现出人力资源浪费现象。此外，我国人力资源分布不均也是目前存在的一大问题，高质量、高素质的专业人才大多集中于经济发达的东部地区，而中西部地区的人才数量较少，阻碍了区域经济的发展。从人才分布与区域经济发展状况来看，人力资源的开发对于区域经济的发展有着不可代替的作用。

一、人力资源开发概述

（一）人力资源开发的含义

人力资源开发是社会的一种发展模式，由国家、企业以及各种组织团体共同参与完成，其目的是通过对社会现有人力资源进行统计、调查、分析，了解社会人力资源的现状，依据自身的发展目标，宏观调控人力资源，逐步改善社会的经济结构，使其更加有利于国家的经济发展，提高自身在国际上的竞争力。

（二）人力资源开发的目标

进行人力资源开发的群体不同，其想要通过人力资源开发达成的目标也各不相同。国家进行人力资源开发，是为了提高人才质量，改善人才结构，杜绝人才的空置、浪费，促进社会的经济发展，提升国际影响力；企业进行人力资源开发，是为了改善自身内部结构，提高企业内部运营效率，降低人力资本投入，提升人力资源收益，使自身更具市场竞争力。

（三）人力资源开发的特性

要科学有效地开发人力资源，必须把握人力资源的特性，采取针对性强的对策。实践与研究证明，人力资源有九大特性。

1. 不可剥夺性

人力资源存在于人体本身，是人的价值意义的内在储存和外在行为的表现，是同人的生命力密不可分的，是同人的尊严与权益联系在一起的，所以不可剥夺、不能压取、不能骗取、不能夺取，只能在任用中通过良好的管理、良好的政策、制度与技术方法使其自觉地运用与发挥。

2. 生物性

人是自然界中的高级动物，是生物体最复杂、最高级的存在形态。所以，人力资源的生物性符合自然界的运动规律，并且影响人的行为和结果。人力资源的生物性主要表现为生殖繁衍性、新陈代谢性、遗传基因性、自然环境的反应性、身体语言性，以及与自然界的双向交流性。人力资源的生物性要求开发主体要注意满足人的自然需求，要注意工作条件和工作环境对人的身体与心理的影响，要建立有利于人们身心健康的劳动制度。

3. 社会性

人组成社会并成为社会发展的主体。不同的社会形态和时空、不同的文化背景和国别、地域，都会反映和影响人们的价值观念、行为方式、思维方法。人力资源的社会性主要表现为信仰性、时代性、地域性、国别性、民族性、文化性、职业性、层级性、财富的占有性等。社会性要求在人力资源开发过程中要特别注意社会政治制度、国别政策、法律法规以及文化环境的影响，要特别注意开发措施的人群针对性。

4. 时效性

人力资源的培训、储存、运用，是同人的生命年龄有直接关系的，不同年龄阶段表现出不同的资源效力，这种不同既受自然属性的制约，又受社会属性的制约。时效性要求人力资源开发要抓住人的年龄最有利于职业要求的阶段，并实施最有力的激励措施。不同职业人最佳开发年龄段是不同的，因此，针对不同职业人的年龄增长实施及时的开发对策是开发的正确选择。

5. 资本积累性

人力资源是人的体力、智力、知识、技术、能力、经验、信息、健康、关系的综合体现，是靠不断地投资而形成的，是自我学习努力地积累的结果。这种活的积累资本，提供了人力资源的反复开发性与不断增值性。因此，它为人力资源开发主体提供了对人力资源加大投资的依据。加大对人力资源的投资来增加其资本积累，是现代人力资源开发的重要方向。

6. 激活性

激活是通过适当的对策来刺激，使其活跃，使其处在兴奋状态。也就是说，当给予相当的刺激时，人就会觉悟、振奋、自强，甚至付出自己的一切。激活性为开发人力资源的激励机制建立提供了理论基础和实践依据。人力资源的激活可采取目标拉动、政策制度推动、教育启动、信息催动、榜样引动等办法。

7. 能动性

能动性是人的自然价值追求性的反映，是自我意识内力推动的结果，是人力资源的自主运动行为。能动性来源于对事物的认识，是认识的外在表现与结果。能动性有正向与负向之分，二者表现对社会的价值、作用不同。进行人力资源开发时，应注意使被开发者产生正向能动，减少和避免负向能动。

8. 载体性

人是智力、知识、技术、能力、信息、经验、关系活动的载体，人的大脑是上述资源信息的存储器。上述资源因素是通过人这个载体而进行交流和传输使用的。人力资源的市场配置与流动是基于这一特性的可行性，人才的稳定与吸引则是基于这一特性的可靠性与可能性。

9. 个体差异性

人力资源的个体差异性表现为性别、年龄、文化程度、专业、技能、价值观、兴趣、性格、智力、资历等。这种差异性为人力资源的不同运用方向、优劣区分、针对性的开发奠定了基础，也为不同开发对策的提出提供了依据。研究差异性，找出规律性，是人力资源开发工作的重要任务。

二、人力资源开发在社会经济发展中的作用

（一）能够大幅度提升科教兴国战略的效果

鉴于科技的第一生产力身份，我国自新中国成立以来便严格执行科教兴国战略，经过数十年的努力，我国的科技和经济取得了极大进步，也积累了丰厚的人力资源。然而一些人力资源并没有得到有效的利用，一些人才被空置、浪费。另外，我国的教育架构还存在一定问题，无法培养出社会经济发展所需的全部人才，造成人力资源两极化。通过人力资源开发，国家能够清晰地掌握社会人力资源现状，从而对人力资源结构进行调整，避免人才的空置、浪费。同时，能够依据人力资源的现状，

对教育架构、教育方向进行调整，提升教育的效率，为社会培养所需的各种高端人才，保证国家科技、经济的高速发展，提升自身的综合实力，改善国际地位。

（二）人力资源开发对可持续发展战略的影响

为了避免20世纪的酸雨、蓝藻、赤潮等污染性自然灾害的重现，世界各国对自身经济发展模式进行了调整，严格遵照可持续发展的要求进行经济建设。作为世界上具有影响力的大国，我国自然在可持续发展战略群体之中成为佼佼者。

1. 促进自然资源的深度开发和有效利用

依据可持续发展战略，人与自然要处于一种和谐共处的状态，保证自然资源有效再生，不会因为开采利用出现枯竭现象。这便要求对自然资源的开采进行合理规划，避免对自然资源造成不可修复的损伤，同时还要加强自然资源的开发利用效率和利用深度，保证社会经济发展的需要。

依靠国家现有科学技术还无法完成这一任务，需要投入大量人力资源进行新科技、新设备、新产业研发。为了保证人力资源得到最大程度上的利用，首先要了解人力资源现状，然后依据人力资源的结构对其进行合理规划，同时对相关人才培养机构提出具体要求，确保各种人才的供应，而这些便是人力资源开发的范畴。因此，通过人力资源开发能够极大地促进自然资源的深度开发和有效利用，推动可持续发展战略的实施。

2. 推动新能源的开发，降低不可再生能源的损耗

除了要加强自然资源的开发深度和利用效率，可持续发展战略还要求国家进行新能源的探寻和利用，从而减轻不可再生资源的消耗，降低污染气体、废物的产生，维系生态系统的平衡，降低自然灾害的发生概率。目前，我国已经研发出太阳能、氢能、地热能、风能、核能、生物能等新型能源，其中许多能源已经投入使用，极大地缓解了化石能源的消耗，同时带动了新型企业的出现、发展，推动了社会经济的发展进步。

我国之所以能够取得这种进步，是因为投入了大量人力进行相关科技的研发，抢先其他国家获得商机，占据了国际市场的大量份额。想要维系这种发展模式，需要进行人力资源的开发，保证高端研发人才的数量和质量。

3. 促进企业内部结构调整，提升市场经济繁荣程度

国企和民企共同构成了我国的经济基础，国企居于主导位置，把控经济的整体走向，是经济体制的骨干，而民企则作为血肉将社会主义经济的各个成分衔接起来，使经济更加繁荣。企业是市场经济的主要构成成分，也是推动我国经济高速发展的

核心存在，它得到发展提升，我国的经济建设脚步也会随之加快。

进行人力资源开发，有助于发现企业自身结构的弊端后及时调整，提升整体工作效率，使企业的市场竞争力更上一层楼。

三、企业人力资源开发的意义

（一）提高员工的职业竞争力

随着科技进步和全球化的发展，职业竞争越发激烈。通过人力资源开发，组织为员工提供培训，使员工能够不断更新自身的知识和技能，适应不断变化的职场需求，从而提升自己的职业竞争力。

（二）增加员工的工作满意度

员工的工作满意度对组织的发展至关重要。通过人力资源开发，组织为员工提供发展的机会，员工能够获取成就感和进步感，从而更加满意于自己的工作。这可以提高员工的工作动力和积极性，减少员工的离职率。

（三）促进组织的创新和适应能力

培养员工的创造力和创新思维，是组织取得竞争优势的关键。人力资源开发可以帮助员工不断掌握新的知识和技能，培养创新意识，推动组织快速适应市场变化和技术进步。

（四）提高组织的绩效和效率

人力资源开发可以帮助员工掌握更高级别的技能和知识，提高工作效率和质量。通过提高员工的绩效，组织可以提高生产效率、降低成本，具备更大的竞争优势。

（五）增加组织的人才储备

人力资源开发可以帮助组织建立健全的人力资源储备，为组织的长期的发展提供保障。通过组织的培养和发展计划，员工可以逐步提升自己的职业水平，使组织拥有更多的高级人才。

（六）促进员工个人成长和发展

人力资源开发强调员工的个人成长和发展。通过组织提供的培训和发展机会，员工可以不断学习和成长，实现自己的职业目标和梦想。而这可以促进员工的自我实现感和幸福感，进而提高员工的忠诚度和工作稳定性。

总之，人力资源开发的意义在于，为员工提供成长和发展的机会，促进员工和组织的共同进步和发展。这也表明，只有通过不断学习和进步，员工才能在竞争激烈的职场中立于不败之地，同时为组织的成功做出更大的贡献。

第三节 公共服务视角下人力资源的开发管理

公共部门的传统人力资源管理强调对人力资源的监督和控制，人们被视为在严格的规划和程序下完成工作的工具。然而，新的公共管理理论认为，人力资源是有价值的资产，人力资源不是系统的附属物，而且可以无限期地增加价值，它们不应该作为物化成本来控制，而应该有机会参与决策和独立发展，因为这可以有效发挥个人的能力，同时发展和维持组织成员之间的相互沟通。随着社会的发展，一些深层次的问题，如人口与资源和环境的矛盾、农业、农村和农民的问题，以及收入分配差距的扩大等问题日益突出。这些问题的出现和公共部门人力资源开发缺乏价值基础有着很重要的关系，所以加快公共部门职能转变，完善政府公共服务职能，构建和谐社会迫在眉睫。我国的改革趋势慢慢地变成了朝着经济全球化、信息化的方向变化，所以对于公共部门的建设，应该要朝着可以为人民提供更好的服务上转变，使得公共部门可以更好顺应社会的发展。

一、公共服务视角下人力资源开发的必要性

（一）提升工作效率

招聘和录用优质人才，可以为基层公共服务部门注入新的活力。基层服务部门是社会机器运作的重要基石，服务广大社会民众日常生活。现在的生活节奏不断加快，个人也在不断追求高效率。但是人口众多，社会纠纷增多，如果还是按照传统的工作模式，很难满足社会需求。如果加强基层公共服务部门的人力资源开发，不断吸纳新型人才，就会使公共服务部门不断革新技术，提升工作效率，适应社会发展趋势。

（二）提高工作能力

优质人才的挖掘、引进、利用，都会带来连锁效应。现在就业压力空前加大，对基层公共服务部门岗位的竞争也是不容小觑的。因此，引进新的人才，不仅带来了新的技术，也带来了部门成员之间无形的竞争力，因为基层公共服务机构也存在相关的测评机制。

（三）加强人才储备力量

社会发展迅速，我们对于人才的理解和定义也应该与时俱进，不能仅仅停留在

传统理解上面。加强基层公共服务部门的人力资源开发，就是在加强人才储备力量。所谓人才，就是具有一定的专业知识或特殊技能，进行创造性的工作和对社会作出贡献的人，是人力资源中能力和素质较高的人。社会发展日新月异，对于人才的渴求永远不会到达终点。所以，要分析什么样的人才是符合部门岗位需求的，什么样的人才是具有核心竞争力的，什么样的人才是社会发展所需要的，建立完整的人才输送链条，为基层公共服务部门提供源源不断的人力资源。

二、公共服务视角下人力资源开发面临的问题

（一）认定标准片面

在基层公共服务部门人员的人才认定方面，部分相关部门人员的思想观念是传统的，是闭塞的。虽然招收的是公职人员，但是也是服务社会公众的职位，应该以符合岗位自身的需要来进行人才的定义和吸收。不能考虑无关的因素，应该加强客观方面的考量，减少主观的、片面的考量因素。我国社会存在一定程度的官本位思想，这种思想既容易造成公务员自身的拜权主义心态，还会误导人民群众的价值评判标准。因此，需要加强公职人员任用方面的监督，做到阳光透明，减少暗箱操作。实践是检验人才的唯一标准。所以，要综合考查当事人的能力经验，不能仅仅关注学历、外貌等方面的差别。人才的界定是切入点，如果不合情合理，则很难吸引真正的人才来踊跃参加，这样无疑会造成人才的严重流失。

（二）激励机制欠缺

长期以来，多数人将公职看作是铁饭碗，追求稳定的工作模式，公职就是不错的选择。近年来，公务员考试热度不减，反映出来的问题也是较多的。一旦获得公职，公职人员总是将年数作为衡量自身价值的标准，这样会降低公职人员的工作积极性。一些公职人员采取的是不急不躁的处事风格，安稳等待时间的流逝。单位的整体活力不足，主要原因也在于激励机制不足。公共服务部门主要是服务社会大众，但是对于该类公职人员的奖励机制主要是荣誉性质的。在激励机制方面，基层公共服务部门是普遍欠缺的。

（三）持续学习不足

社会每天都呈现出新的变化，对于公职人员来讲，学无止境理应作为其人生的价值追求。物竞天择，优胜劣汰，是时代不变的箴言。但是多数公职人员对于提供的学习机会，重视程度不高，真正去汲取新的经验和知识的人数偏少。

三、公共服务视角下人力资源开发的策略

（一）增加对公共部门人力资源的投资

一切旧的公共部门的管理方式就是简单将所工作的员工作为一种实现模板的工具和一种所要付出的成本。而对于更加现代化的公共管理理论来说，人才是管理的核心，也是一种重要的资源，并且其对于竞争机制的使用做出了强调，认为要打断公共服务的垄断，可以让私营的部门来参与其中的工作。而且当公共部门无法达到所需要的质量的时候，一些项目将可能会被私营的部门所取代。所以说，有效的竞争机制可以让政府的人力资源产生新的变革，而要很好地面对这种变革，公共部门应该要对人力资源有更多的投入，使员工可以学到现代化的知识，让员工可以得到有效的发展。只有对参与工作的人员进行一定的培训和教育，才能够使其为政府更高效地工作，使员工可以面对工作中所有的挑战。

（二）对于公共资源实行一定程度的外包

我国正在建设节约型的政府，所以对于公共部门来说，在开发人力资源的时候，应该要做的就是使其成本降低，使公共部门能够达到最大化的效益。对于有些公共部门的工作来说，可以使用市场的模式来运作，如使用外包的形式，可以在很大程度上减少公共部门的工作，减少对于资源的使用，从而让公共部门能够将工作重心放在更加重要的工作上，也可以在一定程度上缩减成本。因为外包形式可以有效简化工作，让信息可以更快地传递，使工作效率能够得到很大程度的提升。

（三）实施政府雇员制度

对于我国公共部门的人力资源系统来说，终身雇佣是其中的一个显著特征。这样做是为了工作人员可以有充足的时间来进行经验的积累，使得大众能够得到更大的公共利益。但是这种方式也造成了一定问题，就是员工的工作效率较低。而使用雇佣这种方式，则可以对这个问题进行有效的解决，同时还可以让人力资源得到充分的流动。政府的雇佣制度，主要是通过合同的方式，让人们成为临时性的工作人员，从而可以让公共服务能够得到更好的开展。对于雇佣的人员来说，他们只是服务于他们的工作，而没有相关的权利，并且不占用名额。这种方式可以使专业人才专注于自己的工作，而很少受到政府的人际关系的影响。在具体的实施过程中，应该建立完善的评估标准，使得使用此种方式雇佣的人员能够根据市场的变化和实际情况来对其薪酬进行有效的调整，同时对于这种制度的具体细节和其中的权力和责任，要明确地指出，使得雇员在公共工作中能够充分地展现自己的价值。或许这个方法

会增加公务员的离职率，但更多的是可以促进公务员工作的积极性。

（四）让人力资源管理系统变得更加灵活

一个灵活的人力资源系统可以让员工进行灵活的工作安排，比如说，可以让员工根据实际的情况来选择其工作的时间和地点，同时可以让员工在工作的时候自主确认工作的方式和方法。要进行灵活的人力资源管理，还应该要在招聘、任期、管理等人事环节体现出来，从而可以打破固有的制度，使人力资源有一种新的活力。随着办公电脑和通信技术的发展，一些公职人员可以不局限于办公室工作。公共部门灵活的人力资源管理系统，可以降低管理水平和管理人员的数量，并且可以对其成本进行有效的管理。而对于员工来说，他们可以自主确定工作时间，这样会使得其工作效率得到提升，还可以增加其工作的幸福感。同时，可以使用一些灵活的工作安排，使员工的工作方式得到改变，从而让员工能够更好地利用自己的专业知识，体现出自身的价值。

参考文献

［1］张泽鹏.企业人力资源管理的价值及对策研究［J］.商场现代化，2024（6）：71-73.

［2］蒋晓华.企业人力资源管理中绩效考核与薪酬待遇有机结合的实践策略［J］.商场现代化，2024（6）：62-64.

［3］华睿.企业人力资源管理对员工工作满意度和组织绩效的影响研究［J］.商场现代化，2024（6）：65-67.

［4］金银.企业人力资源管理中的技能培训与组织效能提升策略研究［J］.商场现代化，2024（6）：68-70.

［5］卢雅妃.共享经济视角下企业人力资源管理创新模式研究［J］.商场现代化，2024（6）：74-76.

［6］陈改芹.高质量发展下企业人力资源改革探究［J］.商场现代化，2024（6）：77-79.

［7］刘卫星.事业单位人力资源管理与财务管理协同效应研究［J］.环渤海经济瞭望，2024（3）：118-120.

［8］于梦恬.科技创新驱动下人力资源管理策略［J］.环渤海经济瞭望，2024（3）：12-15.

［9］石亚南.事业单位人力资源绩效管理常见问题与解决对策［J］.环渤海经济瞭望，2024（3）：94-96.

［10］何明洁.人本化导向下的薪酬和绩效管理创新策略［J］.上海轻工业，2024（2）：84-86.

［11］高建美.人力资源管理绩效考核问题及应对措施［J］.中国市场，2024（9）：107-110.

［12］许梦瑶.人力资源柔性管理对员工创新绩效影响的研究［J］.中国市场，2024（9）：111-114.

［13］王烁.事业单位预算绩效管理优化路径探索［J］.财会学习，2024（8）：

62-64.

[14] 张纪红. 论基层事业单位人力资源规划及柔性管理对策 [J]. 活力, 2024, 42 (5): 19-21.

[15] 吕晓慧. 事业单位如何做好人力资源的规划与管理 [J]. 活力, 2024, 42 (5): 22-24.

[16] 王齐雨. 信息化时代人力资源和社会保障档案管理工作探析 [J]. 兰台内外, 2024 (8): 7-9.

[17] 王强. 激励机制在事业单位人力资源管理中的应用 [J]. 经济师, 2024 (3): 273-274.

[18] 崔丽娟. 浅析事业单位人力资源规划与人才储备 [J]. 四川劳动保障, 2024 (2): 12-13.

[19] 李惠芳. 浅谈事业单位人力资源公共服务标准化建设策略 [J]. 中国产经, 2023 (21): 173-175.

[20] 陈雅卿. 突发重大公共卫生事件下社区卫生服务中心人力资源应急管理策略探讨 [J]. 活力, 2023, 41 (18): 138-140.

[21] 杨光. 简析强化人力资源公共就业服务对劳动力就业的促进作用 [J]. 老字号品牌营销, 2023 (17): 60-62.

[22] 叶媛. "互联网+"背景下公共就业服务人力资源的思考 [J]. 财经界, 2023 (21): 174-176.

[23] 邓焕烁. 新时代公共就业服务与人力资源服务业协同发展研究 [J]. 厦门特区党校学报, 2023 (3): 76-80.

[24] 宋妍. 芜湖市W区人力资源公共服务问题及对策研究 [D]. 安徽工程大学, 2023.

[25] 邬振杰. 探讨强化人力资源公共就业服务对劳动力就业的促进作用 [J]. 财经界, 2023 (9): 171-173.

[26] 姜淳译. 公共就业服务中的人力资源管理探究 [J]. 商讯, 2023 (1): 175-178.

[27] 林檀华. 论人力资源公共服务标准化建设 [J]. 公关世界, 2022 (21): 103-104.

[28] 刘燕, 程德俊, 赵曙明. 人力资源战略与规划 [M]. 南京: 南京大学出版社, 2021: 217.

［29］赵曙明．人力资源管理总论［M］．南京：南京大学出版社，2021：340.

［30］杨东，杜鹏程．人力资源培训与开发［M］．南京：南京大学出版社，2021：238.

［31］赵宜萱，瞿皎姣．员工职业生涯管理［M］．南京：南京大学出版社，2021：162.

［32］蒋建武，贾建锋，潘燕萍．创业企业人力资源管理［M］．南京：南京大学出版社，2021：195.

［33］杨钦元．公共人力资源服务市场建设研究［D］．四川大学，2021.

［34］黄建春，罗正业．人力资源管理概论［M］．重庆：重庆大学出版社，2020：349.

［35］中共重庆市委组织部．互联网＋公共服务创新［M］．重庆：重庆大学出版社，2017：171.